Die Weisheit der 12 Archetypen

Candida Schön-Kammann

Die Weisheit der 12 kosmischen Archetypen

zur Stärkung unserer Stress-Resilienz

HIER & JETZT

1. Auflage, 2018
Erschienen in der Edition Hier&Jetzt im Synergia Verlag
eine Marke der Sentovision GmbH
Venedigstrasse 35, CH-4142 Münchenstein
www.verlag-hierundjetzt.de

Vertrieb durch Synergia Auslieferung
www.synergia-auslieferung.de

Umschlaggestaltung, Gestaltung und Satz: FontFront.com, Roßdorf
Printed in EU
ISBN-13: 978-3-906873-45-9
Bibliografische Information der Deutschen Bibliothek
Die Deutsche Bibliothek verzeichnet diese Publikation in der deutschen Nationalbibliografie; detaillierte bibliografische Daten sind im Internet unter http://dnb.ddb.de abrufbar.

Inhalt

1 Einführung **9**

2 Erläuterung zur Vorgehensweise **14**

3.1 Kosmischer Archetyp Mars/Widder – Lebensprinzip 1 **18**
- Schatten/Urangst 20
- Bedeutung für unsere Stress-Resilienz 20
- Impulse für Aufbau, Weiterentwicklung und Festigung 23
- Zusammenfassung 29

3.2 Kosmischer Archetyp Venus/Stier – Lebensprinzip 2 **31**
- Schatten/Urangst 32
- Bedeutung für unsere Stress-Resilienz 32
- Impulse für Aufbau, Weiterentwicklung und Festigung 35
- Zusammenfassung 46

3.3 Kosmischer Archetyp Merkur/Zwilling – Lebensprinzip 3 **48**
- Schatten/Urangst 49
- Bedeutung für unsere Stress-Resilienz 49
- Impulse für Aufbau, Weiterentwicklung und Festigung 52
- Zusammenfassung 56

3.4 Kosmischer Archetyp Mond/Krebs – Lebensprinzip 4 **58**
- Schatten/Urangst 59
- Bedeutung für unsere Stress-Resilienz 60
- Impulse für Aufbau, Weiterentwicklung und Festigung 62
- Zusammenfassung 73

3.5 Kosmischer Archetyp Sonne/Löwe – Lebensprinzip 5 **75**
- Schatten/Urangst 77
- Bedeutung für unsere Stress-Resilienz 78
- Impulse für Aufbau, Weiterentwicklung und Festigung 79
- Zusammenfassung 90

3.6 Kosmischer Archetyp Merkur/Jungfrau – Lebensprinzip 6 **93**
Schatten/Urangst 94
Bedeutung für unsere Stress-Resilienz 95
Impulse für Aufbau, Weiterentwicklung und Festigung 98
Zusammenfassung 104

3.7 Kosmischer Archetyp Venus/Waage – Lebensprinzip 7 **106**
Schatten/Urangst 107
Bedeutung für unsere Stress-Resilienz 110
Impulse für Aufbau, Weiterentwicklung und Festigung 111
Zusammenfassung 116

3.8 Kosmischer Archetyp Pluto/Skorpion – Lebensprinzip 8 **118**
Schatten/Urangst 120
Bedeutung für unsere Stress-Resilienz 122
Impulse für Aufbau, Weiterentwicklung und Festigung 125
Zusammenfassung 128

3.9 Kosmischer Archetyp Jupiter/Schütze – Lebensprinzip 9 **130**
Schatten/Urangst 133
Bedeutung für unsere Stress-Resilienz 135
Impulse für Aufbau, Weiterentwicklung und Festigung 137
Zusammenfassung 140

3.10 Kosmischer Archetyp Saturn/Steinbock – Lebensprinzip 10 **142**
Schatten/Urangst 145
Bedeutung für unsere Stress-Resilienz 146
Impulse für Aufbau, Weiterentwicklung und Festigung 150
Zusammenfassung 154

3.11 Kosmischer Archetyp Uranus/Wassermann – Lebensprinzip 11 **156**
Schatten/Urangst 158
Bedeutung für unsere Stress-Resilienz 159
Impulse für Aufbau, Weiterentwicklung und Festigung 161
Zusammenfassung 166

3.12 Kosmischer Archetyp Neptun/Fische – Lebensprinzip 12 168
Schatten/Urangst 170
Bedeutung für unsere Stress-Resilienz 171
Impulse für Aufbau, Weiterentwicklung und Festigung 173
Zusammenfassung 180

4 Selbstanwendung der 12 kosmischen Archetypen zur Resilienz-Stärkung 182

5 Anwendung in der Beratungs-Praxis zur Stärkung der Stress-Resilienz 190

6 Zusammenfassung der 12 kosmischen Archetypen, deren Schatten bzw. Urängste und die Impulse zur Stärkung unserer Stress-Resilienz 194

7 Ergänzungen und Erläuterungen 202

8 Literaturverzeichnis 209

9 Zur Autorin 219

1 Einführung

Eine der wichtigsten Fähigkeiten, die wir Menschen jetzt und in der Zukunft brauchen, ist die Fähigkeit, destruktives Stress-Erleben mittels einer starken Resilienz aufzufangen und abzubauen.
Meist wird Resilienz mit Widerstandskraft bezeichnet.(1) Da Widerstand viel Kraft braucht und viel Druck erzeugt, der dann auch wieder aus-ge-**halten** werden muss, soll hier Resilienz als Elastizität bezeichnet werden und zwar auf drei Ebenen: Der physischen = Körperebene, der psychischen = Gefühlsebene, der geistigen = Denkebene.

Resilienz ist also eine elastische Lebenskraft und Stärke, die den Stürmen des Lebensalltags gewachsen ist.

Elastizität hat mit Schwingung zu tun. Schwingungen sind harmonische Hin- und Her-Bewegungen. Solche harmonische Bewegungen finden wir in unterschiedlichen Bereichen unseres Lebens, ob beim Instrumentenbau oder Brückenbau oder auch bei Pendeluhren.
Schwingungen haben Frequenzen und von diesen sind wir ständig umgeben. Radio, Fernsehen … Wir sehen sie nicht, nur ihre Auswirkungen bekommen wir entweder zu sehen, zu hören oder zu spüren.

Wenn wir den Herausforderungen des Alltags mit elastischer Lebenskraft begegnen, dann schwingen wir uns sozusagen auf die Herausforderung ein und sind dann in der Lage, dem Problem oder der schwierigen Situation, wenn notwendig, eine andere, neue Richtung zu geben. Schwingen wir uns nicht ein, entsteht Angst, Druck, Gegendruck, Auflehnung, Abwehr, Verfestigung bis hin zum (Zusammen)-Bruch. Dieser Zusammenbruch wird seit geraumer Zeit mit dem Begriff Stress-Syndrom und Burnout bezeichnet.
Es muss aber nicht gleich in diese schwere Symptomatik führen. Es reicht schon ein ständiger mittelschwer empfundener Stress, um an Lebensfreude zu verlieren und um unser Immunsystem zu destabilisieren und dann anfälliger für Krankheiten zu werden.

Stress und Burnout

Typisch für Stress-Symptome bis hin zum Burnout ist, dass das Zurückpendeln, das Hin- und Her-Schwingen nicht mehr möglich ist und damit der Lebensfluss bzw. der Energiefluss des Menschen gestört und der Mensch krank wird.

Die durch Stress bedingten psychischen und physischen Erkrankungen sind in den letzten Jahren drastisch angestiegen. Hierzu im Literaturverzeichnis einige Studien (2).

Jeder fünfte Deutsche ist im Job völlig überfordert. Jeder zweite fühlt sich unter Zeitdruck und beklagt sich, dass er zu viele Aufgaben gleichzeitig erledigen soll. Aber nicht nur Arbeitnehmer, auch Studierende, Schüler, Lehrer und Selbständige erleben diese Belastungen.

Der Lösungsweg ist zum einen natürlich, diese Belastungen zu reduzieren, jedoch wird es hier keine schnellen Lösungen geben.

Wichtig erscheint mir deshalb, entsprechende Ressourcen für den Umgang mit Stress bei jedem Einzelnen zu stärken, also die Resilienz-Fähigkeit zu unterstützen.

Resilienz ist keine Methode, sondern eine Lebens-Strategie und Lebenshaltung, die aus wichtigen Einzelbausteinen besteht.

Mein Resilienz-Ansatz, leitet sich ab aus den hermetischen Gesetzen (3), einer uralten, tausende von Jahren zurückreichenden Weisheitslehre über das Universum und dessen Wirkkräfte. Diese Weisheitslehre bezieht sich auf Natur-Gesetze, Gesetze der Kausalität und Analogie und wird laut Überlieferung Hermes Trismegistos, einem ägyptischen Priester und Eingeweihten, bzw. einer Verschmelzung des ägyptischen Gottes Toth und dem griechischen Gott Hermes, zugeschrieben. Eines der bedeutendsten Gesetze ist das der Entsprechung, „Wie oben so unten". Es ist die verkürzte Form aus der Tabula Smaragdina des Hermes Trismegistos und lautet: *„Dasjenige, welches unten ist, ist gleich demjenigen, welches oben ist; und dasjenige, welches oben ist, ist gleich demjenigen, welches unten ist, um zu vollbringen die Wunderwerke eines einzigen Dinges."*
Daraus entwickelte sich das Analogiedenken, also das Wahrnehmen und Erklären in Bildern und Symbolen, um das Universum mit all seinen Gesetzmäßigkeiten als Ganzes zu verstehen. (4)

Ein hierdurch entstandenes „Urprinzipien-System“ beschreibt in anschaulicher Weise Lebensprinzipien, die für unsere moderne Welt noch die gleiche Gültigkeit haben wie seit Bestehen der Welt. Symbolisch wird dieses Urprinzipiensystem durch die 12 Tierkreis-zeichen, die ihren Namen den 12 Sternbildern der Astronomie verdanken, dargestellt. Diesen Tierkreiszeichen wurden die Planeten-(Positionen) unseres Sonnensystems zugeordnet, welche mythische Götternamen tragen und sogenannte Archetypen, also Urbilder, Urmuster oder Urprinzipien sind, mit einer ganz bestimmten Energie-Qualität. Das bedeutet, es werden damit kosmische Richtungskräfte bzw. charakteristische Gestaltungskräfte beschrieben. Auch Rudolf Steiner benennt 12 Weltanschauungen, die ebenfalls mit den 12 Tierkreiszeichen korrespondieren. (5)

Wir Menschen (Mikrokosmos) sind ein Teil des großen Universums (Makrokosmos), deshalb gelten für uns auch die gleichen Ur-Gesetze bzw. Ur-Prinzipien. Darauf weisen schon die griechischen Philosophen hin. Paracelsus (1493–1541) verdanken wir dann später die Gleichung: Mikrokosmos = Makrokosmos. (6)

Diese kosmischen Archetypen sind Lebensgesetze oder Lebensprinzipien die alle unsere Lebensbereiche, Lebensphasen und Lebensthemen durchziehen. Wir tragen sozusagen alle diese archetypischen Kraftzentren in uns und können mit Hilfe der tausende von Jahren alten Weisheitslehre über diese Urprinzipien und deren Gesetzmäßigkeiten Rückschlüsse ziehen, welcher Archetypus in einem Menschen zur Entwicklung strebt. Mit anderen Worten, durch bestimmte Symptome wird uns gezeigt, welches Lebensgesetz in uns aus der Balance geraten ist und harmonisiert werden will. Wenn wir die Sprache dieses Urprinzipien-Systems verstehen, können wir eine hohe Stress-Resilienz entwickeln und damit zu mehr Lebensqualität und Lebensfreude finden.

Rüdiger Dahlke beschreibt ausführlich in seinem Buch „Lebensprinzipien“, die Herkunft und Bedeutung dieser Lebensprinzipien (7) Auf Seite 13 schreibt er:
„Historisch werden die zwölf Urprinzipien mit den Namen der Tierkreiszeichen benannt, wobei wir sie auch einfach durchnummerieren könnten, wie es oft geschieht. Jedenfalls haben sie mit Astrologie nur insofern zu tun, wie diese als eine der hermetischen Disziplinen sie ebenfalls als Urprinzipiensystem verwendet. Da sich diese Namen über mehr als zwei Jahrtausende bewährt und ein stabiles Feld geschaffen haben, bleiben wir dabei. Die Astronomie meint ja auch nicht die griechischen Götter, wenn sie deren Namen für die Planeten benutzt. Sie tut es, weil sich diese Bezeichnungen seit langem bewährt haben und gut eingeführt sind.“

Auch die analytische Psychologie von C. G. Jung, bedient sich sogenannter Archetypen, also Urbilder (Anima, Animus, Selbst, Schatten ...), um damit die Struktur menschlicher Vorstellungs- und Handlungsmuster darzustellen und damit die Persönlichkeitsstruktur eines Menschen. (8)

Über die 12 Archetypen gibt es zahlreiche Bücher, die sich sehr ausführlich mit der Mythologie, den Analogieketten, der Charakteristik und den Lernaufgaben beschäftigt haben. Zu nennen sind hier beispielsweise Ruediger Dahlke, „Die Lebensprinzipien"(7) oder Brigitte Hamann „Die zwölf Archetypen" (9).

Der Ansatz von Peter Johannes Hensel aus seiner AstroPolarity-Lehre (10) hat mir allerdings unvergleichliche Zusammenhänge vom Zusammenspiel der Archetypen bzw. Lebensprinzipien aufgezeigt. Ihm verdanke ich ein enorm vertiefendes Verständnis und Auseinandersetzen mit den Auswirkungen, wenn wir die Lebensprinzipien in überbetonter oder unterbetonter Form leben.

Mit meinem Buch greife ich auf all dieses Wissen und die Erkenntnisse über die Archetypen bzw. Lebensprinzipien zurück, werde sie aber hier nicht ausführlich beschreiben, sondern mit diesem Schatz an Zusammenhängen das Thema Stress-Resilienz beleuchten. Deshalb gebe ich nur einen kurzen Einblick in die jeweilige Archetyp-Kraft, die sowohl konstruktiv als auch destruktiv genutzt werden kann und zeige dann deren Bedeutung für unsere Resilienz. Resilienz ist ja nicht etwas, was wir einmal erwerben und dann konstant besitzen. Sie schwankt, je nach dem in welcher Lebensphase wir gerade sind, welche Lebensthemen und Probleme wir haben und wie wir damit umgehen. Die Archetypen oder Lebensgesetze können uns dabei helfen, mehr über die dahinter liegenden Ursachen zu erfahren, wenn wir spüren, dass uns die Kräfte verlassen, wir nicht mehr so belastbar sind, wir irgendwie nicht weiterkommen oder immer wieder mit ähnlichen Problemen zu kämpfen haben.

Auf dieser Grundlage werden in diesem Buch Hinweise gegeben, wie wir uns mit Hilfe von körperlichen, psychischen und geistigen Impulsen auf die Gesetzmäßigkeiten dieser kosmischen Archetypen bzw. Lebensprinzipien einschwingen können. Wenn wir uns auf diese Gesetzmäßigkeiten des Lebens einschwingen, können wir eine große, weise Lebenskraft-Quelle nutzen, die uns hilft in den Prozess der Selbsterkenntnis zu gehen und die daraus gewonnenen Erkenntnisse zur Resilienz-Stärkung nutzen.

Das Buch ist zum einen dafür gedacht, um selbstverantwortlich die eigene Stress-Resilienz mit Hilfe dieser alten Weisheitslehre zu beleuchten und sich mit den hier gegebenen Impulsen zur Stärkung der Stress-Resilienz zu befassen.

Zum anderen ist es gedacht für Menschen in heilenden und beratenden Berufen, wie z.B. Heilpraktiker, Psychologen, Psychologische Berater und Coaches, die Menschen in schwierigen, belastenden Stress-Situationen begleiten und in ihrer Beratungskompetenz noch wachsen wollen.

2 Erläuterung zur Vorgehensweise

Ängste machen Stress. Durch Stress entstehen Ängste. Es gibt also eine Wechselwirkung zwischen Stress und Angst. Angstauslöser treffen in uns auf die eigentlichen individuellen Angst-Ursachen. Die individuellen Angst-Ursachen lassen sich ganz bestimmten archetypischen Urängsten zuordnen. Damit haben wir dann auch die Möglichkeit mit dem archetypischen Bezugssystem genau an die entsprechende archetypsiche Kraft zu gelangen, die uns mit Ressourcen in Verbindungen bringen kann, um unsere Ängste zu überwinden und damit unsere Stress-Resilienz zu stärken.

Wie oben bereits beschrieben, leitet sich der in diesem Buch beschriebene Resilienz-Ansatz aus der Weisheitslehre der 12 kosmischen Archetypen ab, die mit den Namen der 12 Tierkreiszeichen und der Planeten bezeichnet werden.
Die verwendeten Begriffe Archetyp, Archetypkraft, Lebensprinzip, Urlebensprinzip oder Lebensgesetz werden hier synonym verwendet.

Allen diesen archetypischen Kräften ist gemeinsam, dass sie sowohl in einer positiven als auch negativen Weise wirken bzw. genutzt werden können, denn ein wichtiges hermetisches Naturgesetz ist die Polarität, die überall ihre Gültigkeit hat. Es ist das Gesetz von Licht und Schatten, Liebe und Hass, männlich und weiblich, Yin und Yang.
Üblicherweise wird die negative Auswirkung mit dem Begriff des Schattens bezeichnet. Das bedeutet: Wenn wir ein Lebensgesetz missachten, überbetont oder unterbetont leben, dann leben wir dessen Schatten. Hinter den Schatten verbergen sich die Urängste, die wir durch die Weisheit der Archetypen erkennen und erlösen können.

Auf unserem Entwicklungsweg werden wir immer wieder mit diesem Polaritätsgesetz konfrontiert bzw. mit den jeweils zwei Kraft-Seiten eines Lebensprinzips. Das heißt, ein und dieselbe Kraft zeigt sich in ihrer Auswirkung entweder positiv oder negativ, aufbauend oder zerstörerisch, Wachstums fördernd oder behindernd und zwar je nach dem, welche Kraft-Seite wir nutzen, von welcher wir uns nähren bzw. welche wir nähren.

Die nun im Einzelnen aufgeführten Lebensprinzipien oder Archetypen, werden jeweils kurz beschrieben und an Beispielen wird gezeigt, welche Auswirkungen diese Kräfte haben können, wenn wir sie gemäß der Polarität entweder konstruktiv oder destruktiv leben.

Anschließend werden Impulse gegeben, wie die Lebensprinzipien im Alltag konstruktiv gelebt werden können, um damit unsere Stress-Resilienz zu stärken. Da sich unser Stress-Erleben auf der Körperebene, der seelischen Ebene und der geistigen Ebene auswirkt, kann deshalb auch auf diesen drei Ebenen unsere Resilienz geschwächt werden.

Auf der Körperebene: Durch Verspannungen (Kopf, Muskeln), durch unkontrolliertes Muskelzucken (Lidzucken), zitternde Hände, starkes Schwitzen oder Frieren, Verdauungsprobleme, innere Unruhe, Schlafstörungen, organische Krankheiten …

Auf der Gefühlsebene: Durch Ängste, Aggression, Depression, unsicher sein, gereizt sein, traurig sein, wie gelähmt sein …

Auf der Denkebene (Verstand): Durch Konzentrationsstörungen, Denkblockaden (Blackout), Gedankenkarussell, Wahrnehmungs-Verzerrungen und kognitive Verzerrungen (kV), wodurch bestimmte negative Denkmuster entstehen, die zu depressiven Verstimmungen und damit auch zu Stress-Erleben führen. Ich stelle hier eine kV-Liste vor, die einer Depression zugrunde liegen. Die Liste ist von Prof. David Burns erstellt worden und beinhaltet 10 der wichtigsten kV. Es ist sozusagen die Essenz seiner jahrzehntelangen wissenschaftlichen und klinischen Tätigkeit. (11)

1. **Alles- oder nichts-Denken:** Sie sehen Dinge in verabsolutierenden Schwarzweiß-Kategorien.
2. **Übertriebene Verallgemeinerungen:** Sie sehen ein einzelnes negatives Ereignis als ein permanentes Muster von Niederlagen.
3. **Mentales Filtern:** Sie greifen ein einzelnes negatives Detail heraus und beschäftigen sich ausschließlich damit. Dadurch wird ihre Sicht der Realität verdunkelt, so wie ein einziger Tropfen Tinte einen ganzen Becher Wasser färben kann.
4. **Abwerten des Positiven:** Sie tun positive Erlebnisse mit der Begründung ab, sie würden aus irgendeinem Grund nicht zählen. Auf diese Weise erhalten Sie eine negative Überzeugung aufrecht, die durch Ihre alltäglichen Erlebnisse widerlegt wird.
5. **Voreiliges Schlussfolgern:** Sie deuten eine Situation negativ, obwohl keine einzige Tatsache bekannt ist, die Ihren Schluss zweifelsfrei bestätigt. a) durch

Gedankenlesen: Sie nehmen ohne plausible Begründung an, dass jemand anderes negativ auf Sie reagiert und Sie machen sich nicht die Mühe, diese Sicht zu überprüfen. b) durch Wahrsagen: Sie prognostizieren, dass etwas eine negative Entwicklung nehmen wird, und sind fest davon überzeugt, dass Ihre Voraussage als erwiesen gelten kann.

6. **Übertreiben oder Untertreiben:** Sie stellen Dinge als übertrieben wichtig dar (beispielsweise Ihre eigenen Fehler oder die Erfolge anderer), oder Sie spielen Dinge so unverhältnismäßig herunter, bis sie als völlig bedeutungslos erscheinen (Ihre eigenen guten Eigenschaften oder die Schwächen anderer). Dies wird auch Fernglastrick genannt.
7. **Emotionales Argumentieren:** Sie nehmen an, dass Ihre negativen Emotionen in jedem Fall widerspiegeln, wie die Dinge wirklich sind: Weil ich es so empfinde, muss es so sein.
8. **Sollte-Aussagen:** Sie versuchen, sich mit Sollte- und Sollte-nicht-Aussagen zu motivieren, als müsste jemand Sie auspeitschen und bestrafen, bevor Sie etwas tun. Wörter wie muss und sollte beinhalten auch Angriffe. Ihre emotionale Konsequenz sind Schuldgefühle. Wenn Sie Sollte-Aussagen an andere Menschen richten, empfinden Sie Ärger, Frustration und Groll.
9. **Abstempeln:** Dies ist eine Extremform übertriebener Verallgemeinerung. Statt Ihren Irrtum zu beschreiben, zeichnen Sie sich selbst mit einem negativen Stempel: Ich bin ein Verlierer. Wenn das Verhalten eines anderen Menschen Ihnen quer kommt, verpassen Sie dem Betreffenden einen negativen Stempel: Er ist ein gottverdammter Dreckskerl. Falsches Ettikettieren beinhaltet, daß man ein Ereignis auf eine stark tendenziöse und von Emotionen geprägte Weise beschreibt.
10. **(sich selbst) Schuld zuweisen:** Sie sehen sich als die Ursache eines negativen äußeren Ereignisses an, für das in Wahrheit nicht Sie in erster Linie verantwortlich sind.

Bei allen Impulsen, die hier vorgestellt werden, wird sowohl auf sozial-psychologische Erkenntnisse und Methoden zurückgegriffen, aber auch auf langjährig erprobte Erfahrungen mit eigens entwickelten Übungen.

Ziel ist es, ein größeres und klareres Bewusstsein über die Gesetzmäßigkeiten der archetypischen Lebenskräfte zu bekommen. Wir verfeinern damit unsere Achtsamkeit diesen Kräften gegenüber. Sie dienen uns dann dazu, unsere Stress-Resilienz zu stärken. Denn wo wir unsere Aufmerksamkeit und Achtsamkeit hinlenken, das wächst.

Das Wissen über die archetypischen Kräfte dient uns einerseits dazu, Zusammenhänge unserer Lebensthemen und Schwierigkeiten besser zu erkennen und andererseits auch dazu, unseren eigenen Verantwortungs-Bereich zu sehen, zu achten und entsprechende Regulierungen vorzunehmen. Die Lebensprinzipien führen uns konsequent weg vom Opferdenken und Opferverhalten, hin zur Eigenverantwortung und den eigenen Gestaltungsmöglichkeiten. Dabei müssen wir nicht immer alles selbst erbringen. Wir dürfen uns gerne Hilfe holen oder geben lassen.
Die wichtigste Verantwortung die wir haben ist, dass wir den einmal erkannten destruktiven Weg verlassen und den konstruktiven einschlagen. Wie oft wir dabei ins Straucheln kommen oder bisweilen vom Weg abkommen, ist nicht so wichtig. Das Wichtigste ist, immer wieder aufzustehen und weiter zu gehen.

Da dieses Buch zur Stärkung der Stress-Resilienz beitragen soll, beziehen sich die Zusammenhänge der 12 kosmischen Archetypen und die Impulse, in erster Linie auf Themen und Situationen in genau diesem Bereich. Viele andere Bereiche werden damit natürlich indirekt auch angesprochen, können aber nicht ausführlich betrachtet werden. Es wird deshalb immer, nachdem ein Lebensprinzip bzw. Archetyp erläutert wurde, speziell gezeigt, was diese Kraft für die Stress-Resilienz bedeutet und welche Impulse nützlich sind, um diese zu stärken.
Die Bedeutung ließe sich wie gesagt auch für andere Bereiche aufzeigen, z.B. für die „Beziehungsgestaltung von Paaren" oder für Lebensfragen wie beispielsweise: „Was hält mich davon ab ein glücklicher Mensch zu sein?" …

Der Nutzen, der hier aufgezeigt wird besteht darin, dass wir themenbezogen und damit ziemlich genau herausfinden können, was unsere Resilienz schwächt und weshalb. Wir unterliegen zwar alle diesen 12 kosmischen Archetypkräften, aber nicht alle sind für uns zu jeder Zeit gleich bedeutsam. Wenn wir erkennen, welches Lebensgesetz, symbolisch durch den Archetypen dargestellt, wir momentan oder schon seit längerer Zeit, in unserem Leben nicht genügend achten, dann können wir genau an diesem Punkt ansetzen. Dies erspart uns viele Umwege und wir können Leid und Kummer schneller überwinden.

Das Buch möchte eine Art Spürsinn für die aus der harmonischen Schwingung geratenen kosmischen Lebensgesetze vermitteln und trainieren, in die wir alle fest eingebunden sind. Keiner kann sich diesen Gesetzen ohne Konsequenzen entziehen. Wenn wir unser Leben auf diese weisen Gesetzmäßigkeiten ausrichten, werden wir sehr schnell erspüren, wo nachjustiert werden muss. Die in der richtigen Weise genutzten archetypischen Kräfte setzen dann unsere Selbstheilungskräfte in Gang. Mehr Wohlbefinden, Zufriedenheit und Resilienzkraft ist dadurch möglich.

3.1 Kosmischer Archetyp Mars/Widder – Lebensprinzip 1

Impulskraft, etwas in Angriff nehmen, Aggression, Mut, gesunder Egoismus, konstruktive Durchsetzung, Gestalter sein

Die Urenergie oder Urkraft, die durch den Archetypen Mars/Widder symbolisiert wird, womit wir uns jetzt als erste Kraft beschäftigen, ist eine sehr starke Energie, die zu Beginn des Lebens einfach nur da ist. Das bedeutet, diese Energie wartet darauf, sich auf etwas ausrichten zu können. In der Natur sehen wir diese Urkraft z.B. am Sprießen von Knospen und Wachsen von kleinsten, zarten Blumen, die sich aus harter Erde herausschieben. Diese Mars-Energie muss also sehr stark sein, sie erwacht sozusagen im Zellkern der Pflanze und richtet sich gemäß der ihr zugewiesenen Aufgabe aus, die durch den in der DNA verschlüsselten Code festgelegt ist. Diese Richtungsangabe braucht die Pflanze allerdings, sonst passiert nichts. Alles Leben verfügt über diese Mars-Energie und so auch der Mensch.

Es gibt verschiedene Namen für diese Lebensenergie oder Lebenskraft. Die Inder bezeichnen sie als Prana, die Chinesen als Chi, Wilhelm Reich hat ihr den Namen Orgon gegeben. Allen gemeinsam ist, dass sie diese ursprüngliche, zunächst richtungslose Urenergie oder Urkraft meinen.

Dieser Urenergie soll der Mensch in seinem Lebensalltag eine Richtung geben, bzw. es finden Situationen statt, auf die der Mensch seine Lebensenergie richtet, indem er in irgendeiner Weise auf etwas reagiert. Dieses Reagieren löst eine Erfahrung und Gegenreaktion aus.

Am Beispiel von Babys sieht man sehr deutlich was passiert, wenn diese Energie in eine Reaktions-Richtung geht und keinen Erfolg hat. Will ein Baby z.B. ein bestimmtes Spielzeug, dann richtet es seine Energie auf dieses Spielzeug oder anders ausgedrückt, es reagiert auf dieses Spielzeug. Nehmen wir an, Sie geben dem Baby das Spielzeug nicht, dann reagiert es meist sofort mit Weinen oder Schreien. Es zeigt somit auch wieder eine Reaktion, d.h. die Energie wird genutzt um zu weinen, wütend zu sein …
Jede Energie-Nutzung hat Auswirkungen und zieht weitere Reaktionen nach sich. Gebe ich dem Baby das Spielzeug, fließt seine Energie in dieses Spielzeug, sichtbar dadurch, dass es etwas mit dem Spielzeug macht: Daran knabbern, es untersuchen,

auf den Boden klopfen usw., egal was, die Energie wird in eine bestimmte Richtung gelenkt und gelebt.
Bekommt das Baby das Spielzeug nicht, wird die Energie bildlich gesprochen abgebremst, sie erfährt einen Widerstand, die Tür ist zu, die Energie staut sich, es entsteht Druck.
Die gestaute Energie ist nun im Baby und muss irgendwie verwendet werden, also sucht sie sich eine Richtung mittels des Reagierens. Das Baby wird dann vielleicht laut weinen oder zornig schreien oder es wird sich ganz schnell einem anderen Spielzeug zuwenden. Die Energie wird dadurch von der ursprünglichen Zielrichtung in eine andere Richtung gebracht.
Im Laufe des Lebens lernt der Mensch natürlich im sozialen Verhalten, dass er nicht gleich los schreit, wenn er etwas nicht bekommt. Erhält der Angestellte die geforderte Gehaltserhöhung nicht, wird er im Normalfall vor dem Chef nicht sofort heulen oder schreien. Was macht er aber mit der Energie, die sich in seinem Inneren auf Gehaltserhöhung hin ausgerichtet hat? Sie ist ja noch da, denn sie konnte nicht in die Richtung Gehaltserhöhung fließen, es gibt keine, die Tür ist zu. Die Energie staut sich, sie braucht nun etwas anderes, auf das sie sich ausrichten kann.
Entweder beginnt sie in ihm zu kreisen, z.B. indem er negative Gedanken bezüglich des ignoranten Chefs hat oder er schimpft und klagt zu Hause bei seiner Frau über den Umstand. Auch kann es sein, dass er seine Enttäuschung runterschluckt, nichts sagt und auch so tut, als mache es ihm nichts aus. Die Energie wird sich dann evtl. durch körperliche Symptome Beachtung verschaffen.

Vielleicht verwendet er die Energie aber auch dazu, einen Plan zu entwickeln, wie er es dem Chef heimzahlen kann. Möglicherweise dadurch, dass er sich öfter krank schreiben lässt, oder keine Überstunden mehr macht. All dies dient dem Abbau gestauter Energie. Sie muss irgendwie durch Reaktionen abfließen, in Angriff genommen werden. Oft geschieht das durch destruktive Angriffe. Die ursprüngliche wertfreie Bedeutung von Aggression, nämlich etwas in Angriff nehmen bekommt so die für uns heute übliche negative Bedeutung.

Es gibt aber auch eine konstruktive Verwendung für diese Energie, die einen Widerstand erfährt. Der Angestellte könnte z.B. seine Energie dafür verwenden, sich bei einer anderen Firma zu bewerben oder sich grundsätzlich einmal konstruktiv damit auseinander setzen, was seine nächsten beruflichen Ziele sind. Eine andere Möglichkeit ist, die gestaute Energie durch körperliche Betätigung wie z.B. Sport abzubauen.

Das erste Lebensprinzip zeigt uns also, dass es so etwas wie eine Urenergie oder Urkraft gibt, die zunächst richtungslos ist und durch unsere Reaktionen in konkrete Bahnen gelenkt werden soll, um Dinge damit in Gang zu bringen, bzw. um Dinge in Angriff zu nehmen. Dazu braucht es Mut, manchmal auch Pioniergeist, Durchsetzungswillen und gesunden Egoismus. Diese Kraft ist eine Schöpfer-Kraft, die uns dieses Lebensprinzip mit auf den Weg gibt, um sie zur Gestaltung unseres Lebens zu nutzen.

Die im Schatten gelebte archetypische Mars-Widderkraft

Wie schon erwähnt, können alle Lebensprinzipien oder archetypischen Kräfte auch in einer sogenannten Schatten-Form gelebt werden. Beim ersten Lebensprinzip der archetypischen Mars-Kraft, ist es der Schatten bzw. die Angst vor Schwäche.
Diese Angst vor Schwäche zeigt sich durch tiefe innere schmerzhafte Gefühle, die oft durch Reaktionen wie Wut und destruktive Aggressions-Angriffe kompensiert werden. Wenn die Angst-Gefühle nicht nach außen transportiert werden, dann suchen sie sich im Inneren des Menschen ein Betätigungsfeld (Reaktionsfeld) in Form von Krankheitssymptomen wie Kopfschmerzen, Magenschmerzen, Stress, Burnout, Allergien und Entzündungen. Das bedeutet: Die im Schatten gelebte Mars-Kraft führt zu äußeren und inneren Disharmonien, sowie zu Konflikten und schwächt irgendwann unsere Resilienz.

Nach dieser grundsätzlichen Ausführung wird nun gezeigt, welche Bedeutung dieses erste Lebensprinzip für die Stress-Resilienz hat.

Bedeutung für unsere Stress-Resilienz

Hierzu wird auf ein Konzept von Albert Bandura zurückgegriffen, welches aus seiner sozial-kognitiven Theorie stammt und mit dem Begriff der „Selbstwirksamkeits-Erwartung“ bezeichnet wird. (12)
Selbstwirksamkeit bedeutet: „Ein Gefühl der subjektiven Kompetenz“, also eine subjektive, positive Erwartung, den Anforderungen einer Situation aus eigener Kraft gewachsen zu sein.

Ein persönliches tiefes, inneres Gefühl, eine innere Gewissheit, die einem Sicherheit und Selbstvertrauen gibt.

Ein einfaches Beispiel soll dies verdeutlichen:
Sie suchen einen Parkplatz und erleben zunächst, dass keiner mehr frei ist. Sie sind in Eile und so fahren Sie noch mal im Kreis und entdecken doch noch eine Parklücke. Diese stellt sich aber nach mehreren Einparkversuchen als zu eng heraus, so dass Sie entnervt aufgeben. Sie fahren wieder im Kreis und sehen, dass ein anderer Autofahrer aus einer Parklücke raus fahren möchte. Sie bleiben stehen und geben Blinkzeichen. Sie warten, denn der Autofahrer muss noch telefonieren, dann endlich fährt er weg. In der Zwischenzeit ist von der anderen Seite plötzlich ein anderer Autofahrer da und nimmt Ihnen den Parkplatz vor der Nase weg. Er hat Sie zwar warten sehen, dies ist ihm aber egal. Ihr Stresspegel steigt schlagartig an!
Körper-Reaktionen: Herzrasen, Sie verkrampfen sich, Magenschmerzen, Kopfschmerzen …
Gefühls-Reaktionen: Wut, Ärger, Hilflosigkeit …
Denk-Reaktionen: Vorwürfe, Selbstvorwürfe, Urteile, Gedankenkreisen …

Ihr „Gefühl", die Situation gut bewältigen zu können ist ins Wanken gekommen. Sie spüren Ohnmacht. Um dieses erste Aufkommen von Ohnmacht gleich zu verdrängen, machen Sie sich zum Opfer und die Umstände sowie den anderen Autofahrer zum Täter. Sie schimpfen und fluchen vielleicht, denn das hilft Ihnen zunächst Stress-Empfinden zu reduzieren.
Der Stress wird sich nach einiger Zeit noch mehr abbauen, wenn andere Situationen bewältigt werden müssen. Die Energie bekommt dann eine andere Richtung, kann also dorthin abfließen.
Häufen sich jedoch die Situationen, in denen Sie Misserfolge erleben, wird ihr Gefühl der subjektiven Kompetenz = Selbstwirksamkeit immer schwächer und das Stress-Empfinden in Ihnen stärker. Die Energie staut sich immer mehr, was sich dann auf eine konstruktive oder destruktive Art und Weise durch Ihr Verhalten (Ihre Reaktionen) im Außen und im Inneren zeigen wird.
Sie werden entweder anderen gegenüber aggressiv sein oder auch sich selbst gegenüber. Wir sprechen dann von Autoaggression durch unterdrückte Emotionen. Vielleicht werden Sie aber auch versuchen, die Botschaft hinter diesen Negativ-Erfahrungen zu lesen. Mit dem Weisheits-Wissen der Lebensgesetze würden Sie erkennen, dass die archetypische Mars-Kraft vielleicht von Ihnen erwartet, dass Sie generell mehr gesunde Durchsetzungskraft entwickeln sollten. Es kann aber auch sein, dass Ihr Durchsetzungswille zu stark ist und

Sie deshalb durch die ständige Erfahrung von Widerständen, darauf aufmerksam gemacht werden, hier mehr Balance zu entwickeln. Eine andere Möglichkeit wäre, dass Sie öfter Dinge selbst in die Hand nehmen sollen, anstatt darauf zu warten, bis andere entscheiden, wie Sie handeln sollen.

Das heißt, diese Urenergie, die durch unsere Reaktionen in eine bestimmte Richtung oder Situation gelenkt wird, erfährt auch Widerstände. Schwierig wird es, wenn sich Widerstands-Situationen häufen und/oder wenn wir keine geeignete Strategie haben, um mit Widerständen konstruktiv umzugehen.

Wir alle erleben Situationen, die wir weniger gut bewältigen können. Der Unterschied zwischen Menschen, die dies nur ab und an mal erleben und Menschen, die dies sehr oft erleben, ist folgender:
Die archetypische Marskraft ist für uns da, um durch unsere Reaktionen letztlich unser Leben in Angriff zu nehmen, es in eine bestimmte Richtung zu lenken, um es dann aktiv zu gestalten. Genau hier liegt der entscheidende Unterschied. Es gibt Menschen, die ihr Leben bewusst gestalten, also der Energie eine bestimmte Richtung geben. Und es gibt Menschen die sich gestalten lassen, also ihrer Energie eine Richtung geben lassen. Natürlich können wir nicht immer und ständig alles so einrichten, wie wir das wollen, sondern wir müssen im sozialen Miteinander nach Wegen suchen, die einerseits Gestaltungsmöglichkeit erlaubt und auf der anderen Seite auch Kompromissbereitschaft zeigt. Hier beim ersten Urprinzip der Mars-Energie, geht es darum, uns zu fragen, inwieweit wir den Auftrag dieses Lebensprinzips annehmen und konstruktiver Richtungsgestalter unseres Lebens werden. Nehmen wir unser Leben in Angriff oder greifen wir andere an, wenn Dinge nicht so klappen und machen damit andere verantwortlich dafür?

Wenn wir Richtungsgeber und Gestalter oder zumindest immer wieder Mit-Gestalter unseres Lebens sind, gehen wir in die Selbstverantwortung für unser Leben. Dann können wir auch mit Misserfolgen besser umgehen, da wir daraus Erkenntnisse ziehen die wir nutzen, um in ähnlichen Situationen unserer Energie eine andere Richtung zu geben, indem wir anders reagieren.

Wir haben dann Vertrauen in die eigene Stärke und müssen diese nicht demonstrieren. Wir stärken damit unsere Resilienz. Auf der Körperebene haben wir weniger Verspannungen. Auf der Gefühlsebene fühlen wir uns mutig und kraftvoll, spüren mehr Zuversicht und Zufriedenheit. Auf der Denkebene bedeutet dies, dass wir andere nicht als Feinde bewerten sondern als Partner sehen.

Das erste Lebensprinzip fordert uns dazu auf, dass wir eine gute Selbstwirksamkeits-erwartung entwickeln. Wir werden dann, auch bei Veränderungen, Neuerungen oder schwierigen Situationen, darauf vertrauen, dass wir diese gut bewältigen können. Wir machen die Erfahrung, dass wir unseren Reaktionen eine Richtung geben können, die für uns nützlich sind. Selbst wenn wir mal keinen Erfolg haben, können wir dies gut bewältigen.

Leben wir die archetypische Marskraft ständig unterbetont, dann werden wir eher mutlos und ängstlich mit schwierigen Situation umgehen und wenig bis gar kein Vertrauen in die eigene Selbstwirksamkeit haben. Wenn wir dagegen diese Kraft überbetont leben, werden wir das Leben bekämpfen und angreifen, anstatt in Angriff nehmen. In beiden Fällen schwächen wir unsere Resilienz, wir können nicht elastisch auf die Lebensstürme reagieren, sondern verharren entweder in gebeugtem Zustand oder verausgaben uns im wilden Kampf ums Überleben.

Wie wir bewusst unsere Selbstwirksamkeit stärken und damit die Weisheit der ersten Archetypkraft nutzen können wird nun gezeigt.

Impulse für die Nutzung der Wirkkraft des kosmischen Archetypen Mars/Widder zur Stärkung unserer Stress-Resilienz

1) Selbstwirksamkeits-Regulierung aufbauen, weiterentwickeln und festigen

Es werden für die Persönlichkeitsentwicklung klassischerweise drei Stress-Zonen unterschieden (13). Die erste Zone ist die *Komfortzone*, also all jenes, was wir schon gut können und wir ohne große Kraftanstrengung tun. Hier sollten wir uns unsere Fähigkeiten und Erfolge immer wieder vor Augen halten, sie sozusagen als Kraftquelle nutzen.

Die zweite Zone ist die *Herausforderungszone*, das bedeutet wir wagen uns an etwas heran, was wir bisher immer vermieden haben bzw. wovor wir ausgewichen sind. Haben wir uns beispielsweise bisher nie getraut im Restaurant zu reklamieren, wenn das Essen zu salzig, kalt oder sonst nicht in Ordnung war, dann sagen wir zukünftig freundlich aber bestimmt, was uns stört. Wir üben uns also auf einem Gebiet, was wir uns bisher nicht zugetraut haben. Wir fangen mit kleineren Herausforderungen an und entwickeln dadurch mehr Sicherheit auch bei größeren Aufgaben des Lebens. Das bedeutet, wir sollten unsere Komfortzone bewusst immer wieder verlassen und uns kleineren Herausforderungen widmen.

Wenn wir dies für uns umsetzen, werden wir eher Gestalter unseres Lebens werden. Wir werden mehr Achtsamkeit entwickeln und unser Selbst-Vertrauen, auf schwierige Situationen erfolgreich reagieren zu können wird wachsen – also stärken wir auf diese Weise unsere Resilienz.

Die dritte Zone ist die *Überforderungszone*, das bedeutet, wir tun z.B. zu viele Dinge und manövrieren uns dadurch in eine Überforderung. Oder wir achten Grenzen unserer Fähigkeiten nicht und erleben dadurch ständig Misserfolge, wodurch dann unsere Selbstwirksamkeitserwartung sinkt.
Um zu der Überforderungszone zu stehen, braucht es Mut und konstruktive Durchsetzungs-kraft z.B. Nein zu sagen oder sich der Realität zu stellen und sich einzugestehen, dass man bestimmte Dinge einfach nicht kann. Hier gilt es, sich darin zu üben, die eigenen Grenzen zu akzeptieren und Ideal-Vorstellungen von sich selbst (Ideal-Ich) loszulassen.

2) Schwächen integrieren

Wie zuvor beschrieben, zeigt sich die im Schatten gelebte Mars-Kraft im Sinne der Polarität durch die Angst vor Schwäche. Das Erfahren von Widerstand, wenn wir also etwas tun oder wollen und unsere Energie, die wir dafür verwenden, hat keinen Erfolg, dann erleben wir dies als Schwäche oder Schwächung. Häuft sich das Schwäche-Erleben, geraten wir entweder in einen inneren Konflikt mit uns selbst (Intra-System-Konflikt) oder wir geraten im Außen mit anderen Menschen in Konflikte (Inter-System-Konflikt) (14). Die Gefühle, die wir dadurch erleben, wie z.B. uns ohnmächtig fühlen, hilflos fühlen, unzufrieden sein, aber auch uns wütend und ärgerlich fühlen, werden von uns entweder nach außen transportiert, also durch emotionales Reagieren gezeigt oder nach innen verdrängt.
Beim Inter-System-Konflikt werden wir schmerzhafte Erfahrungen zwischen (inter) uns und anderen Menschen erleben. Beim Intra-System-Konflikt werden wir früher oder später in (intra) uns körperliche oder seelische Schmerzen erleben.

Entwicklungsmöglichkeit – Schwäche akzeptieren

Eine Möglichkeit uns hier weiterzuentwickeln ist, dass wir bewusst unsere Schwächen integrieren. Wie geht das? Nun, integrieren bedeutet einbetten, einordnen, anpassen, verschmelzen, zusammenführen.
Wie könnten wir unsere erlebte Schwäche beispielsweise einordnen? Nehmen wir das Lebensprinzip als Ganzes, dann wird schnell klar, dass zum Mut, der Durchsetzungskraft, der Impulskraft im Sinne der Polarität auch das Gegenteil gehört, nämlich mutlos sein, kraftlos sein, durchsetzungsschwach sein oder einfach schwach sein. Geben wir dem Ganzen also dadurch seine Ordnung, dass wir erlebte Schwäche in diesem archetypischen Sinne einordnen, dann ist der erste wichtige Schritt getan und zwar das Akzeptieren von dem Lebensgesetz als Ganzem: Stärke und Schwäche als Einheit. Stärke existiert nur, weil es auch Schwäche gibt und umgekehrt.
Erhält der Angestellte die erhoffte Gehaltserhöhung nicht, erlebt er dies vielleicht als Schwäche oder Schwächung. Ginge er jetzt in die Opferhaltung, würde seine Schwäche noch zunehmen. Nimmt er jedoch das, was jetzt gerade ist, nämlich dass er eine Absage erhalten hat und er sich deshalb schwach fühlt, er aber nicht grundsätzlich ein schwacher Mensch ist, dann kann er ohne selbstschwächende Umwege seine Reaktion darauf einstellen. Er kämpft nicht Energie raubend dagegen an, sondern er lenkt die ihm noch zur Verfügung stehende Energie in eine Richtung, die ihm dienlich ist.

Er reagiert auf die Schwäche nicht mit Ablehnung und Widerstand, sondern mit Akzeptanz, was nicht bedeutet, dass er aufgibt oder sich unterwirft. Er nimmt das, was sich jetzt gerade zeigt, was auf ihn zu kommt, klar und deutlich wahr. Er vermischt es nicht mit Wunsch-Vorstellungen oder Urteilen und Vorwürfen. Er erkennt das was ist. Damit hat er eine ganz andere Ausgangsbasis für seine Reaktionen. Er wird nicht reagiert, sondern er bestimmt wie er selbst reagieren möchte.
Akzeptanz bedeutet, das zu nehmen, was uns jetzt gerade begegnet, denn das ist JETZT, es gibt gerade nichts anderes. Hadern und Widerstand leisten verbraucht viel kostbare Energie und verschlimmert den Zustand, so dass kaum Energie für gute Lösungsideen zur Verfügung steht. Auch in der Natur sehen wir, wie Pflanzen ihre Wachstums-Richtung ändern, wenn sie auf ein Hindernis (Widerstand) stoßen. Sie integrieren (akzeptieren) sozusagen den Widerstand und wachsen um ihn herum weiter.

Das Akzeptieren von dem was jetzt gerade ist, wird als innere Haltung in allen spirituellen Weisheitslehren vorausgesetzt, um sich weiter zu entwickeln, da alles was uns begegnet letztlich ein Spiegel dessen ist, was wir sind bzw. was uns fehlt. Die Lebensprinzipien dienen uns somit als Kompass und Navigationssystem auf unserem Entwicklungsweg. Das erste archetypische Lebensprinzip, die Mars-Energie, navigiert uns sozusagen auf dem Entwicklungsweg in die bewusste Auseinandersetzung mit der Ur-Energie, der wir mit unserem freien Willen eine Richtung geben sollen, denn sie ist zunächst richtungslos und wegen der Polarität sowohl aufbauend als auch zerstörerisch. Wir können das Leben in Angriff nehmen oder es angreifen. Ersteres wird uns stärken, letzteres wird uns schwächen.

Wenn es um die Stärkung von Resilienz geht, so wurde am Anfang ausgeführt, dann hat dies mit Lebens-Elastizität zu tun, also mit dem Mitschwingen im Auf- und Ab des Lebens. Nutzen wir hier die archetypische Mars-Kraft, sind wir aufgefordert, dieser Kraft eine konstruktive Richtung zu geben, dann werden wir eine gute Stress-Resilienz in uns entwickeln.

3) Emotionsregulation – das Leben in Angriff nehmen, statt es anzugreifen

Hierzu gibt es hilfreiche Impulse aus einem noch relativ neuen Forschungsgebiet: Der Embodiment-Forschung.
Das Konzept Embodiment beschreibt die Wechselwirkung von Körper und Psyche. Wie z.B. emotionale Befindlichkeiten geprägt werden und auch gezielt verändert werden können mittels Körperausdruck, und damit dann auch das Denken und zukünftige Wahrnehmen.

Wir alle wissen, dass sich unsere gefühlsmäßige oder auch geistige Verfassung durch unseren Körperausdruck (wenn wir dies nicht aktiv unterdrücken, um eben einen guten Eindruck zu machen) im Außen wieder spiegelt. Wir würden bei einem Menschen der sich unbeobachtet fühlt, sehr schnell an seinem Körperausdruck erkennen, in welcher psychisch/geistigen Verfassung er ist.
Die hier verwendeten Impulse kommen aus den Forschungsergebnissen von Dr. Maja Storch, Benita Cantieni, Prof. Dr. Gerald Hüther und Prof. Dr. Wolfgang Tschacher. (15)

Wechselwirkung bedeutet hier ganz konkret, dass sowohl unsere Gefühle und geistige Verfassung sich auf unseren Körperausdruck auswirken, als auch umgekehrt, dass unser Körperausdruck Auswirkungen auf unsere Gefühle und geistige Verfassung hat.

Das Konzept Embodiment soll hier in der ganz konkreten Bedeutung genutzt werden und zwar als „Verkörperung einer konkreten Emotion im Menschen".
Das bedeutet, wenn wir traurig sind, dann erkennt man dies an der Körperhaltung z.B. durch hängende Schultern, hängendem Kopf, schleppendem Gang.
Wenn wir fröhlich sind, sieht man das auch, z.B. durch einen beschwingten Gang, durch einen geraden Kopf und offene Arme. Wenn wir aggressiv sind, haben wir einen dementsprechenden Gesichtsausdruck und gespannte Muskeln.
Der Körper ist der Spiegel der Seele. Gefühle, Emotionen und geistige Verfassung bestimmen also den Körperausdruck.
Wenn wir die Wechselwirkung nun im Ganzen betrachten, dann bedeutet das, wenn wir in einer traurigen Verfassung sind und bewusst unseren Körperausdruck/Haltung so verändern, dass dieser Ausdruck einer fröhlichen, beschwingten geistigen Verfassung entspricht, dann müsste sich dies auf unsere bisherige traurige Verfassung auswirken.
Dies haben viele Studien bestätigt und deshalb ist die Einbindung von Embodiment eine hilfreiche Unterstützung beim Verändern von destruktiven Empfindungen und Verhaltensweisen.

Da das erste Lebensprinzip die Ur-Energie oder Ur-Kraft darstellt, die sowohl schöpferisch als auch zerstörerisch genutzt werden kann, (in Angriff nehmen oder angreifen), ist ein wichtiger Entwicklungsschritt mit diesem ersten Lebensprinzip verbunden und war die „Emotionsregulation".

Mit dem Konzept des Embodiment können wir unsere Emotionen positiv beeinflussen.
Dr. Maja Storch hat hier geforscht und festgestellt, dass der Körper im ganz normalen alltäglichen Selbstmanagement schlau und klug genutzt werden kann, um sich das Leben angenehmer zu machen. S. 64 *„Emotionsregulation braucht den Körper. Der Körper ist die Bühne der Gefühle, sagt der Hirnforscher Antonio Damasio. Wer mit seinen Gefühlen arbeiten will, muss lernen, wie er mit dem Körper arbeitet. Die Wut sitzt im Bauch, in den Eingeweiden, im Hals – im Körper also – und da muss sie wieder raus".*

Wenn wir dafür ein Embodiment wählen, dann muss dieses Embodiment der Wut entgegengesetzt sein, denn wenn ein Gefühl nicht die passende Verkörperung erfährt, kann es nicht aufrechterhalten werden. Das bedeutet, wenn wir unserer Wut einen Körperausdruck der fröhlichen Gelassenheit geben, dann wird unser Körper die Wut nach und nach entlassen können oder anders ausgedrückt, die Energie bekommt eine neue Richtung.
Dieser fröhliche, gelassene Körperausdruck ist natürlich individuell verschieden und muss von jedem selbst gewählt werden. Als Beispiel soll hier folgender Körperausdruck beschrieben werden:
Fröhliches gelassenes Embodiment: Arme seitlich weit geöffnet, schwingend in den Hüften und ein breites Lächeln. Zusätzlich kann man den Satz sagen: „Ich nehme es mit Humor“.
Auch wenn das Gefühl nicht gleich passt, die Wut also noch da ist, wird sie sich nicht so lange halten können wie bisher. Wichtig ist, dass das Embodiment präventiv geübt wird, um es dann in der konkreten Wut-Situation parat zu haben.

Natürlich machen Sie das Embodiment nicht provozierend vor dem Menschen, auf den Sie gerade wütend sind (außer Sie haben darüber eine Absprache getroffen), sondern Sie suchen sich kurz einen ungestörten Raum. Wenn Sie wirklich gerade überhaupt keinen ungestörten Raum aufsuchen können, wird vor ihrem geistigen Auge das trainierte Embodiment abrufbar sein und das ist ja schon mal besser als nichts. Sie können sich also präventiv auf solche Situationen vorbereiten und für ein Embodiment trainieren, so dass Sie diese marsische Ur-Energie in Zukunft konstruktiv verwenden können. Das eigene destruktive Ärgerverhalten führt ja letztendlich auch zu erlebtem Stress und schwächt unsere Resilienz.

Hier noch eine weitere Variante zur Emotionsregulation mit einem Embodiment: *„Energiefluss zum Wohle aller“.*

Energieball mit den Händen bewegen: Stellen Sie sich vor ihrem geistigen Auge einen großen Energieball etwa in der Größe eines Medizinballs in der Farbe orange vor. Dieser Energieball schwebt etwa auf Brusthöhe vor Ihnen. Nehmen Sie nun Ihre realen Hände und bewegen Sie diesen Energieball, drehen sie ihn um seine eigene Achse, schieben sie ihn nach rechts und links, nach oben und unten. Spielen sie mit dem Energieball, werfen sie ihn hoch fangen sie ihn wieder auf. Während Sie dies tun, schwingt ihr Oberkörper elastisch mit, auch Ihre Beine schwingen elastisch mit, sie stehen etwa Schulterbreit auseinander.

Beschreiben Sie währenddessen laut oder innerlich eine konstruktive Verhaltens-Reaktion, also wie sie gerne auf eine Ärger-Situation reagieren möchten.
Z.B. Meinen Ärger, meine Wut halte ich in den Händen und ich gestalte zum Wohle aller mit dieser Energie eine gute Situation. Hier wird auch nochmals das Thema Akzeptanz und Selbstverantwortung deutlich.

Wenn Sie das jeweilige Embodiment regelmäßig täglich trainieren, wird ein neues neuronales Muster in Ihrem Gehirn entstehen. (siehe Gerald Hüther) Später wird in realen Ärger-Situationen das jeweilige Embodiment vor Ihrem geistigen Auge blitzartig erscheinen und sie werden auch Ihre Wunschreaktion hören.
Das wird Ihnen zumindest helfen, Ihre bisherigen destruktiven Ärger-Reaktionen zu reduzieren und damit Ihre Resilienz stärken. Die archetypische Mars-Kraft wird von Ihnen in einer konstruktiven Weise genutzt.

Zusammenfassung: Stress-Resilienz – Archetyp Mars/Widder – Lebensprinzip 1

Es ist die Impulskraft, etwas in Angriff zu nehmen, der Mut, ein gesunder Egoismus und eine konstruktive Durchsetzung, die das erste Lebensprinzip von uns fordert. Dies ist durch das Gesetz der Polarität in einer konstruktiven, aber auch destruktiven Richtung möglich. Je nachdem wird es unterschiedliche Auswirkungen auf unser Leben haben.
Um dies konstruktiv zu tun und damit unsere Stress-Resilienz zu stärken, können wir die archetypische Mars/Widder-Kraft nutzen, um unsere Selbstwirksamkeit weiter zu entwickeln, durch Annehmen der Herausforderungszone, durch Achtsamkeit für die Überforderungszone und den Mut, dazu zu stehen. Außerdem dadurch, dass wir die Urangst vor Schwäche integrieren, indem wir die Schwäche nicht noch angreifen oder ihr Energie raubenden Widerstand leisten, sondern indem wir sie in dem Moment, in dem wir sie spüren, akzeptieren. Damit wird Energie frei für gute Lösungen. Schließlich noch durch die wichtige Emotionsregulation auf der Körperebene durch ein entsprechendes Embodiment.

Durch Selbstwirksamkeit, Akzeptanz von Schwäche und Emotionsregulation, kommen wir dem Auftrag des ersten Lebensprinzips nach und schwingen uns damit auf die Gesetzmäßigkeit dieses kosmischen Urprinzips ein. Dadurch stärken wir unsere Lebenselastizität und damit unsere Stress-Resilienz.

Im Überblick: Stärkung unserer Stress-Resilienz durch die Weisheit des Archetypen Mars/Widder – Lebensprinzip 1

Impulskraft, das Leben in Angriff nehmen, Mut, gesunder Egoismus, gesunde Durchsetzung

Wegweiser für **A**ufbau, **W**eiterentwicklung und **F**estigung unserer Stress-Resilienz

1. **Selbstwirksamkeit stärken, Opferrolle verlassen, Gestalter werden**
   - Komfortzone reflektieren und als Kraftquelle nutzen
   - Herausforderungszone bewusst aktivieren
   - Überforderungszone akzeptieren und Ideal-Ich loslassen

2. **Schatten:** Die Angst vor Schwäche bewusst akzeptieren

3. **Körperliche Unterstützung**
   - Embodiment zur Emotionsregulation verankern

3.2 Kosmischer Archetyp Venus/Stier – Lebensprinzip 2

Absicherung, Schutz, Bewahren, Grenzen achten und setzen, Nehmen u. Geben

Vorab sei erwähnt, dass das Venus-Symbol klassischerweise zweimal verwendet wird und zwar für den Venus-Stier-Archetyp und den Venus-Waage-Archetyp. Ein weiteres Symbol das zweimal verwendet wird, ist das Merkur-Symbol: Einmal für den Merkur-Zwillings-Archetyp und zum anderen für den Merkur-Jungfrau-Archetyp.

Wir kommen jetzt also zum zweiten Lebensprinzip, das durch die archetypische Venus-Stier-Kraft symbolisiert wird. Diese archetypische Kraft will sich Ausdruck geben durch das Bedürfnis nach Absicherung und Schutz. Dies kann durch Abgrenzung erlebt werden, durch Zugehörigkeit, durch Festhalten bzw. Bewahren, aber auch durch Nehmen und Geben.

Wählen wir wieder das Beispiel mit dem Baby, dann können wir feststellen, wenn es mit anderen Babys zusammen spielt, dass es mit der Zeit versucht, sich seine ganz bestimmten Spielzeuge zu sichern und sie zu verteidigen. Es wird jedoch auch bestimmte Dinge mit anderen teilen, um damit unbewusst ein soziales Miteinander zu üben, denn dies bedeutet Sicherheit und Schutz.

Am Beispiel des Angestellten, der eine Gehaltserhöhung gefordert hat, drückt sich diese archetypische Kraft dadurch aus, dass der Angestellte z.B. die wirtschaftliche Absicherung seiner Familie anstrebt, weil vielleicht ein weiteres Kind unterwegs ist. Oder nehmen wir einen neuen Mitarbeiter, der in ein bestehendes Team kommt und sich um Team-Zugehörigkeit bemüht. Wird ihm die Zugehörigkeit verwehrt, dann fühlt er sich unsicher und unwohl. Dauert dieser Zustand an, wird er ein starkes Schutzbedürfnis entwickeln und sich selbst vielleicht mehr und mehr zurückziehen.

Die im Schatten gelebte archetypische Venus-Stier-Kraft

Bei diesem Lebensprinzip zeigt sich der Schatten durch die Angst, nicht genügend abgesichert zu sein und die Angst vor Veränderung, denn Veränderung bedeutet zunächst Unsicherheit.
Die Angst vor Veränderung führt dazu, dass das Festhalten eine Überbetonung auf Kosten der Beweglichkeit bekommt. Dies zeigt sich z.B. durch stures Festhalten und Fixieren auf eine einmal getroffene Entscheidung oder Meinung oder dadurch, dass an einer Lebenssituation festgehalten wird, auch wenn sie inzwischen schädlich ist. Die vermeintliche Sicherheit, wiegt schwerer als sich aus dieser Form wieder zu befreien bzw. etwas zu verändern.
Auch entsteht ein Ungleichgewicht zwischen Nehmen und Geben. Vor lauter Angst nicht genügend abgesichert zu sein, besteht ein Übergewicht beim Nehmen (bunkern).
Das kann sich auf finanzielle Mittel, auf Nahrungsaufnahme oder auch auf immaterielle Dinge beziehen, wie z.B. auf Informationen, die der Angestellte für sich sammelt und nicht mit den Kollegen teilt.

Welche Bedeutung dieses zweite Lebensprinzip für die Stress-Resilienz hat wird im Folgenden gezeigt.

Bedeutung für unsere Stress-Resilienz

Sicherheit und Schutz gehören zu den elementaren Grundbedürfnissen des Menschen und haben deshalb auch für die Stress-Resilienz eine große Bedeutung.
Das zweite Lebensprinzip fordert uns deshalb dazu auf, förderliche Beziehungen (Bindungen) einzugehen und uns Bereiche zu schaffen, in denen wir uns sicher fühlen. Eine Beziehung aufbauen und in konkretem Sinne zu formen ist auf verschiedenen Ebenen möglich. Das kann die Beziehung zu einem anderen Menschen sein, es kann die Beziehung zu einem Ort sein, zu einem Beruf, einer Religion, einer Firma, einer Lebenseinstellung, einem Lebensstil, einem Material, einer Idee usw.

Wir formen sozusagen durch das konkrete uns in Beziehung setzen mit dem Außen ein Sicherheits-Haus mit verschiedenen Räumen, in denen wir uns aufhalten und Erfahrungen sammeln. Diese Räume geben uns Sicherheit, Festigkeit, Stabilisierung und Schutz. Dieses zweite Lebensprinzip wird dem Element Erde zugeordnet und symbolisiert damit die Sicherheit und Stabilität der physischen Existenz.

Im psychologischen Sinne bedeutet dies ein Streben nach Dauer, Beständigkeit und Verlässlichkeit. Wir praktizieren dies z.B. dadurch, dass wir diese Beziehungs-Räume nach außen abgrenzen. Beispielsweise grenzen wir uns ab, indem wir uns bestimmten sozialen Gruppen zuwenden, Vereinen oder Clubs. Wir tun dies mit unseren Wohnungen, Häusern, Autos oder unseren Gewohnheiten. Diese archetypische Kraft möchte, dass wir durch diese Beziehungsformen ein Grundgefühl von Sicherheit erleben, aber auch, dass wir lernen, wie wir diese selbstverantwortlich in einem gesunden Gleichgewicht halten.

Für die Stress-Resilienz ist dies deshalb von großer Bedeutung, weil wir ohne Sicherheit oder mit wenig Sicherheit viel schneller in schwierigen Situationen Stress empfinden. Haben wir kein gesundes Sicherheits-Haus, in dem wir spezielle Räume bewohnen, die uns Stabilität, Schutz und Beständigkeit geben, in die wir uns sozusagen verwurzeln können, dann sind wir wenig belastbar und reagieren wie ein Fähnchen im Wind, d.h. wir sind den Stürmen des Lebens nicht gewachsen.

Das Bedürfnis des Angestellten, vom neuen Team aufgenommen zu werden, hat also ganz existenzielle Motive. Er erfährt dadurch Zugehörigkeit und damit Sicherheit. Möglicherweise erlebt aber ein älterer Kollege, der schon länger dem Team angehört, extreme Unsicherheit durch den neuen Kollegen, weil er sich auf eine Veränderung einstellen muss oder Angst hat, im Team seine bisherige Rolle zu verlieren.

Ein weiteres Beispiel: Eine Familie muss in einen anderen Ort umziehen, weil der Vater nur dort eine passende Anstellung bekommt. Dies kann zu enormen Ängsten führen, weil die Sicherheit und Stabilität d.h. die Verwurzelung räumlich und sozial zunächst aufgehoben wird und die Neuverwurzelung noch Zeit braucht.

Die Sorgen die sich viele Menschen machen, sind überwiegend solcher Art, dass sie befürchten etwas zu verlieren. Den Job, die Gesundheit, finanzielle Sicherheit, den Partner, das eigene Leben, eine Position, Recht, die Freiheit, die Zugehörigkeit … Es ist also eine Angst, die in die Zukunft gerichtet ist, auf etwas was jetzt momentan noch gar nicht real ist. Aus dieser Zukunfts-Angst heraus, entwickelt der Mensch in der Gegenwart schon bestimmte Abwehr-Reaktionen und Schutz-Haltungen, weil ja auch schon allein die Vorstellung dieser Verluste Unsicherheitsgefühle auslöst und damit Stress bereitet.

Eine dieser Schutzmaßnahmen ist das Abgrenzen bzw. Grenzen aufbauen im persönlichen und gesellschaftlichen Leben.

Grenzen ziehen, bedeutet aber auch immer irgendwie sich selbst in der Beweglichkeit einzuschränken, starr werden, stur werden, an Flexibilität verlieren.
Das Hin- und Herschwingen, das wir für eine gesunde Stress-Resilienz brauchen, wird durch diese Unbeweglichkeit und Starrheit beeinträchtigt. Wird die Grenzziehung übertrieben, so kehrt sich die zuvor beabsichtigte Schutzfunktion ins Gegenteil und wird zur Behinderung, ja sogar zur Gefahr. Wir halten starr und stur an unseren Überzeugungen fest, seien sie auch noch so kontraproduktiv. Wir können dann nicht mehr adäquat auf eine Stress-Situation reagieren. Uns fehlt der flexible Blick auf das Problem. Das Problem wird durch die einseitige Blickperspektive übermächtig groß. Das Stresserleben wird damit noch stärker, wir befinden uns mehr und mehr in einer Stress-Spirale nach unten.

Psychologisch gesehen, wird unsere Wahrnehmung eingeschränkt und verzerrt. Dies hat sowohl körperliche, psychische, geistige und soziale Auswirkungen.

Die archetypische Venus-Stier-Kraft fordert uns zwar auf, konkrete Räume der Sicherheit für uns zu schaffen. Gleichzeitig müssen wir jedoch auch lernen, dies in einer angemessenen Art und Weise zu tun. Beides ist die Lernaufgabe.

So wie es beim Mars-Prinzip die Emotionsregulierung braucht, braucht es hier beim Venus-Stier-Prinzip die Sicherheitsregulierung.

Wie wir bewusst unser Sicherheitshaus zur Stärkung unserer Stress-Resilienz regulieren können und damit das zweite Lebensprinzip nutzen, wird nun gezeigt.

Impulse für die Nutzung der Wirkkraft des kosmischen Archetypen Venus/Stier zur Stärkung unserer Stress-Resilienz

1) Sicherheitsregulierung aufbauen, weiterentwickeln und festigen

„Kontext bezogene Sicherheitsregulierung"

Das bedeutet, dass wir uns unsere Kontext bezogenen Sicherheits-Räume und Bedürfnisse zunächst bewusst anschauen müssen, um zu überprüfen, in welchen Bereichen (Kontexten) wir zu wenig auf unsere Sicherheit achten und in welchen wir viel zu übertriebene Sicherheitszäune um uns bauen.
Hier ein paar Beispiele:

Der Kontext (Bereich) Straßenverkehr fordert für Motorradfahrer andere Sicherheits-Maßnahmen als für Autofahrer. Würde ein Autofahrer mit einem Sturzhelm Auto fahren, dann wäre das übertrieben. Umgekehrt natürlich auch, wenn ein Motorradfahrer keinen Sturzhelm tragen würde, dann wäre das zu wenig an Sicherheitsmaßnahme. Der Autofahrer mit Sturzhelm hat also ein extremes Sicherheits- oder Schutzverhalten in einem Kontext in dem sich genau diese Form von Sicherheit eher hinderlich auswirkt. (wir sprechen hier nicht von Formel-I-Fahrern).
Der Motorradfahrer hingegen wäre ohne Sturzhelm viel zu wenig sicherheitsbewusst, so dass er sich und womöglich andere in Gefahr brächte. Die Form des Sicherheitsverhaltens ist in beiden Beispielen extrem und zeigt, dass das zweite archetypische Lebensprinzip nicht adäquat gelebt wird. Immer wenn ein Lebensprinzip in überbetonter oder unterbetonter Art und Weise gelebt wird, ist dies ein Zeichen dafür, dass das gesunde Gleichgewicht gestört ist und es dringender Regulation bedarf, weil sich der Mensch selber in seiner Entwicklung schadet und behindert.
Jedes Lebensprinzip dient uns als Wegweiser, bestimmte Entwicklungsprozesse zu durchlaufen, uns also weiter zu entwickeln.
Werden die Gesetzmäßigkeiten, die ja jedem Lebensprinzip zugrunde liegen, dauerhaft missachtet, schwächt das unsere Stress-Resilienz, weil wir viel Kraft aufwenden müssen für Umwege, für ständige Probleme und Misserfolge.

Ein weiteres Beispiel soll dies verdeutlichen:
Der Angestellte wird vom Chef für seinen unermüdlichen Einsatz gelobt und mit viel Anerkennung auch vor den Kollegen bedacht. Er sonnt sich in dieser Anerkennung,

überspannt aber leider den Bogen und zieht keine Grenzen mehr, wenn es um Überstunden geht. Das bedeutet er missachtet die eigenen Sicherheits-Grenzen was seine Gesundheit betrifft. Die archetypische Venus-Stier-Kraft fordert dann irgendwann das Beachtet werden ein und sei es mittels Krankheit. Damit wird dann, leider auf schmerzhafte Weise, eine Abgrenzung zum Kontext „Überstunden und Arbeitsbelastung" gezogen, denn er selbst hat die Grenze nicht gezogen.
Dieses Eingreifen des weisen Archetyps bzw. des zweiten Lebensprinzips, fordert also Entwicklungsschritte, die der Angestellte bisher ignoriert hat. Zum einen muss er lernen, die eigenen Grenzen zu achten und zum anderen, das Geben und Nehmen in eine Balance zu bringen. Der Angestellt hat seine Grenzen nicht geachtet, er hat sich zu wenig abgegrenzt, bzw. sich selbst zu wenig geschützt. Er lebte das zweite Lebensgesetz in der Unterbetonung.

Eine Überbetonung der zweiten archetypischen Kraft zeigt sich z.B. dann, wenn wir uns extrem gegen Veränderungen stellen. Jede Veränderung birgt ja in sich gewisse Unsicherheitsfaktoren. Wir betreten Neuland und wissen nicht, was uns erwartet. Das kann die Angst vor einer beruflichen Veränderung sein, eine Veränderung in der Beziehung oder auch ein Umzug, eine Lebensgewohnheit, eine innere Einstellung, eine Meinung eine Verhaltensweise, eine Essgewohnheit …
Angst vor Veränderung hat immer zur Folge, dass wir daran festhalten, unbedingt Bestehendes bewahren zu wollen, wir Sicherheitszäune hoch ziehen, so dass wir uns selbst dadurch einsperren.

Der Angestellte erlebt z.B. im Kontext „eigenes Büro" Angst in sich, wenn er erfährt, dass er sein Büro, in dem er zehn Jahre alleine war, nun mit einem neuen Kollegen teilen soll.
Vielleicht fordert das zweite Lebensprinzip den Angestellten aber gerade dadurch auf, sich bewusst mit seinen Sicherheits-Grenzen und seiner Abwehr-Haltung gegen Neues auseinander zu setzen und seine extreme Haltung in ein gesundes Gleichgewicht zu bringen. Befolgt er dies nicht, wird seine Stress-Resilienz immer mehr geschwächt, weil er sich gegen den Fluss des Lebens stellt, durch starres und stures Festhalten an dem was er bisher hatte.
Er überspannt das Lebensgesetz von Schutz und Sicherheit. Dadurch kehrt es sich irgendwann ins Gegenteil um bzw. wird zum Problem.
Er wird somit nicht fähig sein, normale Alltagsprobleme mit dem Kollegen konstruktiv zu besprechen und zu lösen. Auswirkungen könnten sein: Starkes Stress-Erleben, weil es einen ständigen Konflikt darüber gibt, ob das Fenster geöffnet oder geschlossen wird oder weil der Kollege viel zu laut telefoniert. Möglicherweise ist er derart genervt und kaum noch belastbar, weil seine bisherige peinliche Ordnung

im Büro vom neuen Kollegen anscheinend völlig ignoriert wird. Hier könnten noch viele weitere Beispiele aufgeführt werden.

Das bedeutet, wenn die archetypische Stier-Venus-Kraft immer wieder in der Dysbalance gelebt wird, dann schwächt dies unsere Stress-Resilienz. Wir kräftigen dagegen unsere Stress-Resilienz, wenn wir dafür sorgen, dass Geben und Nehmen in einer Balance gelebt wird, wenn wir Bewahren und Verändern in einem gesunden Gleichgewicht halten und für Sicherheit und Schutz in einer adäquaten Form zu sorgen.

Die „Kontext bezogene Sicherheitsregulierung" hat folgende Schritte:

1. **Sammeln der eigenen wichtigen Sicherheits-Räume**

2. **Überprüfen welche Räume im Ungleichgewicht sind,** dabei mit der Skalenanalyse die beispielsweise von -10 bis +10 geht, sich selbst einstufen, wo die eigene Betonung liegt.
   Dabei immer den Kontext berücksichtigen.
   Überbetonung wäre alles zwischen ca. +7 und +10. (je nach Kontext)
   Unterbetonung wäre alles zwischen ca. -7 und -10. (je nach Kontext)

Regulierungs-Möglichkeit bei Überbetonung: Externalisierung durch Symbolarbeit

1. **Externalisieren:** Ängste, Unsicherheit konkret benennen, sprachlich von innen nach außen bringen. Das ist wichtig, weil wir so die Identifizierung mit der Angst etwas auflösen können. Identifizierung bedeutet „Ich bin Angst", aus der Identifizierung herausgehen bedeutet „ich sehe den Teil der in mir Angst auslöst".
   Z.B. ich habe Angst ausgeliefert zu sein, ich habe Angst die Kontrolle zu verlieren, ich habe Angst, dass ich in der neuen Situation versage, dass ich mich nicht auskenne, dass man mich über den Tisch zieht, dass ich …

2. **Gestalten des Unsicherheits-Symbols:** Konkret in eine äußere Form bringen: Malen zeichnen, kneten, konkret materiell der Angst und Unsicherheit eine Gestalt geben. Damit nehmen wir greifbaren Kontakt mit der Angst und

Unsicherheit auf. Wir können drauf schauen, wir haben es konkret in der Hand. Dieser Prozess löst die Identifizierung mit der Angst oder dem schlimmen Gefühl noch mehr.
Z.B. könnte man dem Ausgeliefert sein ein Krokodil als Symbol geben oder ein schwarzes Monster, oder ein Gefängnis … Damit setzen wir uns aktiv genau mit der Angst auseinander. Dazu muss man nicht schön oder talentiert malen können, sondern nur mit Stift und Farbe uns dieser Angst nähern. Wir können auch Knet oder Ton verwenden. Alles was wirklich mit materiellem, kreativem Gestalten (Erdhaftem) zu tun hat.

3. **Gestalten eines Sicherheitssymbols:** Ein zweites Symbol welches Schutz und Sicherheit symbolisiert, gestalten. Wenn einem z.B. eine Figur aus einem Märchen gut gefällt oder ein Tier, eine Pflanze oder eine geometrische Figur … Viele Menschen haben so was wie einen Talisman oder ein Krafttier.

Dieses Kraftsymbol steht nun dem Unsicherheitssymbol gegenüber. Man betrachtet als nächstes, wie die Größenverhältnisse der beiden Symbole sind.
Ist das Angst-Symbol größer oder gleich groß wie das Sicherheitssymbol, dann macht man das Sicherheits-Symbol auf jeden Fall um einiges größer. Denn bei Überbetonung des Sicherheitsverhaltens im außen (Kompensation der inneren Unsicherheit), ist der Zugang zur eigenen Sicherheit verkleinert.
Hat man schon intuitiv das Sicherheitssymbol größer gestaltet, ist durch die Gestaltarbeit aus dem Unbewussten schon die Erkenntnis eingeflossen, dass das Sicherheits-Symbol größer sein sollte.

Bilder wirken in viel stärkerem Maße in uns und auf unser Unbewusstes, als nur Gedachtes oder Gesprochenes. Die Werbebranche nutzt genau dieses psychologische Phänomen, natürlich auch nicht nur zu unserem Nutzen (siehe Polarität).

Das weitere Vorgehen ist dann, in dem betreffenden Unsicherheits-Kontext mit den zwei Symbolen zu arbeiten. Dazu eignen sich verschiedene Methoden aus der systemischen Beratung und Therapie.

Hier soll ein Ansatz vorgestellt werden, der sich zwar an verschiedene therapeutische Ansätze anlehnt, jedoch eine etwas andere Herangehensweise hat.

4. **Der Verantwortungs-Auftrag:**
   Dieser Verantwortungs-Auftrag wird dem Sicherheitssymbol übertragen. Das bedeutet, das gestaltete Sicherheitssymbol, bekommt vom Gestalter den konkreten Auftrag, die Verantwortung dafür zu übernehmen, dass
   1. das Unsicherheits-Symbol nicht mehr genährt wird und
   2. das Sicherheitssymbol sich selbst besonders nährt und umsorgt

   Hier sind natürlich im Besonderen die Gedanken und Gefühle gemeint.

   Konkret bedeutet das, wenn ein komisches, unsicheres Gefühl auftaucht, wie z.B. beim Angestellten, der Angst davor hat, sein Büro mit einem neuen Kollegen zu teilen, dann unterdrückt er die Angst nicht (dies ist sehr wichtig), sondern sie findet Beachtung durch die Symbolgestaltung, also das Externalisieren, das ins Außen bringen. Dann kommen die weiteren zuvor beschriebenen Maßnahmen bis zu dem Schritt, *„Verantwortungs-Auftrag"*. Dieser wird wie folgt durchgeführt:

1. **Das Unsicherheitssymbol nicht mehr weiter nähren:** Heißt konkret, wenn innere Vorstellungen und Gedanken aufkommen wie z.B.: „Der Neue wird nur Ärger machen, es wird alles katastrophal werden",..., dann ist der Job des Sicherheits-Symbols, die rote Karte zu zeigen, also einen Stopp-Impuls zu geben. Es folgt dann der zweite Teil:
2. **Das Sicherheitssymbol nähren und umsorgen.** Das heißt konkret, hier werden Gedanken und Bilder willentlich hervorgerufen, die die Situation in einem freundlichen und wohlwollenden Licht darstellen. Z.B. könnte der Angestellte denken oder sich ausmalen, „der Neue wird bestimmt die oft frustrierende Arbeit auflockern", „endlich bin ich dann nicht mehr mit allem alleine", „das kann ja ganz lustig werden mit dem Neuen", „ich freue mich auf mehr Abwechslung im tristen Büroalltag".

Wichtig: Auch wenn es sich im ersten Moment nicht stimmig anfühlt, es hat eine verzögernde positive Wirkung. Die Gefühle hinken einfach etwas langsamer hinterher, wie dies Prof. Gerald Hüther anhand neuronaler Gesetzmäßigkeiten zeigt. (13)

Zusammenfassung der 4 Schritte: „Kontext bezogene Sicherheitsregulierung“, am Beispiel mit dem Angestellten

Der Angestellte erfährt also, dass er in 4 Wochen mit einem neuen Kollegen zukünftig das Büro teilen muss. Sofort entsteht eine Ablehnungs-Haltung in ihm, er will die Veränderung nicht. Er malt sich aus, was er durch die Veränderung verlieren wird, z.B. ungestört sein, unbeobachtet sein, alleine bestimmen können, wie das Büro gestaltet ist. Er malt sich aus, wie kompliziert das jetzt alles wird, dass der Neue wahrscheinlich auch noch unsympathisch ist, dass er rücksichtslos ist und dominieren will.

Er zieht also vorsorglich innerlich einige Grenzzäune hoch, um sich gegen diese Veränderung zu wappnen. Aber auch äußerlich wird er vielleicht schon Schutzmaßnahmen errichten, indem er im Büro seinen Bereich konkret abgrenzt, z.B. mit einer großen Pflanze oder anderem Sichtschutz. Seinen Schreibtisch stellt er so um, dass er mit dem neuen Kollegen keinen Blickkontakt haben muss. Er schützt sich, indem er sich abschottet. Sein Sicherheitsbedürfnis ist in diesem Kontext überbetont. Mag sein, dass er schon mal schlechte Erfahrungen gemacht hat oder Kollegen haben erzählt, dass der Neue ganz schön schwierig sei. Auf jeden Fall erlebt er in sich enormen Stress. Je näher der Termin rückt, an dem der Neue kommt, desto schlechter fühlt er sich. Er schläft schlecht, ist nervös, unruhig gereizt und da sein Immunsystem dadurch geschwächt wird, hat er eine dicke Erkältung bekommen. Dies alles schwächt seine Stress-Resilienz.

Nehmen wir nun an, der Angestellte erfährt etwas über die Lebensprinzipien und erkennt, dass es sich hier um eine Überbetonung des Sicherheits-Verhaltens handelt. Er möchte dieses in ein Gleichgewicht bringen und verwendet dafür die gerade besprochene Sicherheits-Regulierung. Er hat sich vielleicht auf einer Skala von -10 bis +10, bei +8,5 eingeordnet.

Der nächste Schritt ist dann das **sprachliche Externalisieren**. Er formuliert z.B.: „ich habe Angst, dass ich meine Freiheit hier im Büro verliere, ich habe Angst, dass nur ich mich anpassen muss, ich fühle mich sehr unsicher, wenn mir jemand beim Telefonieren zuhört, ich fühle mich sehr unsicher bei dem Gedanken dauernd beobachtet zu werden, ich fühle mich unsicher, wenn es darum geht, Kompromisse einzugehen“ … Er löst durch das sprachliche Externalisieren seine Identifikation mit der Angst, d.h. er ist nicht die Angst oder die Unsicherheit, sondern ein Teil in ihm fühlt sich ängstlich oder unsicher.

Der weitere Schritt ist, das in Form bringen, also das **konkrete materielle Gestalten der Unsicherheit** mittels Malen oder Kneten eines Symbols.
Der Angestellte malt einen nackten Mann, der im Schneegestöber steht und diesem Wetter schutzlos ausgeliefert ist.

Anschließend **gestaltet er ein Sicherheitssymbol**. Hierzu malt er ein warmes Feuer, um dieses Feuer stehen verschiedene Menschen und lachen miteinander.

Nun betrachtet er das Größenverhältnis der beiden Symbole. Dabei stellt er fest, dass er tatsächlich das Unsicherheitssymbol wesentlich größer und kräftiger gemalt hat.
Er gestaltet dann das Größenverhältnis so um, dass das Sicherheitssymbol deutlich größer erscheint.

Jetzt erteilt er dem Sicherheits-Symbol den **Verantwortungs-Auftrag:**

1. *das Unsicherheits-Symbol nicht mehr zu nähren:* Weitere angstvolle Gedanken werden mit einer roten Karte oder einem stopp! aufgehalten.
2. *das Sicherheitssymbol besonders zu nähren und zu umsorgen:* Fruchtbare und Wohlwollende Gedanken werden explizit hervorgerufen.

Diesen Verantwortungs-Auftrag muss er nun über den gesamten Zeitraum, bis der neue Kollege kommt, täglich durchführen, dann wird sich bei seiner Sicherheits-Überbetonung in diesem Kontext allmählich eine Regulierung in Richtung Balance einstellen.

Mit der Skalenfrage sollte immer wieder abgefragt werden, wo man sich selbst einordnet. War die Überbetonung vorher auf 8,5, dann sollte sie sich langsam in Richtung 6 oder 5 bewegen. Das wäre ein wichtiges Zeichen, dass hier eine Weiterentwicklung im Sinne des zweiten Lebensprinzips stattgefunden hat. Die Stress-Resilienz wird damit gestärkt.

Auf der Körperebene – Sicherheitsregulation mittels „Körper-Spür-Übungen"

Ein weiteres Beispiel einer Überbetonung finden wir im Kontext „Essen und Trinken".
Auch hier bedeutet die Urangst oft den Verlust von Sicherheit. Wenn wir nicht genügend zu Essen und zu trinken bekommen, ist unser Leben in Gefahr. Der übertriebene Schutzimpuls kann sich dann dadurch zeigen, dass wir im Nehmen zu viel tun, also zuviel Essen und Trinken, um zu bevorraten. Dies kann irgendwann zu Suchtverhalten führen.

Dieses Ungleichgewicht zeigt sich auf der Körperebene, zumindest was das Essen angeht, meist sehr deutlich durch die äußere Erscheinungsform. Haben wir allerdings ein Suchtverhalten im Bereich Trinken (Alkoholsucht), dann kann das sehr lange verheimlicht werden. (Achtung: Pathologische Essstörungen müssen in die Hand eines Arztes oder Heilpraktikers).
Die Sicherheitsregulierung kann in den nichtpathologischen Fällen auch mit den zuvor beschriebenen Schritten vorgenommen werden, denn es handelt sich ja meist um die Angst, zuwenig zu bekommen, also ist das Nehmen überbetont.
Wer bei der Analyse seines Sicherheitshauses allerdings feststellt, dass er hier kein Problem hat, weil er einfach gerne gut speist oder auch einen fülligen Körper bevorzugt, der hat damit ja auch keinen Stress. Dies gilt also nur für Menschen, die wirklich unter ihrem „Zuviel" leiden und damit ihre Stress-Resilienz schwächen.

Zusätzlich kann hier noch die Körper-Ebene mit **„Körper-Spür-Übungen"** positiv beeinflusst werden. Da jeder eine andere Vorliebe hat, muss man selbst entscheiden ob einem Yoga, Joggen, Klettern, Schwimmen, Tanzen, Radfahren … gefällt.

Wichtig ist, während man die Übungen macht, (und das ist wirklich das Wichtigste), die ganze Wahrnehmung bewusst in und auf den Körper zu lenken. Man kann nämlich all diese Übungen einfach auch nur so nebenbei absolvieren und während dessen an alles Mögliche denken: Z.B. was mach ich heute zum Essen, hab ich mich auf den Termin, den ich nachher habe, genügend vorbereitet, welche Telefonate muss ich noch führen …

Körper-Spür-Übung meint dagegen, eine ganz besondere, bewusste Achtsamkeit in den Körper zu legen, während man die Übungen macht.
Wenn man z.B. Radfahren wählen würde, dann spürt man während der gesamten Fahrt in die Füße, die Beine, den Po, den Rücken, die Arme, die Schultern …

Dieses Vorgehen trainiert dann nämlich nicht nur die Muskeln und die Ausdauer, sondern die Wahrnehmung und damit ganz bestimmte Gehirnstrukturen. Eine Verknüpfung von bewusster Wahrnehmung (Gehirnarbeit) mit dem Körper (Körperarbeit) findet statt. Wird dies regelmäßig trainiert, kann eine starke Körpersicherheit und damit eine Sicherheits-regulierung bei der Überbetonung stattfinden. Auch hier empfiehlt es sich, immer mit der Skalenfrage die eigene Entwicklung zu überprüfen.

Wie wir bei einer Unterbetonung vorgehen können, wird nun beschrieben.

„Kontext bezogene Sicherheitsregulierung" bei Unterbetonung

Am Anfang wurde beim Kontext „Überstunden", auf die Vernachlässigung der Grenzziehung hingewiesen, d.h. der Angestellte hatte zu wenig für die gesundheitliche Sicherheit gesorgt, es ist ein Ungleichgewicht im Geben und Nehmen entstanden. Er gibt zu viel in diesem Kontext und nimmt zu wenig.
Möglicherweise ist jedoch in diesem Kontext ein ganz anderes Sicherheitsbedürfnis dominant. Das könnte beispielsweise das Bedürfnis nach einem sicheren Arbeitsplatz sein oder das starke Bedürfnis nach Anerkennung und Wertschätzung. Egal ob hier auf anderer Ebene ein Zuviel ist oder nicht, nehmen wir einmal an, der Angestellte merkt, dass er zu wenig Nein sagt im Kontext „Überstunden" und dadurch seine gesundheitliche Sicherheit gefährdet. Er will lernen, diese Unterbetonung zu regulieren, indem er öfter Nein sagt, also eine Grenze zieht. Dies ist für viele Menschen ein Problem, deshalb gibt es darüber auch viele Ratgeber, die zeigen, wie man ein Nein-Sagen-Gespräch führen kann.

Der hier gezeigte Ansatz geht vom umgekehrten Fall aus, nämlich vom „Ja-Sagen zu sich selbst". Dies wird mit dem Begriff oder dem Konstrukt der „Selbstfürsorge" beschrieben.

Die Selbstfürsorge als Regulativ eines unterbetonten Sicherheitsverhaltens:

War es beim übertriebenen Sicherheitsverhalten die Sorge, etwas zu verlieren, so fehlt es bei der Unterbetonung an einer gesunden Sorge für sich selbst.
Es handelt sich hierbei um einen unterbrochenen oder fehlenden Kontakt zu sich selbst. Der psychologische Begriff ist hierfür die fehlende Selbstempathie. Sich in sich selbst hineinfühlen können, das bedeutet in Kurzform Selbstempathie.
Ob es darum geht, zu wenig Grenzen zu setzen, zu wenig zu schlafen, zu wenig zu essen, sich zu wenig zu bewegen, sich zu wenig durch zu setzen, es fehlt das achtsame Gefühl für die eigenen Bedürfnisse. Ein guter, gesunder Kontakt zu sich selbst, ist nur möglich durch Verkoppelung von unseren Gefühlen und Bedürfnissen.

In der Psychologie ist hier ein Name von großer Bedeutung und zwar Marshall Rosenberg (1934–2015), der Begründer der „Gewaltfreien Kommunikation (GfK). Er war ein amerikanischer Psychologe, der aus bereits bestehenden humanistisch-psychologischen Ansätzen die GfK entwickelte (16). Die wichtigste Erkenntnis, die er mit seiner Methode verband, ist die, dass wir nur durch einen echten empathischen Kontakt zu uns und anderen gute Beziehungen führen können. Es gibt inzwischen unzählige Bücher über diesen einfühlsamen Prozess.

Für die Selbstfürsorge, um die es jetzt geht, wird der von M. Rosenberg entwickelte echte, empathische Kontakt zu uns selbst, mit berücksichtigt. Da es bei der Selbstfürsorge um eine gute Beziehung zu uns selbst geht, brauchen wir Selbstempathie. Wir sind dann in der Lage uns wahrhaft zu spüren, zu sehen, zu nehmen und zu zeigen. Wir wissen dann, was wir brauchen und können es auch sagen.

Die Schritte der Selbstfürsorge:

1. Die eigenen Gefühle und Bedürfnisse verkoppeln = Kontakt zu sich selbst herstellen
2. Zu sich stehen und sich selbst sagen, was geht und was nicht = Selbstempathie
3. Mit der Sicherheit an Selbstempathie nach außen gehen

Am Beispiel-Kontext „Überstunden“ wird dies nun gezeigt:
<u>Schritt 1:</u>
<u>Verkoppelung von Gefühl und Bedürfnis = Kontakt zu sich selbst herstellen</u>
Dazu macht sich der Angestellte seine Gefühle bewusst mit der Frage: Was fühle ich, wenn ich Überstunden ablehnen würde? Es könnte sein, der Angestellte fühlt

sich unsicher, ängstlich, überfordert ... Um die Verkoppelung mit den eigenen Bedürfnissen herzustellen, setzt man dann ein Gefühl und ein Bedürfnis in Beziehung. In diesem Beispiel könnte dies so aussehen:
Der Angestellte fühlt sich **unsicher,** weil er **kein Vertrauen** in seinen Chef hat, dass dieser ein Ablehnen von Überstunden wirklich akzeptieren würde.
Die **Verkoppelung** von **Gefühl = unsicher + Bedürfnis = Vertrauen**, stellt nun einen ersten wichtigen Kontakt im Angestellten selbst her. Dieser könnte laut sagen: *„Ich fühle mich unsicher, weil ich meinem Chef nicht vertraue"*. Damit hat der Angestellte nun einen wahrhaftigen Kontakt zu sich selbst hergestellt.

Schritt 2:
Zu sich stehen und sich selbst sagen, was man braucht = Selbstempathie.
Der Angestellte könnte z.B. zu sich selbst sagen: Ich brauche mehr Vertrauen in meinen Chef, dann fühle ich mich sicher, auch wenn ich mal Überstunden ablehne. Ich werde dieses Vertrauen aufbauen.

Schritt 3:
Mit der Sicherheit an Selbstempathie nach außen gehen
Hier könnte der Angestellte zum Chef gehen und ihm offen sagen, dass ihm gegenseitiges Vertrauen wichtig ist und ihm speziell beim Kontext „Überstunden" ein gemeinsamer Konsens darüber wichtig ist, selbst wenn er Überstunden auch mal ablehnen muss. D.h. er möchte sich Sicherheit dadurch verschaffen, dass er mit dem Chef einen Konsens, in Form einer Absprache, eines Kompromisses oder Ähnlichem herbeiführt. Dadurch erfüllt sich sein Bedürfnis nach Vertrauen und Sicherheit.

Was hier entsteht, ist eine gute Selbstfürsorge, die dem Angestellten dazu verhilft, seine Unterbetonung im Kontext „gesundheitliche Sicherheit" zu regulieren. Dies fördert eine gute Stress-Resilienz.

Zusammenfassung: Stress-Resilienz – Archetyp Venus/Stier – Lebensprinzip 2

Es ist die Absicherung, der Schutz, das Bewahren, das Grenzen setzen und achten, das Gleichgewicht von Nehmen und Geben, das Formen unserer Sicherheitsräume, was das zweite Lebensprinzip von uns fordert.
Auch dies können wir in konstruktiver oder destruktiver Weise tun. Die destruktive Weise kann sich einmal durch Überbetonung oder Unterbetonung zeigen.
Um dieses Lebensprinzip konstruktiv für die Stärkung unserer Resilienz zu nutzen, können wir mit der „Kontext bezogenen Sicherheits-Regulierung" einmal bei Überbetonung die „Externalisierung mit Symbolarbeit" und die „Körper-Spür-Übungen" anwenden sowie bei Unterbetonung unsere „Selbstfürsorge" weiter entwickeln.
Wir schwingen uns damit in die Gesetzmäßigkeit des zweiten Lebensprinzips ein und kommen somit in unsere Kraft und stärken unsere Stress-Resilienz.

Im Überblick: Stärkung unserer Stress-Resilienz durch die Weisheit des Archetypen Venus/Stier – Lebensprinzip 2

Absicherung, Schutz, Bewahren, Grenzen achten und setzen, Nehmen u. Geben

Wegweiser für **A**ufbau, **W**eiterentwicklung und **F**estigung unserer Stress-Resilienz

1. Kontext bezogene Sicherheits-Regulierung

    1. Sicherheits-Räume identifizieren
    2. Ungleichgewichte überprüfen mit Skalenanalyse einordnen
    3. Bei Überbetonung:
        1. Externalisierung mit Symbolarbeit
        2. Gestalten des Unsicherheits-Symbols
        3. Gestalten des Sicherheits-Symbols
        4. Verantwortungs-Auftrag
        5. Körper-Spür-Übungen
    4. Bei Unterbetonung: Selbstfürsorge:
        1. Die eigenen Gefühle und Bedürfnisse verkoppeln (= Kontakt zu sich selbst herstellen)
        2. Zu sich stehen und sich selbst sagen was geht und was nicht (= Selbstempathie)
        3. Mit der Sicherheit an Selbstempathie nach außen gehen

3.3 Kosmischer Archetyp Merkur/Zwilling – Lebensprinzip 3

Lebendigkeit, Leichtigkeit, Bewegung, Flexibilität, Vielfalt, Kontaktfreude und Austausch

Das Symbol Merkur wird wie bereits erwähnt, auch doppelt verwendet. Es steht nun für die dritte archetypische Kraft bzw. das dritte Lebensprinzip.

Diese archetypische Kraft möchte sich sowohl durch körperliche als auch geistige Beweglichkeit und Vielfalt Ausdruck geben. Sie will sich ausdehnen aus bereits Bekanntem, will Neues erfahren und zwar im Austausch mit anderen. Hat sich das zweite Lebensprinzip durch das Formen von Sicherheitsräumen in der Welt verwurzelt, so will das dritte Lebensprinzip immer wieder eine Abwechslung und eine Vielfalt von sowohl geistigen als auch materiellen Räumen schaffen und erobern. Dazu verfügt diese archetypische Kraft über eine starke Kontaktfreudigkeit, Neugierde und Flexibilität.

Am Beispiel von Babys erkennen wir dieses Lebensprinzip daran, dass, sobald es krabbeln kann, es neugierig auf alles zugeht was um es herum ist. Meist bleibt es nicht lange bei einer gemachten Entdeckung, denn es gibt ja so viel anderes zu entdecken, das da auf Augenhöhe des Babys so herumliegt. Es will angeschaut, angefasst und geschmeckt werden.
Diese Kraft ist uns allen mitgegeben: Wir sollen die Welt für uns entdecken. Dazu müssen wir in Bewegung kommen, in einen Austausch mit dem Außen gehen.

Nehmen wir als Beispiel den Angestellten, dann drückt sich diese Kraft vielleicht dadurch aus, dass er sich innerhalb der Firma um eine höhere Position bewirbt oder um ein Projekt, das er gerne leiten möchte. Es geht z.B. um das Erobern von einem neuen beruflichen Gebiet, um intellektuelle, geistige Bewegung, um kommunikativen Austausch.

Oder der Angestellte soll für seine Firma neue Kunden generieren, dann braucht er dazu Kontaktfähigkeit, eine gewisse sprachliche Geschicklichkeit und Aufgeschlossenheit.

Die im Schatten gelebte archetypische Merkur-Zwillings-Kraft

Werden die Kräfte dieses Lebensprinzips im Schatten gelebt, ist dies auf die Angst vor seelischer und geistiger Tiefe zurückzuführen. Dies führt dann beispielsweise dazu, dass Flexibilität und Beweglichkeit überbetont gelebt wird und zu Oberflächlichkeit, Flatterhaftigkeit und sich ständigem Verzetteln führt. Das kann dann auch dazu führen, dass ein Mensch keinen festen Standpunkt einnimmt, also alles offen lässt, keine Verantwortung übernehmen möchte, sich nicht wirklich in der Tiefe einlässt oder aber seine Meinung ständig wechselt. Da dieser Merkur-Archetyp vom Zwilling eingefärbt ist, wird symbolisch schon auf ein Gespalten sein, eine Zerrissenheit hingewiesen.

In der Unterbetonung würde ein Mensch sich gegen alles Lebendige und Unruhige sträuben. Es würde an geistiger und körperlicher Beweglichkeit mangeln und dieser Mensch würde am äußeren Leben nicht aktiv teilnehmen, sondern eher passiv geschehen lassen.

Welche Bedeutung dieses dritte Lebensprinzip für unsere Stress-Resilienz hat, wird im Folgenden gezeigt.

Bedeutung für unsere Stress-Resilienz

Dieses Lebensprinzip möchte also Lebendigkeit und Leichtigkeit durch verschiedene dynamische Prozesse in uns hervorbringen. Dies kann durch intellektuelle, körperliche oder räumliche Bewegungen und Flexibilität erfolgen, ebenso durch Kontakte und kommunikativen Austausch mit anderen Menschen, durch Entdeckungsfreude, Neugierde, Aufgeschlossenheit und Vielfalt.

Wenn dieses Lebensprinzip in einem ausgewogenen Maße gelebt wird, bedeutet es für die Stress-Resilienz an sich schon eine Kraftquelle, da durch eine adäquate Beweglichkeit, Flexibilität, sowie Kontakt und Austausch, bereits ein wichtiges Merkmal der Resilienz gelebt wird. Es ist die in der Einleitung beschriebene Elastizität, die wir ja im physischen, psychischen und geistigen benötigen, um mit den Herausforderungen des Lebensalltags mitschwingen zu können. Erst dann sind wir in der Lage, entsprechende Ungleichgewichte zu erkennen und auszugleichen oder

Richtungsänderungen vorzunehmen. Wird allerdings dieses dritte Lebensprinzip in überbetonter oder unterbetonter Art und Weise gelebt, kommt es auch hier zur Resilienz-Schwächung.
Schauen wir uns das an einem Beispiel an und zwar zunächst in der überbetonten Form.

Beispiel Überbetonung:
Nehmen wir an, unser Angestellter wird befördert und hat nun auch Führungsverantwortung für sechs Mitarbeiter. Seine Kontakt- und Kommunikationsfähigkeit und seine Leichtigkeit haben ihn immer ausgezeichnet, so dass er in seinem alten Team ein beliebter Kollege war.
Nun erlebt er als Führungskraft in seinem neuen Team immer wieder Situationen, in denen er mit seinem bisherigen Kommunikations-Stil und seiner Leichtigkeit an Grenzen stößt und auch Misserfolge hat.
Es haben sich bereits schon vier seiner sechs Mitarbeiter bei seinem Chef darüber beschwert, dass er sie nicht ernst nehmen würde. Dies verunsichert ihn sehr, weil er auch nicht versteht, warum die vier Mitarbeiter ihm das nicht direkt gesagt haben. Sein Chef erklärt ihm daraufhin, dass die Mitarbeiter dies ja ein paar Mal versucht hätten, aber er habe dies anscheinend nicht ernst genommen.
Er ist stark verunsichert und steht nun unter großer Anspannung im Arbeitsalltag. Er spürt Druck, Angst und fühlt sich hilflos.
Der Wunsch seiner Mitarbeiter, ernst genommen zu werden, setzt voraus, dass unser Angestellter bereit ist, sich tiefer mit den Problemen seiner Mitarbeiter auseinander zu setzen. Dazu muss er aber zunächst wissen, was das konkret bedeutet und wie man das macht. Momentan bewegt er sich auf einer Ebene, die man als „Oberflächen-Ebene“ bezeichnen kann. Die „Tiefen-Ebene“ kennt unser Mitarbeiter nicht bzw. meidet er, denn er fühlt sich unsicher dort hinabzusteigen, wenn es also darum geht Probleme tiefer zu beleuchten.
Meist steuerte er bisher ein Gespräch geschickt in eine Richtung, in der er vom Problem ablenken konnte. Seinen Mitarbeitern hat er damit zu verstehen gegeben, dass sie sich selbst um Problemlösungen kümmern müssen. Auch hat er bisher offen die Meinung vertreten, dass es unprofessionell ist, wenn man seine persönlichen Schwächen mit dem beruflichen vermischt.
Nun erlebt er selbst Hilflosigkeit, da er genau mit dem Thema konfrontiert wird, dem er immer ausgewichen ist. Er erlebt innerlich Stress und seine Resilienz wird geschwächt.

Das dritte Lebensprinzip ist von ihm über längere Zeit und in wichtigen Bereichen überdehnt worden. Das Pendel hat in eine Richtung zu stark ausgeschlagen. Die Weisheit des dritten Lebensprinzip fordert den Angestellten nun auf, die Gesetzmäßigkeit zu achten und seine Beweglichkeit in eine gesunde Mitte zu führen.

Ein anderes Beispiel soll die unterbetonte Form zeigen:
Nehmen wir an, der Angestellte wechselt die Firma und kommt in ein neues Team als Teamleiter. Er war früher in seiner bisherigen Firma dafür geschätzt worden, dass er so gewissenhaft, strukturiert und allem bis ins Detail nachgegangen war. Auch war er kurz und klar in der Kommunikation, was sehr geschätzt wurde.
In seinem neuen Team erlebt er nun eine Teamdynamik, mit der er gar nicht zu recht kommt.
Die Mitarbeiter pflegen einen regen Kommunikationsaustausch, die Teambesprechungen haben keine klare Struktur, Projekte werden eher unkonventionell und kreativ durchgeführt, es gibt eine ständige Vielfalt an Ideen und neuen Impulsen von Seiten der Mitarbeiter, die einfach mal ausprobiert werden. Es herrscht zwar meist eine gute Stimmung, aber unser Angestellter kann sich nicht mitfreuen, denn er ist stark verunsichert und hat Angst, dass dies im Chaos endet und er dann die Verantwortung dafür tragen muss. Auf Nachfrage bei seinem Chef, erklärt ihm dieser, dass die Gruppe schon immer so kreativ arbeitet und er sich doch freuen soll, dass es so einen guten Zusammenhalt und so eine positive Stimmung im Team gibt. Auch habe er sich ja in seinem Vorstellungsgespräch dahingehend präsentiert, dass der Eindruck entstanden ist, dass er gerne selbstständig denkende und handelnde Mitarbeiter habe und selbst ein guter Kommunikator wäre, der gerne bei Neuentwicklungen mitarbeitet.

Unser Angestellter merkt nun, dass es z.B. was die Kommunikation anbetrifft, bei ihm eher um klare Kommunikations-Strukturen geht, die er braucht und nicht wie er es nennt, dieses Durcheinander. Auch findet er, dass viel zu viel zerredet wird und auch sinnlos debattiert wird. Es werden zu viele Ideen umgesetzt, da blickt ja kein Mensch mehr durch.
Unser Angestellter leidet, er kommt damit nicht zurecht. Die Mitarbeiter spüren dies natürlich auch und es kommt dadurch immer häufiger zu Konflikten.
Das Stresserleben des Teamleiters wird stärker und seine Resilienz wird geschwächt.

In beiden Beispielen ist das dritte Lebensprinzip nicht in einer ausgewogenen Form gelebt worden. Was uns helfen kann, eine Überdehnung oder Unterdehnung wieder in eine gesunde Mitte zu bringen und damit dem dritten Lebensprinzip gerecht zu werden, wird nun gezeigt.

Impulse für die Nutzung der Wirkkraft des kosmischen Archetypen Merkur/Zwilling zur Stärkung unserer Stress-Resilienz

1) Beweglichkeitsregulierung aufbauen, weiterentwickeln und festigen

„Bewegungs-Extreme in die Mitte führen"

Der Ausdruck, den diese archetypische Kraft sich geben möchte und wo seine Stärke liegt, ist die enorme dynamische Bewegungs-Fähigkeit, auf den Ebenen: Körper, Psyche, Geist. Um diese Dynamik am Laufen zu halten, kann sich die Kraft nicht auf einzelne seelische oder geistige Themen in der Tiefe konzentrieren, denn diese dynamische Bewegungs-Kraft, speist sich letztlich aus sich selbst, bzw. aus der in Schwung gekommenen Bewegungs-Richtung.
Vor diesem Hintergrund ist die Angst zu verstehen, die zu Anfang genannt wurde, nämlich die Angst vor Tiefe und zwar vor seelischer und geistiger Tiefe. Soll der Schwung in Richtung Tiefe gehen, braucht es dazu noch weitere Kräfte.
Diese werden bei den noch folgenden Lebensprinzipien näher erläutert.
Hier beim dritten Lebensprinzip geht es zunächst nur darum, die Extreme der beiden Richtungen in eine stabile Mitte zu führen, um damit unsere Stress-Resilienz zu stärken.

Wir brauchen also etwas, was einen Ausgleich zwischen zuviel an Bewegung und zu wenig an Bewegung schafft. Zuviel Kontakte, zu wenig Kontakte, zuviel Flexibilität zu wenig Flexibilität, zu viel small-talk, zu wenig small-talk, zu viel unterwegs sein, zu wenig unterwegs sein …

Woran erkennt man ein zuviel oder zuwenig? Entweder daran, dass man sich selbst plötzlich nicht mehr wohl fühlt oder dass andere einem sagen, dass sie sich nicht mehr mit uns wohlfühlen (siehe unser Beispiel von oben).
Wir haben also alle eine innere Instanz in uns, die uns davor schützen will, zu sprunghaft, zu oberflächlich, zu flexibel oder zu bewegungslos, zu unflexibel, zu starr zu sein. Hören wir nicht auf diese Instanz, fühlen wir uns irgendwann schlecht, oder anderen geht es schlecht mit uns und sie konfrontieren uns damit.
Das bedeutet, das dritte Lebensgesetz findet Wege, um auf sich aufmerksam zu machen, wenn wir in beide Richtungen übertreiben, Überbetonung und Unterbetonung.

Die Lernaufgabe, die mit diesem dritten Lebensprinzip einhergeht, ist, dass wir dieser inneren Instanz gegenüber achtsamer werden.
Die Übung: „Bewegungs-Extreme in die Mitte führen“, kann uns dabei helfen, hierfür mehr Achtsamkeit zu entwickeln.

Vier Schritte um Bewegungs-Extreme in die Mitte zu führen:

1. Immer beide Bewegungs-Extreme einer Situation formulieren
2. Für beide Extreme die Bedürfnisse und Interessen formulieren.
3. Für die Bedürfnisse auf beiden Seiten eine Mitte formulieren
4. Den Raum der gemeinsamen Mitte formulieren

An einem allgemeinen Beispiel sollen die vier Schritte erläutert werden:

Thema Sauberkeit und Ordnung

1. **Beide Extreme einer Situation formulieren**
Überbetonung - Extrem pingelig
Unterbetonung - Extrem schlampig

2. **Für beide Extreme die Bedürfnisse und Interessen formulieren**
pingelig: Gibt mir Sicherheit, dass ich nicht krank werde.
Gibt mir gute Gefühle, wenn alles schön ordentlich ist
Erleichtert mir den Alltag, da ich alles schnell finde.

schlampig: Ich möchte meine Zeit mit für mich wichtigeren Dingen verbringen
Ich möchte frei sein von zu strengen Reglements
Ich brauche eine gewisse Unordnung, um kreativ zu sein

3. **Für die Bedürfnisse auf beiden Seiten eine Mitte formulieren**
pingelig: Sicherheit, gute Gefühle und Erleichterung im Alltag gehen auch, wenn ich nur in manchen Bereichen pingelig bin und nicht überall.

schlampig: Zeit, frei von strengen Reglements und kreativ sein geht auch, wenn ich nur in manchen Bereichen schlampig bin und nicht überall.

4. **Den Raum der gemeinsamen Mitte formulieren**
   Es gibt einen großen Raum, zwischen den beiden Extremen pingelig und schlampig, den ich erobern bzw. in dem ich mich bewegen möchte. In diesem Raum gibt es sowohl Sicherheit als auch Zeit, Ordnung und Freiheit von strengen Reglements, Erleichterung im Alltag und Kreativität.

Wenn wir merken, dass wir uns in der Bewegung (mit all den Bereichen und Ebenen die zuvor geschildert wurden) in einer Extrem-Zone befinden, dann kann uns diese Übung dabei helfen, einen Wahrnehmungsprozess in uns in Gang zu setzen, der uns immer dann achtsam werden lässt, wenn wir uns in dieser Extrem-Zone befinden oder auf diese zubewegen. Wir sind durch diese Achtsamkeit in der Lage, uns selbst mehr in die Mitte zu führen.
Natürlich braucht das Zeit, aber meist kennt man ja schon seine Muster und wenn man sich gerne weiterentwickeln möchte, dann beginnt man einfach mit dem ersten Schritt.
Der Achtsamkeitsprozess, der damit angestoßen wird, hilft zumindest, dass man nicht mehr so oft in die extreme Richtung ausschlägt. Dadurch erleben wir weniger Stress und stabilisieren unsere Resilienz.

Wenden wir diese Übung nun an den beiden vorigen Beispielen an.

„Bewegungs-Extreme in die Mitte führen“ bei Überbetonung der Beweglichkeit
Angenommen, der Angestellte hat Kenntnis darüber bekommen, dass er die Gesetzmäßigkeit des dritten Lebensprinzips missachtet und dass er nun seine Überbetonung in die Mitte führen will.

1. Schritt: **Immer beide Extreme einer Situation formulieren**:

Überbetonung: Zu oberflächlich auf die Probleme der Mitarbeiter eingegangen

Unterbetonung: Zu tiefschürfend und übertrieben die Probleme der Mitarbeiter hochgeschaukelt

2. Schritt: **Für beide Extreme die Bedürfnisse und Interessen formulieren**

Oberflächlich: Sich professionell im Geschäftsbereich ausrichten, nicht in zeitraubende Problemfelder abdriften, keine zusätzlichen Konflikte heraufbeschwören

Übertrieben tiefschürfend: Sich allumfassend um die einzelnen Mitarbeiter kümmern, die Ursachen der Probleme herausfinden, das Vertrauen der Mitarbeiter dadurch gewinnen

3. Schritt: **Für die Bedürfnisse auf beiden Seiten eine Mitte formulieren**

Oberflächlich: Professionalität im Berufsleben braucht nicht nur die Sachebene, sondern auch die Beziehungsebene. Probleme ansprechen kann sogar Zeit einsparen, weil weniger Missverständnisse entstehen. Weitere Konflikte können dann erst recht verhindert werden.

Übertrieben tiefschürfend: Fordern und Fördern ist gutes Kümmern. Eine Problemlösung braucht manchmal keine Ursachenforschung. Hochgeschaukelte Probleme verhindern mitunter die Vertrauensbildung, weil den Mitarbeitern suggeriert wird, alles ist noch viel schlimmer als sie dachten.

4. Schritt: **Den Raum der gemeinsamen Mitte formulieren**

Es gibt einen großen Raum zwischen den beiden Extremen: Oberflächlich mit den Problemen der Mitarbeiter umgehen oder zu tiefschürfend und übertrieben die Probleme hochschaukeln. Diesen Raum gilt es zu erobern und sich darin zu bewegen. In diesem Raum gibt es sowohl Professionalität im Berufsleben, als auch Kümmern um die Mitarbeiter. Es gibt sowohl Zeit für Konfliktlösungen als auch für den Vertrauensaufbau, denn dadurch werden weitere Konflikte verhindert und Misstrauen vorgebeugt.

Weiteres Beispiel:

„Bewegungs-Extreme in die Mitte führen" bei Unterbetonung der Beweglichkeit

1. Schritt: **Immer beide Extreme einer Situation formulieren:**
Unterbetonung: Extrem Kommunikationsreduziert und unbeweglich
Überbetonung: Chaotisch und geschwätzig

2. Schritt: **Für beide Extreme die Bedürfnisse und Interessen formulieren**

Unbeweglich, Kommunikationsreduziert: Durch Kontinuität sich sicher und stabil auf dem Arbeitsmarkt etablieren.
Chaotisch, geschwätzig: Durch Kreativität und Vielfalt, Neuem eine Chance geben und dadurch zukunftsfähig bleiben.

3. Schritt: **Für die Bedürfnisse auf beiden Seiten eine Mitte formulieren**
Unbeweglich, Kommunikationsreduziert: Kontinuität allein bringt keine Sicherheit, es braucht auch die Flexibilität, um in der heutigen schnelllebigen Zeit am Arbeitsmarkt mithalten zu können.
Chaotisch, geschwätzig: Kreativität und Vielfalt allein führt nicht zur Zukunftsfähigkeit, es braucht auch eine feste Basis, die Sicherheit und Stabilität vermittelt und aus der heraus Neues entstehen kann.

4. Schritt: **Den Raum der gemeinsamen Mitte formulieren**
Es gibt einen großen Raum zwischen den beiden Extremen: Bewegungslos und Kommunikationsreduziert oder chaotisch und geschwätzig, um sich am Arbeitsmarkt zu halten. Diesen Raum gilt es zu erobern und sich darin zu bewegen.
In diesem Raum gibt es sowohl Kontinuität und Kreativität, um einerseits zukunftsfähig zu sein, andererseits aber auch eine gewisse Stabilität um Sicherheit zu zeigen. Beides führt zu einer hohen Wettbewerbsfähigkeit.

Zusammenfassung: Stress-Resilienz – Archetyp Merkur/Zwilling – Lebensprinzip 3

Es ist eine starke Bewegungs-Dynamik, die das dritte Lebensprinzip von uns fordert. Dadurch sollen wir Neuland auf der Körperebene, Gefühlsebene und Geistebene entdecken.

Dieses Neuland kann sich z.B. zeigen, durch eine Vielzahl an Interessen, denen wir nachgehen, durch Kontakte und kommunikativen Austausch mit anderen Menschen, durch eine Vielfalt an Vorstellungen, Meinungen, Ideen, Erkenntnissen und Erlebnissen in der Welt. Dies wiederum lässt uns flexibler in unserer Einstellung und Haltung miteinander werden.

Das dritte Lebensprinzip schickt uns also hinaus in die Welt, damit wir uns mitteilen, austauschen, Unterschiede entdecken, uns gegenseitig bereichern, unsere eigene begrenzte Welt öffnen, zeigen, austauschen und damit erweitern.

Leben wir dies jedoch zu stark und zu ausschließlich oder aber gar nicht, dann kommt diese archetypische Kraft aus dem Gleichgewicht und wir werden mit entsprechenden Konfliktsituationen konfrontiert. Können wir diese Konflikte nicht lösen, weil wir die wirkliche Ursache, nämlich das Nichtbeachten der Gesetzmäßigkeit des dritten Lebensprinzips nicht kennen, dann erleben wir großen Stress und unsere Resilienz wird geschwächt.

Wollen wir dieses Lebensprinzip bewusst zur Stärkung unserer Stress-Resilienz einsetzen, dann müssen wir ein Gleichgewicht in der Bewegungsdynamik herstellen. Dazu brauchen wir eine gut entwickelte Achtsamkeit, um die extremen dynamischen Bewegungen frühzeitig zu erkennen. Diese Achtsamkeit wird immer feiner werden, je öfter wir mit der Übung „Bewegungs-Extreme in die Mitte führen" den Raum zwischen den Extremen erkennen und nutzen.
Wir schwingen uns sozusagen in die Mitte des dritten Lebensprinzips ein und achten die Weisheit dieser Kraft. Dadurch steht uns diese Kraft zur Stärkung unserer Stress-Resilienz zur Verfügung.

Im Überblick: Stärkung unserer Stress-Resilienz durch die Weisheit des Archetypen Merkur/Zwilling – Lebensprinzip 3

Bewegung, Lebendigkeit, Flexibilität, Vielfalt, Kontaktfreude und Austausch

Wegweiser für **A**ufbau, **W**eiterentwicklung und **F**estigung unserer Stress-Resilienz

1. Bewegungs-Regulierung mit der Übung „Bewegungs-Extreme in die Mitte führen"

   1. Schritt: Immer beide Bewegungs-Extreme einer Situation formulieren
   2. Schritt: Für beide Extreme die Bedürfnisse und Interessen formulieren
   3. Schritt: Für die Bedürfnisse auf beiden Seiten eine Mitte formulieren
   4. Schritt: Den Raum der gemeinsamen Mitte formulieren

3.4 Kosmischer Archetyp Mond/Krebs – Lebensprinzip 4

Empfindung (Gefühle), Intuition, Seele, das Unbewusste, Identität, Subjektivität

Die Bewegung geht nun beim vierten Lebensprinzip nach innen, in die Tiefe zu unserem seelischen Potenzial. Dieses Lebensprinzip will, dass wir uns über uns selbst klar werden, dass wir sozusagen durch einen Prozess der Selbstfindung gehen und dadurch unsere Mitte finden.
Diese Selbstfindungs-Prozesse werden mit den sozialpsychologischen Begriffen der Identifizierung und Identität bezeichnet.
Es ist der Teil in uns oder die Instanz, die uns über tief empfundene Gefühle der Sicherheit, Stimmigkeit, Authentizität, absoluten Klarheit, Erfülltheit und Geborgenheit eine Verbundenheit zu uns selbst vermittelt. Es ist unser seelisches Potenzial, welches wir aus den unbewussten Tiefen in unser Bewusstsein heben sollen. Es ist unsere Identität oder unser Ich. Später beim zwölften Lebensprinzip, wird noch auf den Unterschied zwischen unserem psychologischen Ich und unserem spirituellen Ich oder Selbst eingegangen.

Die archetypische Mond/Krebs-Kraft steht uns also zur Verfügung bzw. sie fordert uns auf, diesen Selbstfindungsprozess oder Identifikationsprozess zu gehen und Kontakt zu unserem Ich zu suchen, um uns unserer seelischen Potenziale bewusst zu werden und um Selbstverantwortung für unser Leben zu übernehmen.
Wir erleben alle diese Kraft in uns als Sehnsucht und Suche nach UNS. Wir suchen unsere Rolle, ob es in der Familie, im Freundeskreis oder im beruflichen Umfeld ist. Wir suchen das Gefühl, innerlich stimmig oder in unserer Mitte zu sein.

Ein stabiles, bewusstes Selbstbild entwickelt sich erst, wenn wir eine gewisse Kontinuität im Selbstfindungsprozess erleben, wir also wiederholt die Erfahrung machen, wie es sich anfühlt, wenn wir in unserer Mitte sind. Wie es ist, wenn wir uns in bestimmten Situationen auf unsere ganz eigene Art und Weise spüren und verhalten, welche Wechselwirkungen wir dadurch mit uns und anderen erleben. Mit diesem Selbstbild, machen wir dann weitere Erfahrungen im Außen, z.B. mit unterschiedlichen sozialen Gruppen und den unterschiedlichsten Wertesystemen. Wir identifizieren uns mit Rollen und erleben Stimmigkeit oder Unstimmigkeit. Wir schwingen harmonisch mit oder schwingen uns davon wieder hinaus.

Können wir keine Kontinuität im Selbstfindungsprozess finden und damit kein stabiles Ich oder Selbstbild entwickeln, dann identifizieren wir uns ständig mit neuen anderen Rollen, Vorbildern, Ideen, Werten und philosophischen oder religiösen Weltanschauungen. Dann erleben wir eine Unruhe, Zerrissenheit, innerliche Leere und ein nicht wissen wo wir hingehören. Wir sind dann leicht manipulierbar und beeinflussbar und entwickeln keine Selbstverantwortung.

Der äußere Identifikationsprozess und der innere sind also eng miteinander verbunden, d.h. sie stehen in Wechselbeziehung zueinander. Wenn wir uns z.B. im Außen mit den Merkmalen einer bestimmten Gruppe identifizieren, ist damit gemeint, dass wir diese Merkmale mit unserem inneren Ich abgleichen und wenn kompatibel, übernehmen. Wir verinnerlichen Eigenschaften, Werte, Motive, Verhaltensweisen …, dieser Gruppe, wir machen sie uns zueigen. Wir sind sozusagen dann Repräsentanten der Gruppe.
Wenn die Merkmale nicht mit unserem Selbstbild übereinstimmen, werden wir uns mit dieser Gruppe nicht identifizieren können und somit auch kein Gruppenmitglied werden wollen.

Da diese Selbstfindungsprozesse mit unseren seelischen Tiefen zu tun haben, ergeben sich daraus auch entsprechend tiefe Probleme bzw. Schattenthemen, die nun kurz dargestellt werden und bezogen auf das Thema Stress-Resilienz dann ausführlicher betrachtet werden.

Die im Schatten gelebte archetypische Mond/Krebs-Kraft

Es geht ja hier um ein sich selbst finden, sich selbst im seelischen tiefsten Kern und Sein erfahren. Deshalb besteht die größte Angst darin, sich nicht finden bzw. sich wieder verlieren, sich wieder trennen von sich selbst, Geborgenheit verlieren. Trennungs- und Verlustangst sind deshalb hier die großen Schatten-Themen und zwar auf allen Beziehungsebenen: Die Beziehung zu uns selbst, Familienbeziehungen, Berufsbeziehungen und andere Sozialbeziehungen. Wir leben den Schatten dieses Lebensprinzips, wenn wir uns z.B. ständig zurückziehen, wenn es schwierig wird oder wenn wir schnell beleidigt sind und anderen die Schuld für unsere negativen Gefühle geben. Auch wenn wir dauernd die Erwartungshaltung haben „nähre mich“, d.h. wir wollen dann nicht erwachsen werden und damit auch keine Selbstverantwortung übernehmen.

Ein Grund, wenn wir diesen Schatten leben ist, dass dieses nach Innen gehen, die Verinnerlichung wie schon erwähnt, mit einer starken Subjektivität einhergeht, d.h. alles was uns im Außen begegnet, beziehen wir erst einmal auf uns selbst, es fehlt die Objektivität. Dadurch steht das eigene Empfinden immer an erster Stelle, mit den damit verbundenen seelischen Irritationen und Stimmungsschwankungen. Der Schatten zeigt sich dann durch emotionale Labilität.

Ein weiterer Grund, wenn wir den Schatten leben ist, wenn wir die Ursache und den Auslöser unserer negativen Gefühle verwechseln bzw. den Unterschied nicht kennen. Das führt dazu, dass wir unsere eigenen negativen Gefühle, auf andere Menschen projizieren und uns damit von uns selbst wegbewegen, uns selbst verlieren. Auf diesen wichtigen Punkt wird später noch ausführlicher eingegangen.
Welche Bedeutung dieses vierte Lebensprinzip für unsere Stress-Resilienz hat, wird im Folgenden gezeigt.

Bedeutung für unsere Stress-Resilienz

Wenn wir mit dieser archetypischen Kraft im Einklang sind, dann haben wir einen guten Kontakt zu uns, unserem Ich und unserem Selbstbild. Wir wissen, um unsere seelischen Stärken und Schwächen und können damit umgehen. Wir suchen nicht ständig nach emotionaler Unterstützung, sondern wir können uns gut auf uns selber verlassen, denn wir haben einen guten Kontakt zu unserem seelischen Potenzial.

Ob wir im Einklang mit der archetypischen Mond-Kraft sind, zeigt sich auch dadurch, dass wir Subjektivität und Objektivität als polares Gegensatzpaar in einem angemessenen Verhältnis leben. Das bedeutet, wir beziehen nicht alles ständig auf uns selbst und machen andere für unsere negativen Gefühle verantwortlich, sondern wir können den Blickwinkel verändern und uns auch in die (Gefühls)-Welt des anderen hineinbegeben. Dann sind wir beides, selbstempathisch und empathisch. Das bedeutet, wir übernehmen Verantwortung für uns. Dann haben wir eine stabile Identität und einen guten Zugang zu unserem seelischen Potenzial. Dies hilft uns, immer mehr seelische Reife zu entwickeln.
Diese seelische Reife steht direkt in Beziehung mit dem harmonischen Schwingen der vierten archetypischen Kraft und verhilft uns zu einer Stärkung unserer Stress-Resilienz.

Leben wir jedoch die Gesetze dieses Lebensprinzips nicht bzw. in über- oder unterbetonter Form, verhindern wir die Reifung und Entwicklung unseres seelischen Potenzials und schwächen unser Energiesystem und damit unsere Stress-Resilienz.

Hierzu nun einige Beispiele:
Nehmen wir an, unser Angestellter bekommt einen neuen Chef. Mit seinem bisherigen Chef hat er sich über viele Jahre wunderbar verstanden, er war so etwas wie ein Mentor für ihn und er fühlte sich unter seiner Führung sehr sicher. Aus Altersgründen scheidet er nun aus. Sein neuer Chef bringt leider für unseren Angestellten ziemlich viel Unruhe und Unsicherheit in sein Leben.
Der neue Chef ist jung, dynamisch und fordert von seinen Mitarbeitern viel Selbstverantwortung. Unser Angestellter war es bisher gewohnt, alle Entwürfe, Ideen, Planungen und Veränderungen mit seinem alten Chef zu besprechen und Entscheidungen von ihm im Vorfeld absegnen zu lassen. Der neue Chef ist dazu nicht bereit. Er verlangt von seinen Mitarbeitern, dass diese ein eigenes Gespür, eine Intuition entwickeln, diese mit Zahlen, Daten und Fakten abgleichen und dann selbst Entscheidungen treffen.

Unser Angestellter fühlt sich vollkommen alleingelassen, unsicher und hilflos. Er konnte sich bisher mit den Vorstellungen, Meinungen und Entscheidungen seines alten Chefs identifizieren. Jetzt soll er plötzlich Eigenes entwickeln, das traut er sich nicht zu. Er hat große Ängste und Stressgefühle, die er auch nach Büroschluss nicht einfach ablegen kann, sondern die sich im Grunde auf sein ganzes Leben auswirken. Er fällt in eine Identitätskrise, denn er merkt, dass sein bisheriges Sicherheitsgefühl nicht auf seinem Boden sondern auf fremdem Boden aufgebaut war. Seine Stress-Resilienz wird geschwächt.

Ein weiteres Beispiel:
Unser Angestellter steht kurz vor einem Burnout. Was ist passiert? Nun über viele Jahre schon überspielt er seine seelische Verletzlichkeit hinter einer großen Hilfsbereitschaft und Kollegialität. Dies läuft natürlich alles unbewusst ab. Nun aber leidet er stark darunter, dass sein Engagement nicht mehr gewürdigt wird, so wie er das bisher kannte. Im Gegenteil, man gibt ihm zu verstehen, dass das alles nicht wichtig ist, was er da so macht. Er verliert sozusagen seine Rolle, „der Unentbehrliche" zu sein. Er fühlt sich von den Kollegen im Stich gelassen und ausgenutzt.
Diese Veränderung hat begonnen, als zwei neue Kollegen ins Team kamen, weil zwei andere aus Altersgründen in den Ruhestand gegangen sind. Sein Selbstbild findet also im Team keinen Resonanzboden mehr. Der gesamte Teamcharakter

hat sich verändert. Er selbst kann sich mit dem neuen Teamcharakter nicht mehr identifizieren. Er weiß gar nicht mehr, wer er eigentlich ist. Er fällt in ein seelisches Loch, seine Leistungsfähigkeit sinkt, er hat ständig Misserfolge und leidet unter einer großen Hilflosigkeit, seine Stress-Resilienz ist geschwächt.

Gehen wir die beiden Beispiele nun im einzelnen durch, mit Impulsen, wie sich der Angestellte jeweils wieder finden kann, also einen Identifikationsaufbau erlangen bzw. sich seiner seelischen Potenziale bewusst werden kann, um diese zur seelischen Stabilitätsfindung zu nutzen.

Impulse für die Nutzung der Wirkkraft des kosmischen Archetypen Mond/Krebs zur Stärkung unserer Stress-Resilienz

1) Seelische Stabilisierung aufbauen, weiterentwickeln und festigen

„Seelische Stabilisierung durch die heilende Kraft der Gefühle"

Natürlich gibt es individuelle Unterschiede, was die Anlage seelischer Stabilität betrifft. Wann sich ein Mensch seelisch überfordert fühlt und wodurch. Jeder Mensch hat eine andere Toleranzschwelle.
Für die Resilienz-Stärkung, wollen wir hier die seelische Stabilität im Allgemeinen betrachten und hierfür die heilende Kraft der Gefühle anschauen.

Die heilende Kraft der Gefühle

1. Bewusster Umgang mit unseren eigenen negativen Gefühlen
2. Bewusster Umgang mit den negativen Gefühlen anderer

Das Ziel dabei ist:
Die Botschaft eines negativen Gefühls verstehen, bei uns selbst und bei anderen. Das klare Trennen von Ursache und Auslöser eines Gefühls.

Zu 1) Bewusster Umgang mit unseren eigenen negativen Gefühlen

Normalerweise wollen wir unsere negativen Gefühle sofort wieder loswerden. Wir projizieren sie deshalb entweder sofort auf andere, indem wir sie beschuldigen, Vorwürfe machen, wir beleidigt sind oder aber wir verdrängen unsere negativen Gefühle.

Ein heilender Umgang dagegen wäre, wenn wir einem negativen Gefühl, sobald wir es wahrnehmen, heilende Achtsamkeit schenken. Unsere Seele spricht nämlich über unsere Gefühle mit uns. Wenn wir die Gefühle wegschieben oder auf andere projizieren, unterdrücken wir die Seelenbotschaft und damit schrumpft unser seelisches Potenzial immer mehr zusammen, es trocknet aus und wir verlieren den Kontakt zu unserem tiefsten Kern. Wir schwächen unsere seelische Kraft und damit unsere Resilienz.

Wenn wir allen unseren Gefühlen, also den positiven wie den negativen gegenüber achtsam sind, dann entwickeln wir einen seelischen Kraftplatz, der uns hilft in schwierigen Situationen seelisch stabil zu bleiben.

Ein wichtiger Schritt, um achtsamer mit unseren Gefühlen umzugehen ist, dass wir lernen einen Unterschied zu machen, zwischen einem Auslöser und der Ursache eines Gefühls. Auf diesem Erkenntnisweg, baut das heilende Prinzip auf. Der Auslöser ist nicht die Ursache.

Ein Beispiel soll dies verdeutlichen:
Wir ärgern uns, weil uns ein Kunde nicht wie versprochen zurückgerufen hat. Normalerweise sagen wir dann, der Grund, also die Ursache für unseren Ärger ist der Kunde, der nicht zurückgerufen hat. Das ist aber so nicht richtig. Richtig ist, dass der wahre Grund, also die Ursache in uns selbst liegt und zwar darin, dass sich eines unserer Grundbedürfnisse nicht erfüllt hat. Wir erleben dann sogenannte Defizit-Gefühle oder negative Gefühle

Was unsere Grundbedürfnisse in einer bestimmten Situation sind, können nur wir selbst in uns ergründen. Hier in diesem Beispiel müssten wir uns fragen, was es für uns persönlich bedeutet, wenn der Kunde wie versprochen zurückgerufen hätte? Dann finden wir beispielsweise heraus, dass dies für uns Zuverlässigkeit bedeutet oder Vertrauen oder Respekt.

Da der Kunde aber nicht zurückgerufen hat, erfüllt sich das Grundbedürfnis nach Zuverlässigkeit oder Vertrauen oder Respekt für uns nicht. Wir erleben ein Bedürfnis-Defizit. D.h. der Auslöser war zwar der Kunde, der nicht zurückgerufen hat. Die Ursache ist jedoch unser ganz persönliches inneres Bedürfnis-Defizit, ein Mangelerlebnis.
Wenn dieses Bedürfnis einen Mangel erfährt, dann signalisiert uns unsere innere seelische Instanz oder unser Ich Defizitgefühle bzw. negative Gefühle wie Frust, Ärger, Wut, Hilflosigkeit: Vorsicht hier ist etwas nicht in Ordnung, da fehlt etwas, sorge für dich.

Natürlich bedeutet das nicht, dass alles nur an uns liegt und es egal ist, ob ein Mensch uns gegenüber unzuverlässig ist oder nicht. Nein, denn schließlich bedeutet Beziehung mit einem Menschen, ob privat oder beruflich, dass beide das Beziehungs-Band halten, daran ziehen oder es loslassen, also Verantwortung tragen.

Es bedeutet, wenn wir die Ursachen-Auslöser-Unterscheidung treffen, dass wir dann bei uns bleiben, in uns hineingehen, zu unserem Ich und mit unserer seelischen Instanz Kontakt aufnehmen. Dieses führt dazu, dass unser seelisches Potenzial wächst, weil wir es nutzen, weil wir es trainieren. Gleichzeitig lernen wir dadurch, dass wir die Macht über unsere Gefühle haben, wir können sie nutzen, um uns weiter zu entwickeln oder wir können durch Schuldzuweisungen negativ Macht auf andere ausüben.

Auslöser können Personen oder Ereignisse sein. Es kann ein verpatzter Termin sein, ein Fehler, ein schlechtes Ergebnis, eine falsche Lieferung, ein nicht eingehaltener Termin, ein nicht eingehaltenes Versprechen, ein Vorwurf einer anderen Person, eine Kritik, wenn uns jemand stört, wenn was kaputt geht, wenn der Müll nicht rausgetragen wird, wenn man uns nicht richtig zuhört usw.

Für unsere negativen Gefühle ist aber der Auslöser nicht ursächlich, sondern wir bewerten die Auswirkung dahingehend, ob dadurch ein ganz persönliches Grundbedürfnis gerade einen Mangel erfahren hat oder nicht.
Wenn es einen Bedürfnis-Mangel gibt, dann werden dadurch Defizit-Gefühle, also negative Gefühle in uns hervorgerufen. Das ist auch der Grund, warum eine Situation oder ein Ereignis bei unterschiedlichen Menschen unterschiedliche Gefühle hervorrufen kann.

Zur Verdeutlichung soll dies noch weiter ausgeführt werden, da sich der Unterschied nicht sofort erschließt, denn wir sind alle gewohnt, die Ursachen für unsere Befindlichkeiten im Außen zu sehen.

Angenommen der Kunde hat also nicht zurückgerufen, aber in diesem Fall, sind Sie erleichtert, weil Sie selbst vor lauter Terminen den Rückruftermin vergessen haben und in einer Sitzung waren. Erst nach der Sitzung, fällt Ihnen der Rückruf-Termin wieder ein und erleichtert stellen Sie fest, dass der Kunde ja gar nicht zurückgerufen hat.
Sie sind dann einerseits froh, weil es nicht offen zu Tage getreten ist, dass Sie selbst unzuverlässig waren. Sie ärgern sich höchstens ein bisschen darüber, wie Ihnen das passieren konnte, denn Sie haben ja das Bedürfnis nach Zuverlässigkeit, auch sich selbst gegenüber, da dies zu ihrem Selbstbild gehört.
Sie entwickeln daraufhin sogar ein nachsichtiges Verständnis für den Kunden, weil sie denken, dass der Kunde wohl auch großen Stress hatte und er deshalb eben später anrufen wird.
Das Beispiel soll zeigen, dass das gleiche Ereignis im Außen, „Kunde ruft nicht zurück", zu unterschiedlichen Gefühlen führen kann, je nach dem, ob Sie ein Bedürfnis-Defizit oder eine Bedürfnis-Erfüllung erleben.
Es handelt sich aber immer um Ihre ganz persönlichen Bedürfnisse.

Es gibt unzählige Beispiele im Alltag, die uns diese Ursache-Auslöser-Unterschiede zeigen.
Z.B.: Der Nachbar fängt um 21.30 Uhr an, laut mit der Bohrmaschine zu hantieren. Zwei von mehreren Möglichkeiten:

1. Sie ärgern sich (negatives Gefühl), weil Ihnen Rücksicht (Ihr Bedürfnis = Ursache) wichtig ist und dieses Bedürfnis erfährt ein Defizit = negative Gefühle.
2. Sie freuen sich (positives Gefühl), weil Ihnen Freiheit und Flexibilität (Ihre Bedürfnisse = Ursache) wichtig sind und Sie nun Ihrerseits handwerklichen Impulsen folgen können, auch wenn es schon spät ist. Sie erfahren eine Bedürfnis-Erfüllung = positive Gefühle.

Der Auslöser ist beides Mal der gleiche, nämlich der Nachbar, der Krach mit der Bohrmaschine spät abends macht.

In Kurzfassung heißt das:

Gefühle haben immer Auslöser. Das kann eine Person oder ein Ereignis ja auch unsere eigenen Gedanken sein.
WAS für Gefühle in uns ausgelöst werden, ist jedoch ursächlich mit unseren ganz persönlichen Bedürfnissen verbunden und ob diese in unserer persönlichen Bewertung ein Defizit oder eine Erfüllung erfahren. Wir selbst bestimmen darüber, nicht die Auslöser.

Wie hilft uns nun genau diese Erkenntnis oder diese Gesetzmäßigkeit dabei, mehr seelische Stabilität zu bekommen?

Wenn wir bei einem negativen Gefühl sozusagen innerlich sagen können, das ist jetzt meines, das gehört zu mir, obwohl z.B. im Außen etwas passiert ist, was das Gefühl ausgelöst hat, dann kann sich eine besondere Kraft in uns selbst bündeln. Diese Kraft gibt einem die Fähigkeit, den Fokus einmal auf den Auslöser zu richten und klar zu erkennen, dass uns z.B. der Satz eines Kollegen verletzt hat = Auslöser, dass aber die tiefste Ursache, z.B. das Bedürfnis nach Respekt, einen Mangel erlitten hat. Aufgrund des eigenen Bedürfnis-Mangels wird ein negatives Gefühle ausgelöst.

Jetzt kann behauptet werden, schlimmes Gefühl ist schlimmes Gefühl. Ob es da jetzt einen extra Auslöser und eine extra Ursache gibt, ist doch egal.

Das stimmt so nicht, es macht einen gravierenden Unterschied, ob wir die Verantwortung für unsere Gefühle nach außen abgeben oder ob wir sie für uns übernehmen.
Verantwortung abgeben sieht auf den ersten Blick zunächst nach Entlastung aus. Schauen wir aber genauer hin, dann stellen wir fest, dass wir dadurch abhängig werden und anderen Menschen oder bestimmten Situationen Macht über unsere Gefühle geben.

Selbstverständlich reagieren wir auf den Auslöser. Jedoch werden unsere Reaktionen andere sein, wenn wir die innere Unterscheidung zwischen Auslöser und Ursache vornehmen.

Wenn wir uns vom Kollegen verbal verletzt fühlen und wir die Unterscheidung zwischen Auslöser und Ursache nicht treffen, könnte eine mögliche Reaktion sein, dass wir verbal genauso respektlos reagieren und uns aber später darüber ärgern, weil wir erkennen, dass wir kein bisschen besser sind als er. Wir haben dann doppelt negative Gefühle.

Oder wir ziehen uns beleidigt zurück und bestrafen ihn mit Ignoranz, was letztlich die Beziehung weiter destabilisiert und die eigene Stimmungslage weiter verschlechtert.
Wir verstricken uns immer weiter negativ miteinander. Wir selbst erleben eine innere Instabilität.
Wenn wir jedoch die Unterscheidung zwischen Auslöser und Ursache machen, könnte eine mögliche Reaktion sein, dass wir dem Auslöser, also dem Kollegen gegenüber, mit einer aufrechten inneren Haltung sagen, dass wir einen respektvollen Umgang miteinander für wichtig halten und deshalb seinen Satz nicht förderlich für den gemeinsamen Umgang miteinander empfinden. Das ist der Schritt im Außen.

Jetzt kommt aber noch dieses tiefe verletzte Gefühl im tiefsten Inneren. Dieses Gefühl braucht jetzt unser Verständnis und unsere Achtung, denn es kommt aus unserem tiefsten Seelenkern. Wir erkennen, dass wir einen Mangel an Respekt erleben und deshalb ein Bedürfnis-Defizit und negative Gefühle haben.
Wenn wir zu uns stehen und uns mit unseren Bedürfnissen akzeptieren, dann achten wir uns selbst. Wir können dadurch einen tiefen Frieden in uns erleben. Damit nähren wir unser seelisches Potenzial und damit unsere Stress-Resilienz.

Zusammengefasst sind die einzelnen Schritte der heilenden Kraft der Gefühle folgende:

Die heilende Kraft der Gefühle bei uns selbst:

1. Schritt: Z.B. ärgerliche Gefühle wahrnehmen und achten, weil sie vom tiefsten Seelengrund kommen und auf etwas aufmerksam machen möchten.

2. Schritt: Auslöser benennen: Z.B. der Stau, der laute Nachbar, der freche Kollege, die Unordnung, das uneinsichtige Kind, die nörgelnde Mutter …

3. Schritt: Ursache benennen (Bedürfnisse): Z.B. Bedürfnis nach Zuverlässigkeit, Ruhe, Ordnung, Sicherheit, Nähe, Respekt, Hilfe, Liebe, Frieden, Unterstützung … hat ein Defizit erfahren. Dies können wir im Außen kommunizieren, wir sagen was wir brauchen.

4. Schritt: Frieden in das eigene Innere schicken, wenn ein Bedürfnis in uns im Defizit ist und negative Gefühle auslöst. Es gehört zu uns. Es sind unsere

Gefühle, die uns über uns etwas sagen wollen. Es ist weder gut noch schlecht, es ist einfach. Danach einen Lösungsweg suchen, wie unser Bedürfnis genährt werden kann.

Wir gehen also getrennt mit dem Auslöser und mit der Ursache um.
Diese Trennung ist wichtig, weil wir klar die Verantwortungsbereiche definieren. Der Auslöser, wenn es eine Person ist, trägt natürlich Verantwortung für sein Verhalten. Die Ursache, nämlich unser Bedürfnis, bleibt bei uns und damit tragen wir die Verantwortung, welche Gefühle und wie lange die Gefühle in uns sind und vor allem wie und ob wir diese Gefühle durch Emotionen nach außen bringen.
Die heilende Kraft der Gefühle besteht darin, dass wir durch negative Gefühle etwas über unser Seelenpotenzial erfahren, denn Gefühle sind immer mit Bedürfnissen gekoppelt.
Wir erfahren also viel über uns selbst, was uns im tiefsten Kern ausmacht. Wenn wir dies achten, wirkt dies heilsam, weil wir uns nicht verleugnen und uns auch nicht vor der Verantwortung drücken.

Was bedeutet dies jedoch, wenn andere Menschen ihre negativen Gefühle auf uns übertragen wollen, d.h. uns die Schuld geben.

Zu 2) Bewusster Umgang mit den negativen Gefühlen anderer

Natürlich gilt dasselbe, wenn wir mit negativen Gefühlen anderer Menschen konfrontiert werden, sie uns also für die Ursache ihrer negativen Gefühle verantwortlich machen.
Wir sollten die anderen dann nicht belehren in dem Sinne, dass wir ihnen einen Vortrag darüber halten, dass sie Auslöser und Ursache verwechseln (außer wir haben einen Menschen vor uns, der sich auch auf dem Entwicklungsweg befindet und solche Impulse schätzt), sondern wir übernehmen praktisch stellvertretend diesen Prozess.

Der heilende Prozess findet dann statt, wenn wir die Urteile und Vorwürfe, die die andere Person uns macht, übersetzen in Bedürfnis-Defizite, welche die Person möglicherweise hat. Dadurch können wir besser verstehen, dass die Person negative Gefühle hat und versucht, im herkömmlichen Sinne, diese auf uns zu übertragen.
Die Schritte sind dann folgende:

Die heilende Kraft der Gefühle, wenn andere uns Vorwürfe machen und damit die Verantwortung für ihre negativen Gefühle übertragen.

1. Schritt: Z.B. aggressive Gefühle der anderen Person wahrnehmen und achten, weil sie vom tiefsten Seelengrund kommen und auf etwas aufmerksam machen möchten.

2. Schritt: Auslöser stellvertretend für die andere Person denken oder fragen: Z.B. abgesagter Termin, Fehler, Stau, Kritik vom Chef, nervender Mann …

3. Schritt: Ursache, Aggression übersetzen in ein fehlendes Bedürfnis der anderen Person: Z.B. fehlt Zuverlässigkeit, Genauigkeit, Pünktlichkeit, Gerechtigkeit, Ausgeglichenheit …?

4. Schritt: Frieden in unser eigenes Inneres schicken, weil wir alle immer wieder Bedürfnis-Defizite erleben. Verständnis dafür entwickeln, dass die andere Person gerade dieses Bedürfnis im Defizit erlebt. Es ist weder gut noch schlecht, es ist einfach.

Dem Auslöser gegenüber zeigen wir also immer eine Reaktion, das kann eine Grenze sein, das kann ein Verständnis sein. Uns selbst gegenüber zeigen wir tiefe Achtung, vor unseren seelischen Bedürfnissen. Wenn wir dies gut in uns entwickelt haben, dann können wir auch leichter Verständnis und Achtung für die seelischen Bedürfnisse anderer Menschen haben.

Ein wichtiger Hinweis was Bedürfnisse angeht: Ein Bedürfnis hat immer mit einem tiefen menschlichen Grundbedürfnis zu tun. Also wir können nicht sagen, wir haben das Bedürfnis den neuesten Computer zu besitzen. Das ist kein Grundbedürfnis.
Bedürfnisse wurden in der Psychologie in Kategorien unterteilt. Hier werden die 9 Kategorien nach Marshall Rosenberg verwendet, auf den wir uns ja schon im vorigen Kapitel bezogen haben. Bedürfnis-Kategorien nach Marshall Rosenberg (16):

1. *Körperliche Bedürfnisse: Nahrung, Luft, Wasser …*
2. *Sicherheitsbedürfnisse: Schutz, Übersicht, Klarheit, Zuverlässigkeit,*
3. *Autonomiebedürfnisse: Freiheit, Selbstbestimmung …*
4. *Einfühlungsbedürfnisse: Empathie, Gerechtigkeit, Gleichbehandlung, Respekt …*

5. *Verbindungsbedürfnisse: Liebe, Kontakt mit anderen, Zärtlichkeit, Nähe, Unterstützung, Geborgenheit, Freundschaft, Akzeptanz …*
6. *Entspannungsbedürfnisse: Erholung, Ruhe, Spiel …*
7. *Geistige Bedürfnisse: Innerer Frieden, Spiritualität, Glück, …*
8. *Entwicklungsbedürfnisse: Wachstum, Kreativität, Erfolg, Bildung, Kompetenz, Lernen*
9. *Integritätsbedürfnisse: Authentizität, Einklang, Identität, Individualität, Stimmigkeit mit sich selbst mit den eigenen Werten*

Wenn wir also negative Gefühle haben, weil wir nicht den neuesten Computer besitzen, dann müssen wir uns fragen, welches Grundbedürfnis tatsächlich in uns einen Mangel erlebt. Der Computer den wir nicht haben, ist letztlich nur der Auslöser für eine Ursache, also ein Bedürfnis-Defizit.
Fragen wir uns also zunächst umgekehrt, welches Grundbedürfnis sich für uns erfüllen würde, wenn wir den neuesten Computer besitzen würden. Das könnte dann vielleicht aus der Kategorie „Verbindungsbedürfnisse" kommen, weil wir mit dem neuesten Computer, Akzeptanz bei Kollegen oder Freunden erfahren. Das wäre dann auch ein Hinweis dafür, einmal zu prüfen, wie es denn mit unserer Selbstakzeptanz bestellt ist.

Vielleicht ist es aber auch ein Bedürfnis aus der Kategorie „Entspannung". Vielleicht können wir zurzeit schlecht entspannen und verbringen deshalb viel Zeit mit Computerspielen. Da wir mit unserem alten Computer einige der neuen Spiele nicht spielen können, glauben wir einen neuen Computer kaufen zu müssen, um entspannen zu können. Leider können wir uns den aber momentan nicht leisten.

D.h. ein Auslöser und ein negatives Gefühl weisen uns auf ein Grundbedürfnis hin, was in uns gerade im Mangel ist. Soweit der Hinweis über Bedürfnisse.

Wenden wir nun die „Heilende Kraft der Gefühle" an unseren beiden Beispielen mit dem Angestellten an, mit dem Ziel, dass der Angestellte wieder in seine seelische Kraft kommt und seine Stress-Resilienz dadurch stärkt.

Die heilende Kraft der Gefühle

Beispiel 1: Der Angestellte bekommt einen neuen Chef

Der Angestellte erlebt große Verunsicherung, hat Ängste und Stressgefühle.

Sein Innerstes gibt ihm also einen Hinweis, dass in ihm gerade ein oder mehrere Grundbedürfnisse im Mangel sind. Natürlich ist der Auslöser die veränderte Situation mit dem neuen Chef. Da der Angestellte zwischen Auslöser und Ursache keinen Unterschied macht, projiziert er seine negativen Gefühle auf den Chef, der ist Schuld bzw. die Ursache, dass es ihm so schlecht geht.

Das vierte Lebensprinzip sagt in diesem Fall jedoch nein, nicht der Chef, sondern bestimmte Bedürfnis-Defizite in ihm selbst sind die Ursache.
Nehmen wir nun an, der Angestellte hat Kenntnis bekommen über die archetypischen Kräfte und den Auftrag des vierten Lebensprinzips, dann würde er versuchen, folgende Schritte zu gehen:

1. Schritt: Der Angestellte nimmt seine negativen Gefühle wahr und achtet sie, weil sie vom tiefsten Seelengrund kommen und auf Bedürfnis-Defizite aufmerksam machen möchten. Er bleibt also bei sich.

2. Schritt: Er benennt den oder die Auslöser seiner negativen Gefühle: Neuer Chef, der Selbstverantwortung und Entscheidungsbereitschaft fordert.
Hier geht er ins Außen.

3. Schritt: Er hinterfragt die Ursache, also die Bedürfnis-Defizite seiner negativen Gefühle: Aus der Kategorie „Sicherheitsbedürfnisse" stellt er fest, dass ihm Übersicht und Klarheit fehlen. Und aus der Kategorie „Entwicklungsbedürfnisse" fehlt es ihm an Kompetenz. Er bleibt bei sich und erkennt seinen Verantwortungsbereich.

4. Schritt: Er schickt zunächst Frieden in sein Innerstes, weil diese Bedürfnis-Defizite zu ihm gehören. Sie sind weder gut noch schlecht, sie sind einfach.
Danach versucht er eine Lösung dahingehend zu finden, wie er mehr Übersicht, Klarheit und Kompetenz entwickeln kann. Er übernimmt die Verantwortung für sich.
Ein heilender Prozess findet statt seine Stress-Resilienz wird gestärkt.

Beispiel 2: Der Angestellte steht kurz vor einem Burnout
Der Angestellte verliert seine über Jahre gewohnte Rolle des „Unentbehrlichen".
Er bekommt nicht mehr die Wertschätzung dafür, wenn er überall seine Hilfsbereitschaft zeigt. Er kann sich mit dem neuen Teamcharakter nicht mehr identifizieren.
Er fühlt sich ausgenutzt, im Stich gelassen und hilflos.

Da er Auslöser und Ursache nicht trennt, gibt er den Kollegen die Schuld, macht diese also als Ursache dafür verantwortlich, dass es ihm so schlecht geht.
Das vierte Lebensprinzip sagt aber auch in diesem Fall nein, nicht die Kollegen sind die Ursache, sondern bestimmte Bedürfnis-Defizite in ihm selbst.
Nehmen wir nun auch hier an, dass der Angestellte Kenntnis über die archetypischen Kräfte und den Auftrag des vierten Lebensprinzips bekommen hat, dann würde er versuchen folgende Schritte zu gehen:

1. Schritt: Der Angestellte nimmt seine negativen Gefühle wahr und achtet sie, weil sie vom tiefsten Seelengrund kommen und auf Bedürfnis-Defizite aufmerksam machen möchten. Er bleibt also bei sich.

2. Schritt: Er benennt den oder die Auslöser seiner negativen Gefühle: Neue Kollegen, neuer Teamcharakter, Verlust seiner gewohnten Rolle. Hier geht er ins Außen.

3. Schritt: Er hinterfragt die Ursache, also die Bedürfnis-Defizite seiner negativen Gefühle: Aus der Kategorie „Verbindungsbedürfnisse" stellt er fest, dass ihm Akzeptanz und Unterstützung fehlen. Er bleibt bei sich und erkennt seinen Verantwortungsbereich.

4. Schritt: Er schickt zunächst Frieden in sein Innerstes, weil diese Bedürfnis-Defizite zu ihm gehören. Sie sind weder gut noch schlecht, sie sind einfach.
Danach versucht er eine Lösung zu finden, wie er zum Beispiel mehr Selbstakzeptanz entwickeln kann. Hier wäre es hilfreich, sich durch Coaching oder psychologische Beratung, Unterstützung geben zu lassen. Außerdem versucht er herauszufinden, ob er sich mit dem neuen Teamcharakter nicht doch anfreunden kann. Vielleicht entdeckt er dabei Dinge, die ihm durchaus zusagen und die ihm helfen, eine neue Rolle für sich zu finden.
Damit übernimmt er die Verantwortung für sich.

Die heilende Kraft der Gefühle besteht also darin, dass es ja zunächst der (negativen) Gefühle bedarf, um auf den Mangel hinzuweisen, damit wir uns aus dem Mangel heraus entwickeln.
Wie zu Anfang beschrieben, sollen wir uns beim vierten Lebensprinzip über uns selbst klar werden und durch einen Prozess der Selbstfindung gehen. Dieser Prozess, deckt über die Kraft der Gefühle auch unsere Defizite auf, die entwickelt werden wollen. Tun wir das, finden wir unsere Mitte und unser seelisches Potenzial wird genährt und damit unsere Stress-Resilienz gestärkt.

Zusammenfassung: Stress-Resilienz – Archetyp Mond/Krebs – Lebensprinzip 4

Es ist eine starke Bewegung nach innen, die das vierte Lebensprinzip von uns fordert.
Wir sollen uns selbst entdecken, in unserem tiefsten Seelengrund. Wir sollen einen Selbstfindungsprozess und Identifikationsprozess gehen und dadurch unsere Mitte finden. Wir sollen also in einen tiefen Austausch mit uns selbst durch Selbstreflexion und Selbsterkenntnis gehen.
Wir werden mit Trennungs-Thematiken im Außen konfrontiert, um zu lernen, dass wirklicher Halt von innen kommt! Das Ziel ist letztlich, unser seelisches Potenzial zu entdecken und zu nähren und damit in die Selbstverantwortung zu gehen.

Ist dieses vierte Lebensprinzip in uns im Ungleichgewicht, dann erfahren wir Identitätsprobleme, emotionale Labilität, emotionale Abhängigkeiten, sehen uns als Opfer und übertragen anderen die Verantwortung für unser seelisches Wohlbefinden. Wir erleben große Stimmungsschwankungen und geraten schnell in seelischen Stress, was folglich unsere Stress-Resilienz schwächt.

Wollen wir die Weisheit dieses Lebensprinzip bewusst zur Stärkung unserer Resilienz einsetzen, dann müssen wir ein Gleichgewicht in uns selbst finden.
Dazu brauchen wir einen achtsamen Kontakt zu unseren Gefühlen und Bedürfnissen. Dieser Kontakt kann durch die Übung „Die heilende Kraft der Gefühle“, hergestellt und vertieft werden.
Wir schwingen dann in der archetypischen Kraft des vierten Lebensprinzips und diese Kraft stärkt unsere Stress-Resilienz.

Im Überblick: Stärkung unserer Stress-Resilienz durch die Weisheit des Archetypen Mond/Krebs – Lebensprinzip 4

Empfindung, Gefühle, Intuition, Identität, das Unbewusste seelische Potenzial

Wegweiser für **A**ufbau, **W**eiterentwicklung und **F**estigung unserer Stress-Resilienz

1. **Seelische Stabilisierung durch die „Heilende Kraft der Gefühle"**

    1. Schritt: Gefühle wahrnehmen und achten, weil sie vom tiefsten Seelengrund kommen und auf etwas aufmerksam machen möchten. (bei sich bleiben)

    2. Schritt: Auslöser benennen: Z.B. der Stau, der Nachbar, ... (ins Außen gehen)

    3. Schritt: Ursache benennen: Grund-Bedürfnis-Defizite erkennen und formulieren.

    4. Schritt: Zunächst Frieden in das eigene Innere schicken, weil die Bedürfnis-Defizite zu uns selbst gehören. Es ist weder gut noch schlecht, es ist einfach. Anschließend einen Lösungsweg suchen, wie die Bedürfnis-Defizite aufgebaut werden können.

3.5 Kosmischer Archetyp Sonne/Löwe – Lebensprinzip 5

Selbstbewusstsein, Strahlungskraft, Selbstverwirklichung, Ich-Bewusstsein, Persönlichkeit

Diese archetypische Kraft drängt nun wieder in der Bewegung nach Außen. Wenn wir eine gute seelische Stabilität entwickelt haben, wie es das vierte Lebensprinzip von uns verlangt, dann können wir unserem Leben im Außen authentisch Ausdruck verleihen. Wir bringen uns (selbst)bewusst in die Welt ein. Wir zeigen uns. Wir verfügen über einen gesunden Selbstwert, eine gesunde Selbstsicherheit und genießen es, ab und zu auch im Mittelpunkt zu stehen. Wir verstehen es, unsere Gaben und Begabungen in die Welt zu bringen und damit einen Beitrag zu leisten zum großen Ganzen.
Die schöpferische Kraft, die wir beim ersten Lebensprinzip als Impulskraft mitbekommen haben, will sich nun noch mehr selbst-ver-wirklichen. Die Kraft will nach Außen ausstrahlen, will sich zeigen und Dinge (be)wirken. Wir verleihen unserer Identität, die wir durch das vierte Lebensprinzip entwickelt haben, Lebendigkeit im Außen durch unser Verhalten und unsere Emotionen (Emotion = hinaus Bewegung).

Die Polarität zur vorangegangenen Archetypkraft Mond ist die Archetypkraft Sonne. Denn psychologisch entspricht der Archetyp Sonne dem Bewussten und die Archetypkraft Mond dem Unbewussten. Das Unbewusste ist jedoch anteilsmäßig größer. Es gibt also viel mehr Dinge, die wir nicht von uns wissen. Im Laufe unseres Lebens, machen wir uns den Teil des Unbewussten immer bewusster. Erst die Selbsterkenntnis, also der bewusste Teil verhilft uns zur Selbst-Verwirklichung. Je mehr Bewusstsein wir von uns selbst entwickeln, umso besser können wir unsere Entwicklungsschritte gehen.

Natürlich gibt es, wie bei jedem Lebensprinzip, Abstufungen, was die Intensität der archetypischen Kraft angeht. Jeder Mensch hat seine individuellen charakterlichen Schwerpunkte und deshalb kann sich ein Lebensprinzip beim einen ausgeprägter zeigen, als beim anderen. Grundsätzlich gilt aber für alle Menschen, dass jeder alle Lebensprinzipien in sich trägt und diese in irgendeiner Form lebt, entweder in der Balance oder in überbetonter oder unterbetonter Form.
Balance beim fünften Lebensprinzip kann sowohl dann entstehen, wenn jemand dies in eher öffentlicher Art und Weise lebt, wie z.B. ein Mensch der beruflich,

ehrenamtlich oder privat durch öffentliche Präsenz seine Fähigkeiten einbringt. Aber auch, wenn ein Mensch seine Fähigkeiten eher vom Hintergrund aus einbringt. Balance zeigt sich immer dann, wenn erstens, in einem selbst ein Gefühl der Authentizität und Ausgeglichenheit entsteht und zweitens, wenn im Umgang mit anderen, also im Beziehungsfeld, ein gesundes Gleichgewicht herrscht.

Da das Leben als solches, immer in Bewegung ist, richten sich auch die archetypischen Kräfte ständig neu aus. Je nachdem, welche Themen, Situationen, Probleme etc. das Leben gerade bereithält, sind wir Menschen immer wieder gefordert, durch Selbstreflexion zu ergründen, was gerade von uns gefordert wird, was gerade nicht in der Balance ist und was genau jetzt nach Weiterentwicklung strebt.

Eben dieses fünfte Lebensprinzip zeigt uns, wie wir uns in Beziehung zur Welt entwickeln, wie wir uns sehen und auf welche Art und Weise wir diese Beziehung zur Welt leben. Zeigen wir uns der Welt oder verstecken wir uns? Mittels dieser archetypischen Kraft werden wir uns dessen immer mehr bewusst.

Deutlich sehen wir bei Jugendlichen, wenn das fünfte Lebensprinzip noch wenig Balance hat. (zumindest beim Großteil der Jugendlichen)

Junge 12–16 jährige Mädchen glucken zusammen und schauen gegenseitig voneinander ab, was cool und trendy ist. Sie orientieren sich stark im Außen, ob dies die Kleidung, die Musik oder eine Meinung ist. Sie wollen auf keinen Fall out sein.
Die Beziehung zur Welt, wird hier überwiegend durch äußere Dinge gestaltet. Dies bedeutet natürlich gleichzeitig, dass diese Beziehungen relativ unsicher und instabil sind.
Das Verhalten ist oft geprägt, entweder durch extrem aufgesetztes, selbstsicheres Auftreten und sich dauernd in Mittelpunkt stellen oder aber durch extreme Scheu und Kontakt-hemmung. Beide Verhaltens-Typen leiden letztlich unter sogenannten Minderwertigkeitsgefühlen, nur kompensieren sie dies unterschiedlich.

Die Jungs in diesem Alter sind natürlich genauso unsicher, sie verhalten sich teilweise sogar noch viel cooler oder demonstrativ abgeklärt. Auch sie versuchen, ein Selbstbewusstsein auszustrahlen, das aber in Wirklichkeit noch gar nicht vorhanden ist.
Beide, Jungs wie Mädchen, leiden in dieser Zeit, denn es fehlt an Selbstsicherheit, an Selbstbewusstsein und an Selbstwert. Das ist im Grunde ganz normal, denn der Prozess vom Kind zum Erwachsenen ist mit vielen „Unbekannten“ versehen

und entspricht einer extremen Orientierungsphase, in der ganz viel Unsicherheit herrscht.

Auch später als Erwachsene, erleben wir alle immer wieder Orientierungsphasen, in denen wir sehr unsicher sind. Allerdings haben wir dann schon die Erfahrung gemacht, dass wir diese durch entsprechende Strategien und Methoden überwinden können.
Als Jugendliche machen wir praktisch diese Entwicklungs-Phase zum ersten Mal allein, mehr oder weniger bewusst, mehr oder weniger erfolgreich.

Die archetypische Kraft des fünften Lebensprinzips ist uns mitgegeben, um letztlich unseren Platz im Leben und der Gesellschaft selbst-bewusst einzunehmen, unabhängig von Trends und Moden. Wir sollen als Erwachsene unseren Selbstwert und unser Selbstbewusstsein entdecken, weiterentwickeln und damit eine Ausstrahlung und Strahlkraft bekommen.
Wir zeigen uns – wir werden gesehen.

Auch hier gibt es wie bei allen Lebensprinzipien Ängste und Schattenseiten durch Über- oder Unterbetonung, auf die wir nun eingehen.

Die im Schatten gelebte archetypische Sonne/Löwe-Kraft

Selbstbewusstsein, Selbstsicherheit, Ausstrahlungskraft – wenn das alles verloren geht oder nicht da ist, was ist dann? Mit dieser Frage kommt man dem Schatten des fünften Lebensprinzips näher. Es ist die Angst vor fehlendem Selbst-Bewusstsein und vor Persönlichkeitsverlust. Anders, als die innerlich entwickelte Identität, entwickelt sich ein Persönlichkeits-Bewusstsein oder Selbst-Bewusstsein durch äußeres Agieren, wenn wir uns und unsere Emotionen im Außen zeigen.
Durch negative Rückmeldungen im Außen, kann dieses „sich bewusst selbst zeigen" allerdings geschwächt, ja teilweise sogar negativ so konditioniert werden, dass ein heranwachsendes Selbstbewusstsein und eine beginnende Selbstsicherheit im Entwicklungsprozess gestoppt oder manchmal sogar rückentwickelt wird.

Diese in uns allen tief verborgene Urangst vor Persönlichkeitsverlust, führt wie bei jedem Lebensprinzip zu unterschiedlichen Kompensations-Strategien.

Eine dieser Strategien ist z.B. ein übertriebenes, zur Schau gestelltes Selbstbewusstsein bzw. Selbstsicherheit. Dies äußert sich durch überhebliches Verhalten, von oben herab blicken, durch dick auftragen, aufgeblasen sein, übertriebenen Stolz, durch Übertreibung in allen Bereichen, durch unkontrollierte Verausgabung von Lebensenergie oder durch denken, man selbst sei das Zentrum.

Eine andere Strategie ist, wenn dieses sich bewusst zeigen, sich selbst bewusst verhalten verweigert wird bzw. ständig gemieden wird. Damit wird die Lebensenergie bewusst zurückgehalten, was eine Unterbetonung des Lebensprinzips bedeutet und mit entsprechenden Störungen im Leben des Menschen einhergeht.

Persönlichkeitsverlust ist im Unterschied zu Identitätsverlust, wie es beim vierten Lebensprinzip beschrieben wurde und wo es um den Kontakt-Verlust zum innersten Kern ging, ein anderer Verlust. Es ist der Verlust des Ganz-Werdens und des Ganz-Seins, des Heil-Werdens und des Heil-Seins. Die archetypische Sonnen-Kraft, will ja im Außen Stück für Stück die Mond-Identität verwirklichen. Das Unbewusste gibt sozusagen Teile ans Bewusste frei.
Persönlichkeit und Identität sind demnach zwei Seiten derselben Medaille. Sie ergänzen sich. Deshalb kann ein gesundes Selbstbewusstsein, eine gesunde Selbstsicherheit oder ein Selbst-Verwirklichungsprozess nur auf den zuvor entwickelten Identitäts-Wurzeln des vierten Lebensprinzips wachsen.
Welche Bedeutung dieses fünfte Lebensprinzip für unsere Stress-Resilienz hat wird im Folgenden gezeigt.

Bedeutung für unsere Stress-Resilienz

Wenn wir mit der archetypischen Sonnen-Kraft im Einklang sind, dann haben wir eine authentische Strahlkraft, ein gesundes Selbstbewusstsein und zeigen eine angebrachte Selbstsicherheit. Wir sind uns über bestimmte Persönlichkeitsanteile, die wir haben, bewusst und wissen auch über deren Vor- und Nachteile. Wir sind im gesellschaftlichen Miteinander eingebunden und erleben uns darin gleichwertig und gleichberechtigt.
Wir sind es uns wert, uns zu zeigen. Oder ganz einfach, wir sind jemand und nicht nichts.
Wir erleben uns als Persönlichkeit und verwirklichen uns und unsere Visionen.

Wir leben im Einklang mit uns, schwingen mit der Kraft, die durch die Sonne ins Leben kommt und verfügen über eine gute Stress-Resilienz.

Missachten wir jedoch die Gesetze dieses Lebensprinzips und leben diese archetypische Kraft in über- oder unterbetonter Form, dann verhindern wir ein Ganzwerden von uns. Unsere Lebensenergie wird durch ein zuviel oder zuwenig geschwächt. Letztlich schwächen wir unsere Identität und wir verhindern damit echte Persönlichkeitsentwicklung. Dadurch schwächen wir natürlich auch unsere Stress-Resilienz.

Was uns helfen kann, eine Dysbalance des fünften Lebensprinzips zu korrigieren und damit auch unsere Stress-Resilienz wieder in eine kraftvolle Mitte zu bringen, soll nun gezeigt werden:

Impulse für die Nutzung der Wirkkraft des kosmischen Archetypen Sonne/Löwe zur Stärkung unserer Stress-Resilienz

1) Persönlichkeits-Stabilisierung aufbauen, weiterentwickeln und festigen

„Persönlichkeitsstabilisierung mit Hilfe von Authentizität"

Der eigenen Identität im Außen Leben verleihen, durch ein authentisches Verhalten und authentische Emotionen. Unser inneres Selbst, unsere Identität zum Leben erwecken.

Was ist eigentlich authentisch sein?

Im Grunde nichts anderes als „echt" sein und zwar, sowohl was das innere Sein anbelangt, als auch was die äußere Erscheinungsform, also das Verhalten betrifft. Hier haben wir wieder die sich ergänzende Polarität von innen (Identität) und außen (Persönlichkeit). Oder mit den archetypischen Kräften formuliert, von Mond und Sonne.

Woher wissen wir, ob wir authentisch sind?

Jeder von uns trägt eine innere Weisheit in sich, die wir auch innere Instanz nennen können. Diese setzt sich aus Gefühlen und einem moralisch-ethischen Gewissen zusammen. Diese Instanz schickt uns über ein Körper-Seele-Geist-Feedback Signale, wenn wir nicht authentisch sind. Wir können zwar anderen etwas vormachen, uns selbst jedoch nicht. Wenn wir es trotzdem tun, dann haben wir entsprechende Konsequenzen zu tragen.

Warum sind wir nicht einfach immer authentisch?

Dies ist genau der Knackpunkt. Hier beginnt die Verstrickung mit uns selbst und damit die schwierigen Prozesse von Selbstbewusstsein, Selbstsicherheit und Selbstverwirklichung.
Nicht authentisches Sein, führt zu Persönlichkeits-Störungen, die sich auf unterschiedlichste Art und Weise zeigen. Es können dadurch gesundheitliche Probleme auf der Körperebene und/oder psychischen Ebene auftreten oder auch Beziehungsprobleme in allen Bereichen.

Ursachen für die Verstrickung mit uns selbst, können verschiedene sein. Es kann ein erlerntes, von außen konditioniertes, negatives Selbstbild sein, welches wir zu verdecken versuchen. Oder Erwartungshaltungen von außen, die wir unbedingt erfüllen wollen und deshalb etwas vorgeben zu sein, was wir gar nicht sind. Wir tun dies, weil sonst Defizit-Bedürfnisse in uns entstehen und damit negative Gefühle und diese wollen wir ja vermeiden.

Es können aber auch eigene Wunschvorstellungen sein, wie wir gern sein möchten, also ein bestimmtes Image (Bild), das wir von uns haben wollen. Da passen dann bestimmte Eigenschaften, die uns ausmachen, oft nicht dazu und deshalb verstecken wir sie, denn wir erhoffen uns, durch unser aufgebautes Image, Anerkennung. Es kann aber auch sein und dies kommt sehr oft vor, dass uns gar nicht klar ist, was uns wirklich im Innersten ausmacht und wir deshalb auch gar nicht wissen, was wirklich authentisch zu uns gehört. Wir erleben dann zwar häufig über die vorhin beschriebene innere Instanz, ein Gefühl von Unstimmigkeit, Unsicherheit oder Minderwertigkeit, können aber nicht wirklich die Ursachen erkennen. Wir erleben nur Auslöser, die negative Gefühle in uns hervorrufen.

Wie können wir lernen authentisch zu sein, also echt zu sein?

Wir müssen eine authentische Selbstwahrnehmung (Persönlichkeitswahrnehmung) entwickeln. Nur dann erkennen wir, wie wir selber die Welt wahrnehmen, wie wir uns bisher zeigen und was wir glauben, wie wir sind.
Ob diese Selbstwahrnehmung verzerrt ist oder wahr ist, wird sich erst viel später offenbaren. Entscheidend ist, dass eine bewusste Selbstwahrnehmung uns automatisch zu mehr Bewusstheit über unser Denken, Fühlen und Verhalten führt. Ob uns das, was wir erkennen gefällt oder nicht und ob das, was wir von uns glauben, wie und was wir sind, stimmt oder ob dies einfach übernommene Vorstellungen von anderen über uns sind, kommt erst in der nächsten Stufe. Die zwei wichtigsten Lernschritte sind, erstens: Eine neue ehrliche Selbstwahrnehmung und zweitens: Die Bereitschaft zur Korrektur.
Betrachten wir den ersten Schritt:

1. Schritt: Authentische (ehrliche) Selbstwahrnehmung. Das bedeutet, uns konkret auseinander zu setzen mit den Fragen, welche innere Geistes-Haltung wir haben und welche Eigenschaften und Verhaltensweisen wir zeigen. Ob dies wirklich wahr ist oder nicht, spielt vorerst keine Rolle, denn wenn wir uns subjektiv so wahrnehmen, dann ist dies erst mal unsere Welt von uns, d.h. unser Selbstkonzept. Darauf beruht ja dann auch unser aktuelles Denken, Fühlen und Verhalten.
Um herauszufinden, wie wir jedoch tatsächlich sind, gibt es die verschiedensten Hilfsmittel, denn es ist gar nicht so einfach eine systematische Selbstwahrnehmung zu betreiben.

Ein Instrument (von einer Vielzahl) wollen wir hier kurz zeigen:

Instrument: Mein Fokus der Selbst-Wahrnehmung
1. Worauf richte **ich meine** Wahrnehmung? Auf Verbindendes oder Trennendes.

Verbindendes ....
Trennendes ....

2. Welche Kommunikationsstrategien **habe ich**? Konstruktive oder Destruktive.

Konstruktive ....
Destruktive ....

3. Welche Ziele **habe ich** dabei?

- Kooperation, Lösungen, Kompromisse ....
- Angriff, Kampf, Manipulation, Kritik, Dominanz, Macht ....

4. Wie **stehe ich** zu den beteiligten Menschen? Sind es Partner oder Feinde?

Partner ....
Feinde ....

Mit dieser kleinen Selbstwahrnehmungs-Übung erfahren wir schon eine ganze Menge über uns selbst. Manchmal sind wir positiv oder negativ erstaunt, weil wir bisher ein anderes Selbstbild von uns hatten.
Es gibt natürlich heute eine Vielzahl an Analyse-Instrumenten zu Persönlichkeits-Typen, die detailliert aufschlüsseln, zu welchem Verhaltenstyp und Charaktertyp man schwerpunktmäßig zählt. Dies kann jeder für sich wählen und seine Konsequenzen daraus ziehen.
Hier sei zur Information kurz auf die Wurzeln dieser Persönlichkeitstheorien hingewiesen:

Eines der ältesten Persönlichkeits-Beschreibungs-Modelle ist das sogenannte Enneagramm (17). Enneagramm bedeutet neunzackiger Stern, (griechisch: ennea = neun, gramma = Geschriebenes, Buchstabe). Es beschreibt neun verschiedene Persönlichkeitstypen und ihre Beziehungen.
Ursprünglich entstammt es der Sufi-Mystik, wo es zur bildlichen Erfassung kosmologischer Prozesse und der Entfaltung des menschlichen Bewusstseins verwendet wurde.
Das Enneagramm ist als System eine klar gegliederte Lehre, die dem Lebensbaum der Kabbala ähnelt. Das Enneagramm macht uns mit den höheren Qualitäten unseres Typs vertraut. Es gibt drei Hauptaspekte: Dominanter Aspekt = zeigt die Weltsicht eines Typs.
Sicherheits-Aspekt = zeigt das Verhalten, das jemand hat, wenn er in Sicherheit ist und schließlich der Stress-Aspekt = zeigt das Verhalten, das jemand hat, wenn er in Stress ist.

Auch C. G. Jung, hat sich mit Persönlichkeits-Typen beschäftigt(18). Er machte zunächst die Unterteilung zwischen introvertiert und extravertiert, zur Beschreibung der Fließrichtung der psychischen Energie. Er ergänzte diese dann durch

sogenannte Bewusstseinsfunktionen: Denken, Fühlen, Empfinden und Intuition. Daraus entstanden dann seine 8 Psychologischen Typen, wobei es so gut wie keine Rein-Typen gibt, sondern meist Mischtypen.
Extravertierter Denktyp / Introvertierter Denktyp
Extravertierter Fühltyp / Introvertierter Fühltyp
Extravertierter Empfindungstyp / Introvertierter Empfindungstyp
Extravertierter Intuitionstyp / Introvertierter Intuitionstyp
Auch beschäftigte er sich mit sogenannten Rollen und Verhaltensweisen von Menschen im Arbeitsalltag.
Aber auch schon in der Antike wurden die Menschen typisiert. Man nahm die vier Elemente Feuer, Wasser, Luft und Erde und ordnete diesen vier Temperamente zu.
Luft = Sanguiniker, warm und feucht, lebhaft, impulsiv, optimistisch
Feuer = Choleriker, warm u. trocken, leicht erregbar, Neigung zum Zorn
Wasser = Phlegmatiker, Kalt und feucht, gleichmütig, nicht erregbar
Erde = Melancholiker, Kalt und trocken, pessimistisch in sich gekehrt.

Wilhelm Reich (19) entwickelte sogenannte Charakterstrukturen aus dem Körperbau.
Schizoide, Orale, Psychophatische, Masochistische und Rigide Charakterstruktur.

Fritz Riemann (20) hat mit seinen vier Grundformen der Angst, vier Typen festgelegt:
Schizoider, Depressiver, Zwanghafter und Hysterischer Typ.

Es ist also ein großes Wissensfeld, aus dem wir schöpfen können, wenn wir uns mit dem Thema Persönlichkeits-Typen näher auseinander setzen wollen.

Allerdings sagen diese Persönlichkeits-Typisierungen nichts darüber aus, inwieweit unser Selbstwahrnehmungsprozess und damit Bewusstseinsprozess entwickelt ist. Wichtig ist deshalb, die regelmäßige konkrete Selbstreflexion und achtsame Übung. Nur dann, können wir das was nicht zu uns gehört, sondern nur übernommen bzw. konditioniert wurde, auch wieder verändern und zwar hin in die Richtung Authentizität.

Wenn wir also einen ersten Schritt in Richtung authentische Selbstwahrnehmung gemacht haben, z.B. mit der oben beschriebenen Übung, dann können wir anschließend auch eine Korrektur machen. Dies ist beispielsweise möglich durch den Prozess Weg-von / Hin-zu.

2. Schritt: Korrektur: Weg-von / Hin-zu
Dieser zweite Schritt führt uns „Hin-zu“ einer bewussten und achtsamen sowie korrigierten Selbstwahrnehmung und als Folge davon, zu einem korrigierten Verhalten im Außen. Wir notieren uns in einer Zusammenfassung die Korrekturen, die wir aufgrund der zuvor gemachten Selbstwahrnehmungsübung „Fokus der Wahrnehmung“ vornehmen wollen, z.B.:

1. weg-von Trennendem – hin-zu Verbindendem
2. weg-von destruktiver Kommunikation – hin-zu konstruktiver Kommunikation
3. weg-von Kampf, Manipulation … Was auch immer wir da feststellen, hin-zu, Kooperation …

Wenn wir diese Schritte trainieren, dann wird sich unsere Selbstwahrnehmung immer mehr in eine authentische Richtung bewegen. Wir als Ganzes werden mehr Authentizität entwickeln und unsere authentische Persönlichkeit stabilisieren. Wir verfügen über authentisches Selbstbewusstsein und authentische Selbstsicherheit und haben Lebenskraft zur Selbstverwirklichung.
Das fünfte Lebensprinzip kann sich harmonisch entfalten und damit die archetypische Sonnen-Kraft in uns. Wir stärken damit unsere Stress-Resilienz.

Diese Übung kann und wird sich nach ein paar Tagen des Übens, automatisch in unser Bewusstsein einschalten, wann immer wir Urteile über andere fällen, wann immer wir uns in der Kommunikation destruktiv durchsetzen wollen. Wir werden uns immer öfter und schneller daran erinnern und uns fragen, welches Ziel wir eigentlich jetzt im Moment genau verfolgen, und als was wir unser Gegenüber betrachten, als Feind oder als Mensch mit genau den gleichen Grundbedürfnissen wie wir selbst.

Ein Beispiel soll dies nun verdeutlichen:

Beispiel zu Lebensprinzip 5, wenn dies in überbetonter Form gelebt wird:
Nehmen wir einen Angestellten, der vor drei Monaten als Teamleiter in einer neuen Firma begonnen hat. Insgesamt steht er einem Team von 10 Mitarbeitern vor, davon sind 6 Männer und 4 Frauen. Von Beginn an lief es nicht wirklich rund. Er merkt, dass er keinen richtigen Zugang zu den Mitarbeitern bekommt. Auch sein Vorgesetzter hat ihn schon darauf angesprochen, denn es haben sich bei ihm schon einige seiner Mitarbeiter über ihn beschwert.

Nach gründlicher Überlegung wird vereinbart, dass man sich mit allen Mitarbeitern im Team zusammen setzen werde, um die Situation zu klären.
Bei diesem Treffen kam dann heraus, dass sich die Mitarbeiter mit dem Teamleiter schwer tun und zwar mit der Art und Weise, wie der Teamleiter sich ihnen gegenüber verhält, insbesondere dann, wenn dies im Zusammenhang mit Kundenkontakt geschieht.
So würde er z.B. das Gespräch meist komplett an sich reißen und wichtige Analyse-Details, für die ganz bestimmte Mitarbeiter zuständig sind, als seine Ergebnisse präsentieren und sich damit brüsten.
Er sei den Mitarbeitern gegenüber überheblich und rechthaberisch. Weder vor noch nach den Kundengesprächen, erwähnt er in irgendeiner Form die gelungenen Analysen, aufgrund derer ja dann erst ein gutes Angebot entwickelt werden kann.
Außerdem, wenn man ihn gelegentlich auf etwas aufmerksam macht, was nicht richtig ist, dann wird man sofort mit dem Argument zurechtgewiesen, sich nicht einzumischen, denn er wisse schon selbst was richtig und falsch sei.
Es ist auch schon vorgekommen, dass er sich derart prahlerisch einen Auftrag allein auf seine Fahne geschrieben hat, obwohl die ganze Arbeit ein Mitarbeiter erbracht hat und er nur noch die Unterschrift darunter setzen musste.
Als der Teamleiter mit diesen Vorwürfen konfrontiert wird, streitet er erstmal alles ab bzw. er verniedlicht die Probleme und gibt vor, als wäre das für ihn gar kein Problem, sich da etwas nach ihren Wünschen zu richten.
Allerdings arbeitet es nach der Besprechung im Teamleiter heftig weiter. Er spürt auf einmal Angst und innerlichen Stress, denn sein Selbstbild, sein Image ist stark ins Wanken gekommen. In der darauf folgenden Zeit überspielt er seine Angst und wirkt dadurch unangenehm verkrampft. Er merkt es selbst, ist noch mehr verunsichert und leidet.
Sein Vorgesetzter, der dies erkennt, rät ihm dringend zu einem Coaching.
Da der Leidensdruck für unseren Teamleiter sehr stark ist, lässt er sich darauf ein, seine Situation zu reflektieren. Insgeheim erhofft er sich vom Coaching aber auch, dass er darin unterstützt wird, dass die anderen die Situation völlig falsch beurteilen.
Er trifft dann auf einen Coach, der mit ihm gemäß der 12 Lebensprinzipien arbeitet. Es stellt sich sehr schnell heraus, dass er das fünfte Lebensprinzip in einer Überbetonung lebt. Unser Teamleiter erkennt dies und lässt sich darauf ein, diese Archetypkraft in die Balance zu bringen.
Er lernt nun mit Hilfe von „authentischer Selbstwahrnehmung", welche innere Geistes-Haltung er bisher bezüglich seiner Rolle den Mitarbeitern gegenüber hatte, wie er denkt und wie er sich verhält.

Mit der Methode, „Mein Fokus der Selbstwahrnehmung“, geht er die vier Fragen ehrlich durch:

1. Schritt „Mein Fokus der Selbstwahrnehmung“

1. *Worauf richte ich meine Wahrnehmung in Bezug auf meine Mitarbeiter und die gemeinsame Teamaufgabe – auf Verbindendes oder Trennendes?*
   Er gesteht sich ein, dass er bei seinen Mitarbeitern immer eher darauf achtet, was sie nicht gut machen, was sie unnötigerweise machen, wo sie nicht perfekt sind. Er vergleicht sie ständig mit sich und mit dem, was er alles kann. Er redet mit ihnen in einer Art und Weise, die nicht verbindend ist, sondern trennend.

2. *Welche Kommunikations-Strategien habe ich – konstruktive oder destruktive?*
   Er erkennt, dass er außer dem überheblichen Tonfall auch Kommunikations-Muster hat, die nicht dazu führen, eine Situation zu verbessern, sondern eher zu verschlechtern.
   So lässt er beispielsweise seine Mitarbeiter nie ausreden, sondern er unterbricht sie ungeduldig. Auch fragt er nicht erst nach, sondern behauptet etwas und die Mitarbeiter müssen sich dann ständig rechtfertigen oder mühsam erklären, dass das so nicht stimmt. Er erkennt ein weiteres destruktives Kommunikations-Muster und zwar, dass er sich immer ins Beste Licht rücken will und die Mitarbeiter direkt oder indirekt klein macht.

3. *Welche Ziele habe ich dabei – Angriff, Macht, Manipulation, Kritik, Flucht, klein machen, Kooperation, Klärung, gemeinsame Lösung, Konsens, Kompromiss …?*
   Mit Erstaunen stellt er fest, dass er sich diese Frage so noch nie gestellt hat und wenn er sich ehrlich reflektiert, erkennen muss, dass er tatsächlich meist einen Angriff, eine Kritik als Ziel hat oder auch Macht demonstriert. Es geht ihm gar nicht gut, nachdem er das so von sich erkannt hat.

4. *Wie stehe ich zu den beteiligten Menschen? Sind sie Partner oder Feinde?*
   Auch hier muss er sich ehrlich eingestehen, dass sein Denken über die Mitarbeiter nicht partnerschaftlich ist. Direkt als Feinde sieht er sie nicht, aber eben auch nicht als Partner. Es macht ihn sprachlos als er sich selbst so erkennt, denn sein Selbstbild war ein ganz anderes. Er glaubte von sich selbst, dass er ein konstruktiver, positiver und umgänglicher Mensch sei.

2. Schritt: Korrektur: Weg-von / Hin-zu – Verhalten
Da es dem Teamleiter wichtig ist, sein positives Bild von sich selbst auch im außen authentisch zu leben, möchte er versuchen mit entsprechenden Korrekturen seine Wahrnehmung sein Denken und Verhalten so zu verändern, dass er zu mehr Authentizität gelangt.
In einer Zusammenfassung notiert sich der Angestellte die Korrekturen die er vornehmen möchte, in Form von Weg-von und Hin-zu-Verhalten:

- weg von Trennendem – hin-zu Verbindendem
- weg von destruktiver Kommunikation – hin zu konstruktiver Kommunikation
- weg von Angriff, Kritik, Macht – hin-zu Kooperation, Klärung und gemeinsamer Lösung
- mehr hin, die Mitarbeiter als Partner wahrzunehmen

Gemeinsam mit dem Coach reflektiert er in weiteren Sitzungen, die im Alltag aufkommenden Situationen und übt im Rollenspiel sein neues Hin-zu-Verhalten.

Der Angestellte wird sich auf diese Weise konstruktiv stabilisieren und immer authentischer werden. Seine Ausstrahlungskraft wird zunehmen und er wird von seinen Mitarbeitern als wahre Autorität geschätzt und respektiert werden. Er stärkt damit auch seine Stress-Resilienz.

Beispiel zu Lebensprinzip 5, wenn dies in unterbetonter Form gelebt wird:
Nehmen wir wieder den Angestellten als Beispiel. Seit vielen Jahren ist er in der selben Firma, er ist fachlich hoch kompetent und wird von seinen Vorgesetzten und den Kollegen sehr geschätzt. Er weiß meist immer eine Lösung, wenn es Probleme in seiner Abteilung gibt und Kollegen wie auch Vorgesetze holen sich gerne bei ihm Rat. Er ist sozusagen auf einem hohen Niveau „Mädchen für Alles". Was allerdings für ihn sehr frustrierend ist, ist die Tatsache, dass er im Laufe der Jahre viele Kollegen erlebt hat, die weniger gut qualifiziert waren, weniger lange in der Firma waren und die trotzdem karrieremäßig inzwischen weiter sind als er. Sein Problem, er traut sich einfach nicht, sich intern oder auch extern auf eine höhere Position zu bewerben. Er ist oft verzweifelt aber auch wütend, wenn er erfährt, dass ein Kollege, dem er immer wieder fachliche Nachhilfe gegeben hat, sich auf eine höhere Position bewirbt und diese dann auch noch bekommt. Er weiß, dass er den Job hundertmal besser machen könnte als der Kollege, aber leider fehlt ihm das Selbstbewusstsein, im Außen entsprechend überzeugend aufzutreten und sich selbst anzupreisen als der Richtige für diese Position.

Er leidet inzwischen so stark darunter, dass sich bei ihm körperliche und psychische Krankheits-Symptome zeigen. Seine Stress-Resilienz ist geschwächt.

Er beschließt auf Anraten eines Freundes sich Unterstützung und Reflektionshilfe bei einem Coach zu holen. Wir nehmen auch hier an, dass der Coach mit dem Modell der 12 Lebensprinzipien arbeitet. Der Coach erläutert dem Angestellten nach entsprechender Analyse, dass bei ihm das fünfte Lebensprinzip nicht in der Balance ist, weil es in unterbetonter Form von ihm gelebt wird. Er unterdrückt die archetypische fünfte Kraft, die ja hier nach außen ausstrahlen und sich zeigen möchte. Die Ursachen können mannigfaltig sein und können in einem längeren Beratungsprozess durchaus herausgearbeitet werden. Vorerst ist viel wichtiger, dass der Angestellte schnell ein paar Werkzeuge an die Hand bekommt, die ihm helfen, mehr und mehr selbstbewusst und zwar authentisch selbstbewusst, sich im Außen zu präsentieren und zwar nicht im altgewohnten, sondern in einem neuen Kontext. Der neue Kontext wäre hier eine höhere Position, in der er sich selbst sieht und zwar sicher und kompetent.

Dazu muss unser Angestellter zunächst eine neue und andere Einstellung zu sich selbst entwickeln. Das Problem dabei ist immer, dass man sich zwar rein kognitiv sagen kann „ich bin mir meiner „selbst" „bewusst" – ich „strahle mich nach außen aus", aber das Gefühl macht nicht mit. Das bedeutet, es fühlt sich einfach nicht so an. Und da wir ja über unsere Gefühle sozusagen spüren, ob etwas für uns echt oder unecht ist, tun wir uns ziemlich schwer mit solchen positiven Autosuggestionen. Tatsächlich stimmt es auch nicht, dass wir nur genügend oft sagen müssen, dass wir ein Superstar sind und dann sind wir das. Das ist auch nicht wesentlich. Der Punkt ist, dass wir lernen sollen, eine grundsätzlich andere Einstellung und Haltung zu uns selbst zu bekommen. Der erste Schritt geht nun mal über das Denken bzw. was wir über uns denken. Das was unser Angestellter bisher über sich denkt, ist ja auch nicht wahrer, nur weil er es glaubt.
Woher dieser Glaube (Glaubenssatz) kommt, ist wie schon gesagt, eine andere Sache und braucht sicher eine tiefere Analyse.

Als erste Hilfe sozusagen, kann unser Angestellter aber auch bei der Unterbetonung, mit der Methode „Mein Fokus der Selbstwahrnehmung" arbeiten. Dies könnte dann folgendermaßen aussehen:

1. Schritt: Mein Fokus der Selbstwahrnehmung

1. *Worauf richte ich meine Wahrnehmung in Bezug auf mich selbst? Auf Verbindendes oder Trennendes?*
   Verbinde ich mich mit mir und meinen Fähigkeiten? Trenne ich mich von mir selbst und betrachte angstvoll, was ich nicht kann, wenn ich die neue Position habe?
   Unser Angestellter muss sich eingestehen, dass er sich tatsächlich von sich selbst trennt, denn er sieht nur, was evtl. schiefgehen könnte.

2. *Welche Kommunikations-Strategien habe ich – konstruktive oder destruktive? Hier geht es um die Selbstgespräche, also Kommunikation mit sich selbst.*
   Sage ich zu mir selbst, dass ich mich wahrscheinlich überschätze, dass mir für die höhere Position einfach das Format fehlt, dass ich da nicht hingehöre ... Oder sage ich zu mir selbst, dass da eine wunderbare Herausforderung ist, der ich mich stellen möchte. Oder dass ich in der Lage bin, durch meine Fähigkeiten für das Unternehmen einen wichtigen Beitrag zu leisten.
   Auch hier merkt er, wie destruktiv im Grunde seine Selbstgespräche sind und wie er sich damit pessimistisch programmiert.

3. *Welche Ziele habe ich dabei, wenn ich so (wie bei Schritt 1 und 2) mit mir umgehe?*
   Flucht, Opferhaltung, Demotivation? Oder Weiterentwicklung, Selbstverantwortung und Motivation?
   Darüber, dass dies in Schritt 1 und Schritt 2 ja auch ein Ziel haben könnte, hat er sich noch gar nie Gedanken gemacht. Er stellt fest, dass er sich ständig selbst demotiviert und sich eine bequeme Opferhaltung ausgesucht hat, die es ihm dazu noch erlaubt, den anderen die Verantwortung aufzuerlegen.

4. *Wie stehe ich zu den beteiligten Menschen – in diesem Fall zu mir selbst? Bin ich mein eigener Feind oder mein Partner?*
   Hier spürt er ganz deutlich, dass er sehr feindlich mit sich selbst umgeht.

   Die Erkenntnisse, die er allein durch diese kleine Selbstwahrnehmungs-Methode erlebt, rütteln ihn stark auf und er möchte nun sehr ernsthaft den zweiten Schritt gehen.

2. Schritt: Korrektur: Weg-von / Hin-zu-Verhalten

In einer Zusammenfassung notiert sich der Angestellte die Korrekturen die er vornehmen möchte, in Form von weg-von und hin-zu-Verhalten

- weg-von der Selbsttrennung – hin-zur Selbst-Verbindung
- weg von destruktiver Selbst-Kommunikation – hin zu konstruktiver Selbst-Kommunikation
- weg von der Opferhaltung und Demotivation – hin-zu Selbstverantwortung und Weiterentwicklung

Auch hier wird er gemeinsam mit dem Coach in weiteren Sitzungen Alltagssituationen reflektieren und im Rollenspiel sein neues Hin-zu-Verhalten üben. Parallel dazu, macht er im Selbstcoaching hierzu regelmäßig seine Übungen.

Der Angestellte wird auf diese Weise sein Selbstbewusstsein authentisch stärken. Er wird durch die Übernahme von Selbstverantwortung selbstsicherer werden, da er sich durch das Weg-von der Opferhaltung im Grunde auch von einer großen Abhängigkeit befreit.
Er gewinnt an Strahlkraft und Ich-Bewusstsein. Seine Stress-Resilienz wird dadurch gestärkt.

Zusammenfassung: Stress-Resilienz – Archetyp Sonne/Löwe – Lebensprinzip 5

Es ist eine Bewegung nach außen, die das fünfte Lebensprinzip von uns fordert. Wir sollen die Lebenskraft, hier symbolisiert durch den Sonnenarchetyp, nach außen ausstrahlen, uns zeigen, uns in die Welt einbringen. Die Schwierigkeit besteht darin, dass wir oft nicht wissen, ob das was wir von uns zeigen, wirklich echt ist oder ob wir konditionierte und kompensierte Verhaltensweisen zeigen, um damit einem bestimmten Image, das wir gerne von uns haben, oder andere von uns haben wollen, gerecht zu werden.
Das fünfte Lebensprinzip fordert uns dazu auf, authentisch zu werden. Es fordert uns auf, uns unserer Persönlichkeit bewusst zu werden, selbstbewusst zu werden und uns damit in das Ganze einzubringen.

Ist dieses fünfte Lebensprinzip in uns im Ungleichgewicht, dann leiden wir unter Selbstwert- und Selbstbewusstseins-Problemen und werden Kompensationsstrategien entwickeln, um dies im Außen zu verbergen. Dadurch entstehen in uns Ängste, Unsicherheit und Minderwertigkeitsgefühle. Die versuchen wir dann auch wieder irgendwie zu verstecken. Ein authentisches Sein, ist so nicht möglich, wir verkrampfen und werden geschwächt, sodass auch unsere Stress-Resilienz abnimmt.

Wenn wir dieses Lebensprinzip und die archetypische Sonnenkraft bewusst einsetzen wollen, um uns und unsere Stress-Resilienz zu stärken, dann müssen wir den Weg zum authentischen Sein gehen. Beginnend mit einer authentischen Selbstwahrnehmung, die wir z.B. wie beschrieben mit der Übung „Fokus der Selbstwahrnehmung" machen können. Damit werden wir uns selbst immer authentischer begegnen, was uns selbstbewusst macht. Dadurch können wir echte archetypische Sonnenkraft nach außen ausstrahlen. Wir schwingen uns damit in die archetypische Kraft des fünften Lebensprinzips ein und stärken so unsere Stress-Resilienz.

Im Überblick: Stärkung unserer Stress-Resilienz durch die Weisheit des Archetypen Sonne/Löwe – Lebensprinzip 5

Persönlichkeit, Ausstrahlungskraft, Selbstbewusstsein, Ich-Bewusstsein

Wegweiser für **A**ufbau, **W**eiterentwicklung und **F**estigung unserer Stress-Resilienz

1. Persönlichkeits-Stabilisierung mit Hilfe von Authentizität

Erster Schritt: Mein Fokus der Selbst-Wahrnehmung

1. Worauf richte ich meine Wahrnehmung?
   Verbindendes ....
   Trennendes ....
2. Welche Kommunikationsstrategien habe ich?
   Konstruktive ....
   Destruktive ....
3. Welche Ziele habe ich dabei?
   Kooperation, Lösungen, Kompromisse, Selbstverantwortung, Motivation ....
   Angriff, Kampf, Manipulation, Kritik, Dominanz, Macht, Demotivation, Opfer-haltung ....
4. Wie stehe ich zu den beteiligten Menschen? Sind es Partner oder Feinde?
   Partner ....
   Feinde ....

Zweiter Schritt: Korrektur mit Hilfe von Weg-von / Hin-zu-Verhaltensänderung

3.6 Kosmischer Archetyp Merkur/Jungfrau – Lebensprinzip 6

Ordnungsbewusstsein, Vernunft, Detailwahrnehmung und Analyse, Sparsamkeit

Diese archetypische Kraft, hat die Aufgabe und Stärke, bzw. unterliegt dem Lebensgesetz der Ordnung und zwar bezogen auf alle Bereiche des Lebens. Das ausstrahlende Lebensprinzip des Sonnen-Archetyps, was zuvor beschrieben wurde, wird hier einer Beschränkung und damit einer Kontrolle unterzogen. Hier wollen sich die Kräfte kontrolliert, reguliert und damit geordnet bewegen. Dieses Lebensgesetz verlangt deshalb eine detailgenaue Wahrnehmung und Analyse. Nur so kann sich die Kraft orientieren und damit ein Gefühl der Ordnung erfahren. Das kann sich auf eine Ordnung und Struktur am Arbeitsplatz beziehen, auf eine ordentlich aufgeräumte Wohnung, auf ein ordentliches Äußeres oder auf ein sogenanntes ordentliches Leben und vor allem auch auf eine innere Ordnung.

Um Ordnungen herzustellen, muss man sich um die Details kümmern. Gleichzeitig bedeutet es, dass man sich auch beschränken muss, eben weil der Fokus auf etwas Bestimmtes gerichtet ist und nicht mehr auf das große Ganze. Es muss überschaubar sein, wenn man sich im Detail auf etwas konzentrieren möchte. Das bedeutet, dass dadurch ein Überblick oder Weitblick verloren geht. Detailorientierung geht immer zu Lasten des Überblicks auf das große Ganze.
Dieser Archetypus des sechsten Lebensprinzips steht uns zur Verfügung, damit wir unsere Lebenskraft nicht im Überfluss des Lebens verausgaben und uns verzetteln, Wir sind aufgefordert, mit Achtsamkeit und Aufmerksamkeit unser Leben wahrzunehmen und zu analysieren, wo wir uns evtl. verausgaben und was wir weglassen könnten bzw. gar nicht brauchen. Die Beschränkungen beziehen sich auch auf den seelisch-emotionalen Bereich.

Charakteristisches Merkmal sind besonders sogenannte vernünftige Lebensweisen. Das können vernünftige Entscheidungen sein, vernünftige Meinungen und Einstellungen oder vernünftige Verhaltensweisen. Wir sagen dann z.B. zu uns selbst „ich würde schon noch gern ein Stück Kuchen essen aber vernünftiger ist es, wenn ich keinen mehr esse". Das bedeutet, wenn wir genau auf etwas schauen, mit entsprechender Aufmerksamkeit, springt als innere Instanz unser sechstes Lebensprinzip an und schickt uns den vernünftigen Impuls uns z.B. zu beschränken und nur ein

Stück Kuchen zu essen. Natürlich hören wir nicht immer auf diesen vernünftigen Archetypen, was dann entsprechende Folgen bzw. Auswirkungen haben kann, die nicht mehr zu übersehen oder überhören sind. Um beim Kuchenbeispiel zu bleiben, haben wir dann vielleicht Magenübersäuerung oder mehr Kilos auf den Hüften.

Dieses Ordnen und Regulieren führt im Lebensalltag zu einer Art vernünftigen Sparsamkeit, die sich allerdings bis zum Geiz entwickeln kann und zwar in materiellen als auch emotional-seelisch-geistigen Dingen, wie wir später im Abschnitt des Schattens noch sehen werden.
So kleinkariert uns oft dieser sechste Archetyp vorkommt, so sinnvoll und wichtig ist seine Aufgabe. Ohne dieses kontrollierende und ordnende Regulativ, würden wir in vielen Bereichen des Lebens Schaden nehmen.

Wie bei allen Lebensprinzipien, finden wir auch hier Schattenseiten bei Über- oder Unterbetonung auf die jetzt eingegangen wird.

Die im Schatten gelebte archetypische Merkur/Jungfrau-Kraft

Hinter dem Kontroll- und Ordnungsbedürfnis verbirgt sich die Angst vor der Hingabe an das Leben. Sich dem Fluss des Lebens hinzugeben braucht Vertrauen und eine innere Sicherheit an das Leben als solches, denn das Leben ist voller Überraschungen und ständigen Veränderungen. Die Angst vor Kontrollverlust ist tiefer betrachtet die Angst vor dem Geheimnis des Lebens, denn es ist in seiner Gänze von uns Menschen nicht fassbar. Es entzieht sich uns in gewisser Weise immer dann, wenn wir glauben es jetzt verstanden zu haben. Die Beschränkung und Konzentration auf kleinere Ausschnitte des Lebens, kann uns dabei helfen, sozusagen im Kleinen, die ordnenden Kräfte zu erleben und damit auch die Ordnungen des Großen zu erkennen. Hier haben wir wieder die Gesetzmäßigkeit von Mikrokosmos gleich Makrokosmos. Wie im Kleinen so im Großen.

Da wir alle in einer unvollkommenen Welt (aus unseren Augen) leben und wir alle hier in dieser Lebensschule der Welt Erfahrungen machen sollen/wollen, sind die Themen Vertrauen und Sicherheit mit die stärksten Motive, aus denen heraus der Mensch sein Leben gestaltet.
Lebt der Mensch diese sechste archetypische Kraft in einer guten Balance, dann wird er dort die nötige Ordnung schaffen und die nötigen Beschränkungen vornehmen,

wo es ihn vor Schaden bewahrt und ihm hilft, sich im Großen Ganzen nicht zu verlieren.

Eine Schattenseite zeigt sich jedoch, wenn das Lebensprinzip in Überbetonung gelebt wird: Dann kann diese Kraft z.B. zu Pedanterie, Kontrollzwang, extreme Detailverliebtheit, Geiz, Engstirnigkeit oder kleinkariertem Verhalten führen.

Eine weitere Schattenseite wird bei Unterbetonung gelebt und zeigt sich dadurch, dass die Impulse dieser archetypischen Kraft unterdrückt werden. Das bedeutet, der Impuls wird z.B. kompensiert durch eine übermäßige Freigebigkeit, durch viel Unordnung und betont unvernünftige Verhaltensweisen in vielen Bereichen des Lebens.

Die Angst und Schattenseiten haben natürlich auch Auswirkungen auf unsere Stress-Resilienz, welche das sind, wird nun im Folgenden betrachtet.

Bedeutung für unsere Stress-Resilienz

Wir brauchen eine Balance dieser archetypischen Lebenskraft, um uns nicht zu verausgaben, um uns dort zu beschränken, wo es für uns von Nutzen ist. Dazu müssen wir Ordnung in uns und um uns herstellen. Das kann in privaten, beruflichen oder ganz persönlichen körperlich, seelisch-geistigen Bereichen sein.

Schädlich für unsere Resilienz ist es, wenn wir uns z.B. durch Überbetonung dieses Lebensprinzips ständig ärgern und aufregen, über die Unordnung anderer Menschen oder deren Fehler. Wir suchen und finden immer ein Haar in der Suppe. Wir sehen sofort, was wieder nicht ordentlich gemacht ist, übersehen dadurch aber, was tatsächlich gut ist. Wir geraten wegen unseres übertriebenen Perfektionsanspruchs, den wir an uns selbst haben, in ständigen Leistungsdruck und Zeitnot. Diesen Anspruch übertragen wir natürlich auch auf andere und geraten dadurch ständig in Konfliktsituationen, die Kräfte zehrend und zermürbend sein können. Wir sind sehr streng zu uns und anderen. Wir werden unzufrieden und unglücklich und schwächen damit unser Immunsystem und damit unsere Stress-Resilienz.

Bei einer Unterbetonung finden wir das andere Extrem. Wir sind sehr unordentlich. Das kann sich in unserem Äußeren zeigen, in unserem Lebensstil der chaotisch

ist, im beruflichen weil wir z.B. zu wenig gründlich vorgehen und andere unsere Schlampigkeit ausbügeln müssen.
Wir erleben dadurch viele Konfliktsituationen, die irgendwann zu schmerzhaften Konsequenzen führen, die uns möglicherweise so aus der Bahn werfen, dass wir eine Beziehung nach der anderen verlieren, den Job verlieren und damit existenzielle Bedrohung erfahren. Dies schwächt unsere Stress-Resilienz.
Beispiele sollen dies nun verdeutlichen:

Beispiel bei Überbetonung
Nehmen wir hierfür eine Pflegefachfrau, die in einem Altenpflegeheim als Wohnbereichs-Leiterin arbeitet. Sie ist sehr gewissenhaft, ordentlich, gründlich und in ihrer fachlichen Kompetenz überdurchschnittlich gut. Allerdings wird sie von den Kollegen und Mitarbeitern eher gemieden, da sie als sehr streng gilt. Ihre Kontroll- und Kritiksucht wird gefürchtet und man sagt hinter ihrem Rücken, dass sie zum Lachen in den Keller geht.
In letzter Zeit geht es ihr immer schlechter, weil sie die Nachlässigkeiten und Schlampereien der Mitarbeiter ständig ausbügeln muss. Sie mahnt immer wieder an, was alles vergessen wurde, was falsch gemacht wurde und nicht gründlich genug ist.
Sie ärgert sich jeden Tag, kommt frustriert nach Hause und kann sich auch zu Hause nicht mehr entspannen. Ihr Fokus ist inzwischen nur noch auf das gerichtet, was nicht in Ordnung ist. Sie verzweifelt an der Tatsache, dass es ihr nicht gelingt, die Mitarbeiter so zu ändern, dass sie den Standard erfüllen, den die Pflegefachfrau als normal ansieht.

Da inzwischen einige Mitarbeiter wegen ihr gekündigt haben, hat die Hausleitung ihr zu verstehen gegeben, dass ihr Führungsstil zu autoritär sei und sie diesen etwas demokratischer gestalten sollte. Hierzu hat man ihr angeboten, Coaching-Stunden wahr zu nehmen, um durch Reflexionsarbeit mit einem Coach, das nötige Handwerkszeug zu erwerben.
Zunächst ist die Wohnbereichsleiterin geschockt, verärgert und versteht die Welt nicht mehr.
Sie ist der Meinung, ohne ihre ständige Kontrolle und Kritik, würde der Wohnbereich im Chaos versinken. Nichts würde mehr funktionieren, die Bewohner würden Schaden nehmen und damit würde auch der Ruf des Hauses beschädigt werden.

Da die Wohnbereichs-Leiterin spürt, dass sie so nicht mehr weitermachen kann und will, weil sie sonst in einem Burnout landet, nimmt sie das Coaching-Angebot wahr.

Nehmen wir also auch hier wieder an, dass der Coach mit dem archetypischen Lebensprinzip-Modell arbeitet. Bei einer ersten Gesprächsanalyse erkennt der Coach, dass das sechste Lebensprinzip nicht in der Balance ist. Die Klientin lebt dieses in Überbetonung.

Hier ein Hinweis: Natürlich können wir zukünftig, wenn wir alle 12 Lebensprinzipien bearbeitet haben, auch immer nachsehen, welches weitere Lebensprinzip mit der entsprechenden Kraft unterstützend eingesetzt werden kann, bzw. genutzt werden kann, um eine Dysbalance eines anderen Lebensprinzips auszugleichen.

Kommen wir nun zu den Impulsen, wie es der Wohnbereichs-Leiterin möglich sein kann, ihre Überbetonung des sechsten Lebensprinzips in die Balance zu bringen.

Der Coach arbeitet zunächst Bedürfnis orientiert, d.h. er versucht, außer den sekundären Bedürfnissen, dass also die Bewohner gut gepflegt sind, dass sie keinen Schaden nehmen und dass auch das Haus keinen Schaden nimmt, noch die tieferen primären Grundbedürfnisse der Wohnbereichsleiterin herauszuarbeiten.
Dabei stellt sich heraus, dass die Klientin große Unsicherheiten und Ängste in sich selbst trägt.
Um diese zu kompensieren versucht sie, sich im Außen durch extreme Kontrolle und Ordnung, eine perfekte Welt zu verschaffen, in der sie sich orientieren kann. Das gibt ihr zwar kurzfristig ein subjektives Gefühl der Sicherheit, allerdings hier im beruflichen Kontext auf Kosten eines fairen Miteinanders mit ihren Mitarbeitern, durch die dauernde Kontrolle, Kritik und Beschränkungen, die sie ihren Mitarbeitern auferlegt und auf Kosten ihrer eigenen Gesundheit.
Als die Klientin dies erkennt, ist sie damit einverstanden, sich archetypische Lebensprinzip-Impulse anzuschauen und diese entsprechend in ihr Leben zu integrieren.

Impulse für die Nutzung der Wirkkraft des kosmischen Archetypen Merkur/Jungfrau zur Stärkung unserer Stress-Resilienz

Ordnungsregulierung aufbauen, weiterentwickeln und festigen

1) „Kalkulierte Unordnung" bei Überbetonung

Zunächst wird der Klientin erklärt, dass ihre sekundären Bedürfnisse, also dass die Bewohner gut gepflegt sind, dass sie keinen Schaden nehmen und dass auch das Haus keinen Schaden nimmt, sehr anerkennenswert sind und dass sie hier besondere Fähigkeiten hat, diese Qualität und Kompetenz zu erbringen.
Da sie das aber in einer übertriebenen Art und Weise macht, indem sie die Mitarbeiter extrem kontrolliert und kritisiert, zeigen sich die eigentlich positiven Absichten zunehmend in Form von negativen Auswirkungen: Z.B. dass Mitarbeiter sich stur stellen und noch weniger Ordnung zeigen, dass sie kündigen und dass die Wohnbereichs-Leiterin selbst unter enormem Stress leidet.

Die Aufgabe besteht nun darin, einerseits einen Teil ihrer Detail- und Ordnungs-Fähigkeiten zu bewahren bzw. zu nutzen, auf der anderen Seite zu lernen, Vertrauen in die Fähigkeiten anderer Menschen zu haben, ohne diese ständig kontrollieren und kritisieren zu müssen.
Was nicht funktionieren wird ist, dass sich ein Mensch komplett ändert und in diesem Fall, jetzt plötzlich großzügig über Unordnung und Ungenauigkeit hinweggeht.

In der Praxis hat es sich deshalb bewährt, durch einen selbst einkalkulierten Unordnungswert eines Lebens-Bereichs oder Arbeits-Bereichs, Druck rauszunehmen. Konkret geht man dabei so vor, dass man diesem speziellen Bereich auf einer Perfektions-Skala von 0 bis 10 eine Zahl zuordnet, die dem gewünschten und subjektiv empfundenen Erwartungswert entspricht, wobei hier 0 keine Erwartung und 10 die höchste Erwartung bedeutet.
Also nehmen wir mal an, die Wohnbereichsleiterin benötigt im Bereich der Wundversorgung einen subjektiven Ordnungs-Erwartungswert von 10. Nun bestimmt sie einen aus der Erfahrungspraxis gemachten, realistischen Wert. Nehmen wir an dieser liegt bei 7. Die Differenz sind also 3 Punkte. Wegen dieser 3 Punkte entsteht also ein ständiger Kampf mit der Folge: Frust, Enttäuschung, Ärger und Stress.

Dieser Bewusstwerdungs-Prozess, ist oft schon ein aha-Erlebnis, weil dem Menschen auf einmal klar wird, was er sich selbst antut.
Die weitere Aufgabe besteht jetzt darin, alle wesentlichen Bereiche nach diesem System zu bewerten. Hier in diesem Fall könnte dies auszugsweise so zusammengestellt werden.

Arbeitsbereich	**Erwartung**	**Realistisch**
Wundpflege	10	7
Regelmäßiges Wiegen	8	4
Trinkmenge kontrollieren	9	7
Nägel schneiden	8	5
Blutdruck messen	9	7
Saubere Kleidung	8	5
Aufgeräumtes Zimmer	9	6
usw.		

Die kalkulierte Unordnung wird nun folgendermaßen vorgenommen:

Die Wohnbereichs-Leiterin bestimmt Arbeitsbereiche, bei denen Sie die volle Punktezahl unbedingt braucht.
Nehmen wir in diesem Beispiel an, sie braucht bei der Wundpflege unbedingt die 10, und beim Blutdruck messen die 9, da lässt sie auch nicht mit sich diskutieren, da wird sie weiter ein strenges Auge darauf haben.

Dann bestimmt sie Arbeitsbereiche, in denen Sie mit der bisher realistisch erreichten Punktezahl zwar nicht zufrieden ist, aber den Mitarbeitern hier ein Stück entgegen kommen könnte. Nehmen wir an dies sähe so aus:
Regelmäßiges Wiegen, ihre Erwartung lag bisher bei 8 und realistisch liegt diese aber bei 4. Sie könnte dann den Mitarbeitern auf einer 5 oder 6 entgegenkommen.
Nägel schneiden Erwartung 9, realistisch liegt dies bei 6, sie könnte den Mitarbeitern auf eine 7,5 entgegenkommen, usw.
Hier muss nochmal der Hinweis gemacht werden, dass es sich ja um eine subjektive Einschätzung auf der Skala handelt.
Wichtig ist deshalb, dass die Wohnbereichs-Leiterin subjektiv das Gefühl hat, sie kann es ordnen, sie kann es irgendwie kalkulieren. Durch diese kalkulierte

Unsicherheit und die kalkulierte Unordnung, lebt sie ihre Fähigkeit, nämlich Ordnung schaffen, nur eben in der umgekehrten Richtung.
Sie selbst bestimmt den Un-Ordnungs-Wert oder Un-Sicherheits-Wert, mit dem sie noch leben kann.
Damit kann sich die gesamte Situation entspannen, denn die Mitarbeiter fühlen sich nicht mehr dauernd kontrolliert, sie beginnen sogar selbständig ihre Arbeit ordentlicher und sicherer zu erledigen.

Zusammengefasst besteht die Methode, „Ordnungsregulierung mit Hilfe von kalkulierter Unordnung", aus folgenden Schritten:

Schritt 1: Arbeitsbereich / Lebensbereich subjektiv bewerten, Sicherheits-Skala von 0–10.
Schritt 2: Aus der Erfahrung den realistischen Wert auf der Skala von 0–10 bestimmen.
Schritt 3: Kalkulierter Un-sicherheits- bzw. Un-ordnungs-Wert auf der Skala von 0–10 bestimmen und bewusst zulassen.

Ziel der Methode ist, zu lernen, bewusst Unordnung einzukalkulieren, um so einem überhöhten Perfektionsanspruch entgegenzuwirken. Die im Schatten gelebte sechste Archetypkraft kommt wieder mehr in die Balance.

2) Kalkulierte Ordnung bei Unterbetonung

Eine wichtige Gesetzmäßigkeit, die bisher noch nicht erwähnt wurde ist, dass sich bei allen archetypischen Kräften eine Unterbetonung auch dadurch zeigen kann, dass der Mensch die Dysbalance und damit die negativen Auswirkungen, in der Erleidensform erfährt. Das bedeutet, er verdrängt das Lebensgesetz, aber es tritt ihm als Spiegel, durch Situationen oder Verhaltensweisen anderer Menschen entgegen. Beispielsweise könnte dies bei unserem jetzigen sechsten Lebensgesetz sein, dass dieser Mensch Lebensumstände erfährt, in denen es immer wieder um strenge Ordnung, pingelige Genauigkeit und Beschränkungen geht, denen er ausgesetzt ist. Der Mensch wird also indirekt immer wieder aufgefordert, sich mit dem sechsten Lebensgesetz auseinander zu setzen, bis er versteht, dass er die Situationen so lange aus Resonanz Gründen heranzieht, bis er erkennt, dass er sich aktiv, um seine innere Ordnung oder seine eigenen Beschränkungen kümmert.

Kommen wir jetzt noch zu einem kleinen Beispiel für eine Unterbetonung des sechsten Lebensgesetzes und wie man lernen kann, diese Dysbalance auszugleichen.

Nehmen wir diesmal eine Partnerschaft. Nehmen wir weiter an, dass die Frau das sechste Lebensgesetz in unterbetonter Form lebt in der Art, dass sie überaus unordentlich ist und zu viel Geld ausgibt. Ihr Partner begegnet ihr dagegen in der überbetonten Form.
Wenn die beiden Ausgehen ist sie meist hinterher frustriert, weil ihr Partner ständig über die hohen Preise schimpft und bei allem auf das Billigste schaut. Gehen die beiden Essen, fordert er immer, dass auch sie das billigste Gericht nimmt. Beim Bezahlen achtet er strengstens darauf, dass man sich abwechselt, ja es kommt immer wieder vor, dass er plötzlich seine Brieftasche vergessen hat, so dass sie dann bezahlen muss. Bei ihren Freundinnen schimpft sie über diesen Geizhals und verhält sich ihm gegenüber deshalb oft aggressiv, sagt aber nicht offen, dass sie seine übertriebene Sparsamkeit stört. Auch zu Hause gibt es oft Streit, weil er nur aus dem Haus geht, wenn vorher alles tip top aufgeräumt ist. Er findet nicht nur ständig Haare im Bad, die anscheinend von ihr stammen, sondern auch im Übertragenen Sinne, jedes Haar in der Suppe. Er beklagt sich dauernd über ihre Schlampigkeit und Verschwendungssucht.
Der ständige Streit führt die beiden schließlich zu einer Paarberatung.
In diesem Fall werden wir uns jetzt auf die Unterbetonung der Frau konzentrieren.

Die Frau erfährt also eine Regulierung ihrer Unordentlichkeit und ihrer Verschwendungssucht durch den Partner. Sie lebt das sechste Lebensgesetz extrem unterbetont. Auch hier nehmen wir wieder an, dass die Paartherapeutin mit dem Lebensgesetz-Modell arbeitet. Die Frau erkennt ihre Unterbetonung des sechsten Lebensgesetzes, weiß aber nicht, wie sie das ändern könnte, denn sie empfindet Großzügigkeit als einen hohen Wert und fühlt sich auch in ihrer Unordnung eigentlich ganz wohl. Da sie aber schon mehrfach schlechte Erfahrungen in Beziehungen gemacht hat, wegen dieser Unterbetonung, ist sie daran interessiert, mehr Balance in das sechste Lebensgesetz zu bringen. Die Therapeutin stellt ihr das Modell der „Kalkulierten Sicherheit und Kalkulierten Ordnung“ vor.

Es ist tatsächlich so, dass auch bei einer Unterbetonung des sechsten Lebensgesetzes im Grunde eine große innere Unsicherheit besteht, die auf der Angst vor Kontrollverlust gründet.

Die Angst vor Kontrollverlust, die ja bei der Überbetonung zu extremer Kontrolle und extremer Ordnung führt, äußert sich bei einer Unterbetonung dadurch, dass auf Kontrolle und Ordnung gar kein Wert gelegt wird, denn damit entgeht man den ständigen Enttäuschungen, dass man das Leben als Ganzes sowieso nicht kontrollieren und in Ordnung bringen kann. Letztlich drückt sich auch hier eine Lebensangst aus.

Wenn wir uns jedoch bewusst (und dieses Bewussstsein ist wichtig) eine kalkulierte Sicherheit und kalkulierte Ordnung in einzelnen Bereichen erlauben, dann erfahren wir zunächst im Außen und dann auch in uns selbst ein proaktives und aktives Ordnen. Wir konzentrieren uns dabei auf Einzelheiten, d.h. das große Ganze erfährt eine Art von Struktur. Dies hilft uns bewusst, sicherer im Leben zu werden.

Für die Frau in unserem Beispiel könnte dies folgendermaßen aussehen:
Was das unkontrollierte Geld ausgeben angeht, müsste sie bestimmte Ausgaben-Bereiche definieren, in denen sie in Zukunft eine kalkulierte Sicherheit einplant.
Auf der anderen Seite, braucht sie aber auch Ausgaben-Bereiche, die sie weniger oder gar nicht kontrolliert.
Also sie muss eine Art Ausgabenbuch führen (zumindest für den Anfang), in dem sie klar die Bereiche festlegt, die kontrolliert, weniger kontrolliert oder gar nicht kontrolliert werden. Dies alles kann sie wieder mit der schon beschriebenen Skala machen, wobei hier der Skalenwert, die Stärke der Kontrolle darstellt. Also 0 bedeutet gar keine Kontrolle und 10 die stärkste Kontrolle.
Auch dies gleicht sie zunächst mit ihrer eigenen Erwartung und der Realität ab, denn dadurch kann sie selbst erkennen, wo sie sich unrealistische Ziele steckt und deshalb Misserfolge haben wird und wo es ihr vor allem für den Anfang möglich sein wird, die Erwartung an sich selbst zu erfüllen.
Beispiel:

Ausgaben-Bereich	**Kontroll-Erwartung**	**Realistisch**	**Kalkulierte Erwartung**
Internetbestellungen	7	3	4

Sie weiß also, dass hier die eigene Erwartung sehr hoch gesteckt ist, denn in der Realität wird sie die nicht erfüllen können. Deshalb ist es notwendig, die Kontrollerwartung herunterzuschrauben, später kann sie diese evtl. langsam erhöhen.
Sie setzt also die korrigierte Kalkulierte Erwartung auf 4 und nähert sich der bisherigen Realität, aber und das ist der wesentliche Unterschied, sie macht es bewusst, sie ordnet es bewusst.
Weitere Beispiele:

Lebensmittel	7	5	6

(oft zu viel, die dann verderben und weggeworfen werden müssen)
Usw.

Unordnungs-Bereich	**Ordnungs-Erwartung**	**Realistisch**	**Kalkulierte Erwartung**
Kühlschrank	6	3	4
Badezimmer	7	3	5
Wäsche	6	2	3
Usw.			

Zusammengefasst besteht die Methode, „**Kalkulierte Ordnung**“, aus folgenden Schritten:

Schritt 1: Arbeitsbereich oder Lebensbereich bewerten mit der Sicherheits-Skala bzw. Ordnungsskala von 0 – 10
Schritt 2: Aus der Erfahrung den realistischen Wert auf der Skala von 0 – 10 bestimmen
Schritt 3: Kalkulierter Sicherheits- bzw. Ordnungs-Wert auf der Skala von 0 – 10 bestimmen

Ziel der Methode ist, zu lernen, bewusst Sicherheit und Ordnung zu kalkulieren, um so zu erfahren, dass es sehr wohl Sinn macht, auch in einer unsicheren Welt selbstbestimmt für eine gewisse Ordnung und Sicherheit zu sorgen.

Noch ein Hinweis zur Skalen-Methode. Damit dies übersichtlich bleibt und wir diese Methode zu jeder Zeit, egal wo wir uns befinden, machen und nutzen können, empfiehlt es sich, nicht mehr als 5 Skalen-Werte zu bestimmen. Dafür nimmt man als Anker die fünf Finger einer Hand und programmiert sozusagen auf jeden Finger einen Wert.
Der Daumen bekommt immer den höchsten Wert und der kleine Finger den niedrigsten.
So kann man sich mit dieser Skalen-Methode wirklich auch im Alltag immer schnell erinnern und selbst helfen.

Zusammenfassung: Stress-Resilienz – Archetyp Merkur/Jungfrau – Lebensprinzip 6

Dieses Lebensprinzip verlangt von uns, dass wir lernen, unsere Wahrnehmung nicht nur auf das große Ganze zu richten, sondern uns auch immer wieder um Details zu kümmern. Wenn wir dies tun, dann bekommt unser Leben eine Art Struktur und Ordnung. Darin liegt eine große archetypische Kraft, denn wir lernen damit auch, uns gezielt zu beschränken und uns selbst davor zu bewahren, allzu Unvernünftiges und Unüberlegtes zu tun.

Die Schattenseiten durch Über- oder Unterbetonung äußern sich entweder dadurch, dass nur noch Kontrolle und Ordnung herrscht, nur noch vernünftig gelebt wird oder eben, dass jegliche Kontrolle abgelehnt wird und man sich auf keine Struktur und Ordnung einlassen möchte. Beides schwächt unsere Stress-Resilienz.

Wollen wir dieses Lebensgesetz in der Balance halten oder wieder in die Balance bringen, dann können wir das dadurch unterstützen, dass wir bei entsprechendem Ungleichgewicht mit der Methode: „Kalkulierte Un-Ordnung/Ordnung arbeiten. Durch das Integrieren dieser archetypischen Kraft, können wir zu mehr innerem und äußerem Gleichgewicht finden und stärken damit unsere Stress-Resilienz.

Im Überblick: Stärkung unserer Stress-Resilienz durch die Weisheit des Archetypen Merkur/Jungfrau – Lebensprinzip 6

Ordnungsbewusstsein, Vernunft, Detailwahrnehmung und Analyse, Sparsamkeit

Wegweiser für **A**ufbau, **W**eiterentwicklung und **F**estigung unserer Stress-Resilienz

1. **Stabilisierung von Ordnung mit Hilfe von: Kalkulierter Un-Ordnung bzw. Ordnung**

Schritt 1: Lebensbereich/Arbeitsbereich subjektiv bewerten mit der Sicherheits-Skala von 0 – 10.

Schritt 2: Aus der Erfahrung den realistischen Wert auf der Skala von 0 – 10 bestimmen.

Schritt 3: Kalkulierter ((Un)-Ordnungs-Wert auf der Skala von 0 – 10 bestimmen und bewusst zulassen.

3.7 Kosmischer Archetyp Venus/Waage – Lebensprinzip 7

Harmonie, Ausgleich, Begegnung mit dem Du und den eigenen Anlagen, Projektion

Diese archetypische Kraft, führt uns in den wichtigen Bereich der Begegnung mit dem DU, bzw. unserer Umwelt. Das siebte Lebensprinzip möchte, dass wir uns nun dem zuwenden, was uns in der Begegnung mit dem DU letztlich über uns selbst oder von uns selbst offenbart wird.
Wir bekommen sozusagen die Möglichkeit, uns unserer unbewussten Anlagen, Stärken, Schwächen, Verhaltensweisen, Einstellungen, Urteile und Bewertungen bewusst zu werden, um unseren blinden Flecken zu begegnen. In der Begegnung mit unserer Umwelt treffen wir auf Dinge, die wir selbst in uns tragen, die uns aber erst durch die Begegnung bewusst werden, weil das Außen es uns spiegelt und wir es dann erst sehen.
Wenn wir dafür offen und bereit sind, erkennen wir jeweils das, was eigentlich von uns ist, was wir letztlich nur auf den anderen, der uns begegnet oder die Situation die wir vorfinden projiziert haben. Wir haben dann die Möglichkeit, bewusst die Verantwortung für unseren Teil zu übernehmen.

Das ist es letztlich, was das siebte Lebensprinzip von uns verlangt: Eigenverantwortung übernehmen. Dazu gehört z.B., dass wir, wenn uns im DU Aggression begegnet, wir unseren eigenen aggressiven Anteil erkennen und dafür Verantwortung übernehmen.
Oder, wenn wir immer wieder vor ungelösten Problemen stehen, zu erkennen, dass es unser eigener konfliktscheuer Anteil ist, der uns davor zurückschrecken lässt, uns zu entscheiden und damit auch uns selbst evtl. mit Dysharmonie, mit Unstimmigkeiten und Konflikten zu konfrontieren.
Wenn wir etwas entscheiden, dann müssen wir uns zu uns selbst bekennen, zu dem was wir wollen und dann auch die Verantwortung tragen. Harmonie und Ausgleich, was durch das Symbol Waage dargestellt wird, findet nur statt, wenn wir uns austauschen, uns also begegnen und kommunizieren.

Echte Harmonie und echter Ausgleich in der zwischenmenschlichen Begegnung, aber auch in der Begegnung mit uns selbst kann nur gelingen, wenn wir uns ehrlich auch mit den Anteilen in uns auseinander setzen, die uns nicht so gut gefallen oder dem DU nicht so gut gefällt. Es geht letztlich darum, dass wir den Unterschied zwischen einer unechten und echten Harmonie erkennen. Dass wir erkennen, dass auch die Konfrontation zu einem echten wahren Austausch führen kann und dass ein ständiges Ausweichen vor Konfliktsituationen, letztlich ein Ausweichen vor uns selbst ist.

Sehen wir im anderen immer wieder eine unangenehme Verhaltensweise, die uns ärgert und gehen wir deshalb diesem Menschen aus dem Weg, dann kann es sein, dass wir etwas Wichtigem von uns selbst aus dem Weg gehen. Wir haben alle schon die Erfahrung gemacht, dass uns ganz schnell genau so ein unangenehmer Typ wieder begegnet, über den wir uns ärgern.

Sind wir dagegen offen und fragen uns, was von dieser unangenehmen Verhaltensweise ist vielleicht in uns selbst, dann begegnen wir über das DU im Außen uns selbst. Wir konfrontieren uns mit uns. Wir haben dann evtl. erst mal einen inneren Konflikt, sind übellaunig und unzufrieden, weil wir erkannt haben, dass wir genauso besserwisserisch sind wie der andere, aber dieser Problematik stellen wir uns jetzt. Wir geben ehrlich vor uns selbst zu, dass wir besserwisserische Anteile in uns tragen. Die Begegnung mit dem anderen kann sich dann sogar positiv verändern. Ja, wir können uns vielleicht in den anderen hineinversetzen, ihn besser verstehen. Dies kann den Weg für einen echten Austausch und damit auch Ausgleich bereiten.

Wir sind hier letztlich schon auf die Schattenseiten dieses Lebensprinzips gestoßen, auf diese und die Urangst, die dahintersteht, soll jetzt eingegangen werden.

Die im Schatten gelebte archetypische Venus/Waage-Kraft

Da das Waage-Prinzip oder die siebte archetypische Kraft immer versucht eine Ausgeglichenheit und Harmonie zu schaffen, ist die Angst vor Konflikten hier besonders groß und kann paradoxerweise gerade durch die Konfliktvermeidung, zu Konflikten führen.

Natürlich muss man hier unterscheiden: Zum einen, zwischen einer bewusst getroffenen Entscheidung, einem Konflikt zunächst aus dem Weg zu gehen, bis sich die Wogen geglättet haben. Zum anderen, ob jemand grundsätzlich (meist unbewusst) jedem schwierigen, zwischenmenschlichen Thema ausweicht, um sich dieser

Begegnung mit sich und dem anderen, bzw. dem Thema, nicht stellen zu müssen, sich also nicht konfrontieren zu müssen, um damit im Grunde eine Scheinharmonie wahren zu können.

Diese übermäßige Konfliktscheu, die sich hier als Schatten zeigt, resultiert letztendlich aus der Angst vor den eigenen aggressiven Anteilen. Ein Konflikt kann ja entstehen, wenn man sich für und damit auch gegen etwas entscheidet. Damit löst man in der Begegnung mit einem anderen Menschen möglicherweise aggressive Gefühle aus, mit denen man nicht umgehen kann.
Wenn wir Aggression persönlich nehmen und selbst aggressiv werden oder uns ängstlich zurückziehen, können wir davon ausgehen, dass ein Teil dieser Aggression, die uns begegnet, mit unserer eigenen Aggressionsverdrängung zu tun hat. Wir erleben dann unsere eigene projizierte Aggression dadurch, dass sie uns im Gegenüber begegnet.
Können wir dagegen in solch einer Situation echt empathisch auf ein aggressives Verhalten reagieren, hat die Aggression mit den unerfüllten Bedürfnissen des anderen zu tun und wir können sicher sein, hier keine von uns projizierte Aggression zu erleben. Dann sind wir sogar fähig, recht schnell zu lernen, die aggressiven Angriffe in Bedürfnis-Defizite zu übersetzen, wie wir dies beim vierten Lebensprinzip mittels der „heilenden Kraft der Gefühle", beschrieben haben.

Um Missverständnissen vorzubeugen: Natürlich gibt es nicht nur unsere Aggression, sondern jeder Mensch hat aggressive Anteile in sich. In unseren Begegnungen können wir jedoch erfahren, ob wir unsere eigene Aggression nur wieder gespiegelt bekommen oder ob der andere in Not ist und letztlich über seine Aggression, seine Mangelbedürfnisse kommuniziert. Deshalb nochmals zusammengefasst:

In der Begegnung mit der Umwelt erfahren wir viel über uns selbst. Wenn es um die Schaffung von Harmonie und Ausgleich geht, besteht die Gefahr, dass wir möglicherweise Konfliktvermeidung mit wahrer Harmonie verwechseln. Irrtümlicherweise glauben wir dann, dass wir Konflikte vermeiden, wenn wir Entscheidungen hinauszögern. Mit anderen Worten, uns mit unterschiedlichen Vorstellungen und Erwartungen anderer Menschen nicht konfrontieren wollen, um die Harmonie nicht zu stören.

Man will nicht aggressiv erscheinen, denn Harmonie und Ausgeglichenheit sind ja die obersten Ziele dieses Lebensprinzips. Nur leider wird dies oft verwechselt mit Schein-Harmonie und Schein-Ausgeglichenheit. Um den Schein zu wahren, wird dann jeder Konfrontation aus dem Wege gegangen, Entscheidungen werden nicht getroffen oder so lange hinausgezögert, bis sich der andere oder das Leben entscheidet. Damit verweigert man aber die Übernahme von Verantwortung und vor allem die Selbstverantwortung.

Ein Mensch, der die Gesetze dieses Lebensprinzips achtet, wird sich fairen Auseinandersetzungen stellen. Er wird sich bei Entscheidungsschwierigkeiten bewusst fragen, welcher Begegnung er in Wirklichkeit ausweicht, denn jede Begegnung hat mit einem selbst zu tun. Ich begegne einer Person oder einer Situation und das, was mir in der Begegnung geschieht, was ich sehe, was ich erlebe, trägt einen wichtigen Teil von mir in sich. In einer wahren Begegnung ist mir bewusst, dass die Begegnung immer eine Wechselbeziehung ist aus mir und dem anderen. Was immer in der Begegnung geschieht, hat immer mit mir zu tun und nie nur mit dem anderen.

Ein Mensch der dieses Lebensprinzip achtet, wird versuchen zu lernen, dass wahrhaftige Harmonie und Ausgeglichenheit kein statischer Zustand ist, sondern immer wieder Begegnungs-Prozessen unterliegt, in denen sich die Begegnungspartner, jeweils im Du, ein Stück weit selbst begegnen und erkennen. Damit kommt der Mensch mit sich in echte, innere Harmonie und Ausgeglichenheit. Er weiß um beides, um seine Aggression und Unausgeglichenheit und um seine Harmonie, Ausgeglichenheit und Friedensstiftung.

Ein Mensch der die Gesetze dieses Lebensprinzip missachtet, wird beispielsweise Konflikte und Dysharmonie leugnen, er wird Auseinandersetzungen meiden. Er wird so tun, als sei alles in bester Ordnung. Er wird Unstimmigkeiten unter den Teppich kehren. Er wird keine Entscheidungen treffen, bei denen er Konflikte befürchten muss. Er baut sich eine kleine, eigene, heile Schein-Welt und missachtet damit eine Realität der Welt, nämlich dass es Aggressionen und Konflikte gibt.

Wie sich dieses siebte Lebensprinzips auf unsere Resilienz auswirken kann, soll nun weiter betrachtet werden.

Bedeutung für unsere Stress-Resilienz

Für eine gute Resilienz ist es unbedingt notwendig, dass der Mensch immer wieder eine echte Ausgeglichenheit und echte Harmonie in sich selbst, aber auch in der Begegnung mit anderen Menschen erlebt. Verdrängt der Mensch Konflikte und Auseinandersetzungen, sowie Entscheidungsverantwortung, um eine Schein-Harmonie aufrecht zu erhalten, dann wird ihn das Verdrängte irgendwann einholen. Entweder in der Form, dass er immer wieder mit aggressiven Menschen zu tun hat oder er wird eigene körperliche Autoaggressions-Symptome bekommen und krank werden. Seine Resilienz wird geschwächt. Ein Beispiel soll dies verdeutlichen:

Beispiel: Entscheidungen nicht treffen, Konflikt-Angst – Verantwortung ablehnen
Nehmen wir in diesem Beispiel wieder unseren Angestellten, der als Teamleiter auch wichtige Personal-Entscheidungen zu treffen hat. Dieses Mal geht es um die Situation, dass drei seiner Mitarbeiter sich für ein interessantes Projekt als Projektleiter beworben haben.
Der Angestellte hatte bisher nur Entscheidungen zu treffen, was die Produktion und das Material angeht. Nun soll er entscheiden, welcher Mitarbeiter die Leitung für dieses sehr spezielle Projekt bekommt.
Er merkt, dass ihm das gar nicht leicht fällt und zwar, weil er dann zwei von ihm sehr geschätzten Mitarbeitern eine Absage erteilen muss und weil er sich nicht wirklich sicher ist, ob er die richtige Wahl treffen wird. Auch befürchtet er Auseinandersetzungen im Team, die zu Dysharmonie und Konflikten führen.
Die Situation wird zeitlich immer enger, die drei Mitarbeiter drängen ihn immer mehr, ihnen doch endlich seine Entscheidung mitzuteilen. Das gesamte Team wird unruhig, denn ständig wird spekuliert und diskutiert, wer denn nun das Projekt übertragen bekommt. Im Grunde ist das gesamte Team in Unruhe und Aufregung, weil der Teamleiter immer noch keine Entscheidung getroffen hat. Dies macht natürlich auch im ganzen Betrieb die Runde, so dass unser Teamleiter enormen Stress erlebt: Er hat schlaflose Nächte und leidet unter starken Kopfschmerzen. Seine Stress-Resilienz ist geschwächt. Damit nicht genug, er hat durch seine Angst, eine falsche Entscheidung zu treffen und damit Dysharmonie und Konflikte zu erzeugen, letztlich genau diese erzeugt und zwar noch bevor er eine Entscheidung getroffen hat. Ihm begegnet in der Projektion genau der Zustand, der in seinem eigenen Inneren herrscht, nämlich Unruhe und Unausgeglichenheit im Team.

Der Lernschritt besteht nun darin, zu erkennen, dass Harmonie nie durch Schein-Harmonie ersetzt werden kann. Schein-Harmonie entsteht, wenn wir

Entscheidungen und notwendigen Auseinandersetzungen ausweichen, mit dem Argument, Konflikte vermeiden zu wollen, damit die Harmonie nicht leidet. Diese Harmonie ist immer eine Schein-Harmonie.
Leugnen wir, dass Konflikte zum Leben gehören und damit auch zu uns, werden wir immer Ausweichmanöver entwickeln und damit uns selbst ausweichen.

Unser Angestellter erkennt, dass er irgendetwas unternehmen muss und wendet sich an einen Coach. Dieser arbeitet wie üblich bei unseren Beispielen mit den zwölf kosmischen Lebensprinzipien. Schnell wird klar, dass der Angestellte das siebte Lebensprinzip nicht genügend in sich entwickelt hat. Der Coach stellt ihm das Modell der "Harmonie-Regulierung" vor.

Impulse für die Nutzung der Wirkkraft des kosmischen Archetypen Venus/Waage zur Stärkung unserer Stress-Resilienz

Harmonie-Regulierung aufbauen, weiterentwickeln und festigen

1. Entscheidungsfähigkeit als Harmoniefaktor

In einer ersten Begegnung mit sich selbst muss der Angestellte zunächst lernen seine Entscheidungsfähigkeit bewusst wahrzunehmen. Dies macht er in zwei Schritten.

Schritt 1)
Er beobachtet nur sich selbst in Entscheidungssituationen des Alltags. Z.B. :

- wofür entscheidet er sich morgens bewusst, für Tee oder Kaffee
- entscheidet er bewusst, was er anzieht oder geht das automatisch
- wann fährt er zur Arbeit, ist das eine bewusste Entscheidung oder eine Gewohnheit
- wann macht er bewusst Pause, entscheidet er das oder ist es eine Gewohnheit oder Ritual
- wenn er länger im Büro bleibt, ist das eine bewusste Entscheidung oder woran liegt es
- was macht er abends, entscheidet er bewusst oder lässt er sich treiben …

Schritt 2)
Nun werden andere Menschen mit in die Wahrnehmung einbezogen. Er beobachtet seine Entscheidungs-Muster und Strategien in der Begegnung mit anderen Menschen. Z.B.:

- entscheidet er sich bewusst, seinen Ärger über die Haare seiner Frau im Waschbecken runter zu schlucken oder entscheidet er sich, dies endlich anzusprechen
- entscheidet er sich bewusst, den Mund zu halten, wenn er in der Bahn sitzt und wieder so ein egoistischer, Raum greifender Fahrgast neben ihm seine Zeitung liest, so dass er selbst keinen Platz hat, seine eigene Zeitung zu lesen?
- entscheidet er sich bewusst, einem Freund am Telefon zu sagen, dass er keine Zeit für ein längeres Telefonat hat. Lässt er den Freund gewähren und regt sich hinterher über ihn auf?
- entscheidet er sich bewusst, seiner Frau ein Kompliment zu machen über …
- entscheidet er sich bewusst, seiner Sekretärin einfühlsam zu sagen, dass sie ihr Parfüm viel zu dick aufträgt, so dass der eigentlich angenehme Duft, sich ins Gegenteil kehrt, oder hält er es frustriert aus und verlagert das Thema, indem er sie dauernd wegen Kleinigkeiten kritisiert?

Nach dieser Selbst-Wahrnehmungs-Erkenntnis weiß der Angestellte schon einiges über seine Entscheidungs-Fähigkeit und Entscheidungs-Strategien.
Er wird z.B. erkannt haben, wo er vor Entscheidungen ausweicht und was er dadurch vermeiden möchte. Meist ist das die Angst und Unsicherheit vor unangenehmen Auseinandersetzungen und Konflikten, aber auch vor der Übernahme von Verantwortung.

Um nun die Angst vor Auseinandersetzungen und Dysharmonie mehr und mehr zu überwinden, braucht es eine gute Konfliktfähigkeit. Denn wenn wir wissen, wie wir in einer Konfliktsituation handeln können, so dass der Konflikt nicht weiter eskaliert oder sich sogar lösen lässt, dann wächst der Mut und die Bereitschaft, sich auch mit unbequemen Themen auseinander zu setzen. Es geht also darum, in der Begegnung mit anderen Menschen klar zu einer Meinung, Haltung oder Entscheidung zu stehen, auch auf die Gefahr hin, dass dem anderen dies nicht gefällt. Das bedeutet, auch wenn der andere uns darauf hin kritisiert oder sogar einen Konflikt heraufbeschwört, dass wir damit umgehen können. Dass wir in der Lage sind, die Situation zu deeskalieren und dass auch das DU, also der andere, in der Begegnung mit uns erkennt, dass es Wege gibt, wie man eine unangenehme Situation gemeinsam meistern kann. Dafür braucht es Konfliktfähigkeit.

2. Konfliktfähigkeit als Harmoniefaktor – Angriffe übersetzen in Bedürfnis-Defizite

Die wichtigste Kompetenz, die eine Konfliktfähigkeit auszeichnet ist, Angriffe in Bedürfnis-Defizite zu übersetzen. Mit anderen Worten, hinter möglichen Angriffen, Vorwürfen und Klagen die wahren Bedürfnisse desjenigen der angreift zu sehen und zu benennen. Ein Beispiel dazu:

Sie haben den Termin mit einem guten Freund heute Abend kurzfristig abgesagt, weil es Ihnen einfach zuviel ist und Sie lieber früh zu Bett gehen wollen.
Ihr Freund reagiert daraufhin beleidigt und wirft Ihnen vor, egoistisch zu sein.
Wenn Sie jetzt über keine gute Konfliktfähigkeit verfügen, könnte eine mögliche Reaktion von Ihnen sein, dass Sie nun Ihrerseits Ihrem guten Freund vorwerfen, selbst egoistisch zu sein und dazu noch rücksichtslos. Sie haben ihm bereits erklärt, dass es Ihnen heute zuviel wird.
Daraufhin setzt nun ihr Freund noch einen drauf und äußert, dass er sowieso glaube, dass das nur eine blöde Ausrede wäre. Das Resultat ist, dass die Situation eskaliert und beide enttäuscht und frustriert auflegen. Diese oder ähnliche Abläufe sind uns allen bekannt.

Schauen wir uns nun an, wie ein Gespräch verlaufen könnte, wenn Sie über eine gute Konfliktfähigkeit verfügen würden und gute Erfahrungen mit der Methode „Angriffe übersetzen in Bedürfnisse" gemacht hätten:

Ihr guter Freund wirft Ihnen also vor, egoistisch zu sein. Diesen Angriff übersetzen Sie jetzt in ein oder mehrere sogenannte Bedürfnis-Defizite, denn hier fehlt Ihrem Freund offensichtlich etwas.
Wie in den vorangegangenen Kapiteln schon mehrfach über das Thema Bedürfnisse ausgeführt wurde, sind Bedürfnisse immer an Gefühle gekoppelt. Sie könnten also z.B. antworten: „Jetzt bist du sicher enttäuscht, weil du dich auf einen gemeinsamen Abend gefreut hast, das hab ich auch."
Ein gemeinsamer Abend deutet auf das Grund-Bedürfnis „Gemeinschaft" hin und dieses nimmt jetzt den Platz von „Egoist" ein. Wir tauschen den Vorwurf „Egoist" durch das Grundbedürfnis „Gemeinschaft" aus. Wir übersetzen den Angriff „Egoist" in das Grundbedürfnis „Gemeinschaft".
Der Vorwurf weicht also einem menschlichen Bedürfnis, das nichts mehr mit einem Angriff oder einem Urteil zu tun hat. Die Konfliktsituation wird auf diese Weise deeskaliert.

Ihr Freund sagt dann vielleicht, dass er tatsächlich enttäuscht ist, vor allem, weil die Absage so kurzfristig kam. Sie zeigen Verständnis und können gleich noch die Enttäuschung in ein weiteres Bedürfnis, wie z.B. „Zuverlässigkeit“ übersetzen. Sie signalisieren ihm also, dass Zuverlässigkeit ihm sicher wichtig ist und auch Ihnen sehr wichtig ist und die Freundschaft dies auch weiterhin braucht.
Sie erklären ihm, dass es eine Ausnahme-Situation ist, in der Sie einmal keine Zuverlässigkeit gezeigt haben. Das bedauern Sie und machen ihm den Vorschlag, ob er mit Ihnen gleich einen Ersatztermin vereinbaren möchte. Oder Sie fragen Ihn, was er jetzt braucht, damit es ihm wieder besser geht.

Wenden wir diese Kompetenz „Angriffe übersetzen in Bedürfnisse“ nun bei unserem Beispiel mit dem Angestellten an:

„Angriffe übersetzen in Bedürfnisse“ – Beispiel Angestellter
Angenommen der Angestellte hat sich darin geübt, bewusst Entscheidungen zu treffen und er hat sich für einen Mitarbeiter entschieden, der Projektleiter werden soll. Nehmen wir weiter an, dass sich daraufhin einer der beiden anderen Bewerber bitterlich bei ihm beschwert. Er beklagt sich darüber, dass der Kollege sowieso immer bevorzugt wird und außerdem sei er selbst ja wohl schon viel länger in der Firma und kenne sich viel besser aus. Das allein wäre schon ein wichtiger Grund, ihm die Projektleitung zu übertragen.
Er droht sogar, indem er sagt, dass er den Kollegen nicht unterstützen werde, wenn der nicht zu recht komme.

Um den Unterschied deutlich zu machen, schauen wir zunächst mal, wie eine Reaktion unseres Teamleiters aussehen könnte, wenn er über keine oder kaum Konfliktfähigkeit verfügen würde:
Unser Teamleiter würde wahrscheinlich in die Rechtfertigung gehen und dem Mitarbeiter Gründe und Argumente aufzählen, warum der Kollege und nicht er das Projekt bekommen hat. Wenn er so vorgeht, wird der Mitarbeiter seinerseits versuchen, entsprechende Argumente dagegen zu stellen. Letztlich wird der Teamleiter irgendwann merken, dass er im Gespräch nicht weiterkommt. Vielleicht wird er unwirsch werden und das Gespräch beenden.
Beide bleiben dann unzufrieden zurück. Dysharmonie ist das Ergebnis, ja sogar ein schwelender Konflikt.
Den wichtigsten Punkt, hat unser Teamleiter leider außer acht gelassen und zwar hat er auf eine Emotion, die ihm gezeigt wurde, nämlich Ärger und Frustration, nur mit einem sachlichen Argument reagiert, statt den Mitarbeiter in seinen Gefühlen

und Bedürfnisse ernst zu nehmen. Wir nennen das in der Kommunikations-Psychologie die Sach- und Beziehungs-Ebene. Sachebene ist, wenn wir uns in der Kommunikation auf ZDF = Zahlen, Daten, Fakten beziehen und auf Denkprozesse, die objektiv nachgeprüft werden können.
Die Beziehungsebene ist alles das, was Gefühls- und Bedürfnisprozesse beinhalten, also subjektive Bewertungen einer Situation, subjektive Sichtweisen, Meinungen, Gefühle, Befürchtungen ... All das, was wir im Zwischenmenschlichen wahrnehmen, spüren, brauchen oder vermissen. Diese Dinge sind meist objektiv nicht oder nur schwer nachprüfbar. Da wir aber in erster Linie tatsächlich fühlende Wesen sind, werden meist alle Denkprozesse und Sachthemen, von unseren persönlichen Gefühlen und Bedürfnissen eingefärbt. Wir vermischen also diese zwei Ebenen und das ist der Hauptgrund, warum Konflikte oft schwer zu lösen sind.

Schauen wir jetzt, wie die Reaktion unseres Teamleiters aussehen könnte, wenn er über eine gute Konfliktfähigkeit verfügen würde:

Der Mitarbeiter beschwert sich also, dass der Kollege, der das Projekt leiten soll, sowieso immer bevorzugt wird. Dies ist natürlich eine rein subjektive Bewertung (Beziehungsebene), ja sogar eine Unterstellung mit Angriffscharakter. Genau darauf sollte nun unser Teamleiter reagieren und zwar, indem er diesen Angriff übersetzt in ein Bedürfnis des Mitarbeiters.

Wenn ein Einzelner bevorzugt wird, dann erleben die anderen das oft als Ungerechtigkeit oder fehlende Gleichbehandlung. Wir tragen alle eine mehr oder weniger stark ausgeprägte Gerechtigkeits-Instanz in uns, die sich bemerkbar macht, wenn Dinge nicht in einem guten Ausgleich sind. Hier zeigt sich ganz praktisch das siebte Waage-Lebensprinzip.

Unser Teamleiter muss also den Vorwurf „Bevorzugung“ übersetzen in das Bedürfnis:
„Gerechtigkeit“ oder „Gleichbehandlung“. Das Gespräch könnte dann einen deeskalierenden Verlauf nehmen und möglicherweise so ablaufen:
„Ich verstehe, dass Ihnen Gerechtigkeit sehr wichtig ist. Das nehme ich sehr ernst, weil mir Gerechtigkeit auch wichtig ist. Ich möchte Ihnen deshalb vorschlagen, dass wir gemeinsam nach den Situationen, Themen und Punkten schauen, wo und wie sie mehr Gerechtigkeit erfahren könnten.“

Der Angriff ist jetzt in ein Defizit-Bedürfnis übersetzt und genau hier kann konstruktiv weitergemacht werden. Natürlich wird der Mitarbeiter jetzt nicht gleich friedlich den Rückzug antreten und auch der Frust, dass er das Projekt nicht bekommen hat, wird sich nicht einfach in Luft auflösen. Aber die Begegnung, der Austausch zwischen dem Teamleiter und dem Mitarbeiter, ist auf jeden Fall auf einem ehrlichen und authentischen Weg. Das hat Auswirkungen, sowohl auf den Lösungsprozess des aktuellen Problems, als auch auf künftige Problemsituationen, für die gute Lösungen entwickelt werden müssen.
Für unseren Teamleiter bedeutet dies ein wichtiger Baustein, um seine Stress-Resilienz zu stärken.

Zusammenfassung: Stress-Resilienz – Archetyp Venus/Waage – Lebensprinzip 7

Dieses Lebensprinzip möchte, dass wir uns mit unseren Projektionen beschäftigen, die wir in der Begegnung mit dem DU erkennen können. Diese Projektionen machen wir, um uns unangenehmen Seiten in uns selbst nicht stellen zu müssen. Wir sehen uns dann gerne als Opfer und sehen unser Gegenüber als denjenigen Teil in der Begegnung, der unangenehm ist, der überheblich ist, der schwierig ist, der aggressiv ist, usw. Wir wollen mit so einem Menschen nichts mehr zu tun haben, außer er würde sich ändern. Unseren eigenen schwierigen, aggressiven, überheblichen usw. Anteil verdrängen wir.

Da dieses siebte Lebensprinzip die archetypische Kraft nach Ausgleich und echter Harmonie in sich trägt, sind wir aufgefordert, uns mit Dysharmonie und Konflikten in der Begegnung mit dem DU zu befassen. Uns also auf den Menschen, der uns begegnet einzulassen, um durch diese Begegnung, etwas über uns selbst zu erfahren. Das können wir nur, wenn wir uns wahrhaft begegnen. Z.B., wenn wir Probleme oder Konflikte nicht unter den Teppich kehren, sondern lernen, dass echte Begegnung und echte Harmonie auch manchmal den Umweg über einen Konflikt und eine Auseinandersetzung macht.

Wir werden durch dieses Lebensprinzip aufgefordert, uns damit zu befassen, wie wir lernen, Konflikten deeskalierend zu begegnen, sie also nicht zu verdrängen, sondern gemeinsam mit dem anderen seine und die eigenen Bedürfnis-Defizite darin zu erkennen. Gelingt uns dies, fällt es uns auch leichter Entscheidungen zu

treffen, die manchmal auch unangenehm sein können. Wir fürchten dann keine Konflikte, weil wir ja damit umgehen können.
Wenn es uns in Auseinandersetzungen nicht mehr ums Gewinnen durch bessere Argumente geht, sondern darum, in echten Begegnungen mit tiefstem Respekt und Achtung vor der anderen Menschenseele, gemeinsam die Bedürfnisdefizite herauszulösen und sich gegenseitig zu helfen, dann haben wir dieses Lebensprinzip gut integriert. Das stärkt in hohem Maße unsere Stress-Resilienz.

Im Überblick: Stärkung unserer Stress-Resilienz durch die Weisheit des Archetypen Venus/Waage – Lebensprinzip 7

Harmonie, Ausgleich, Begegnung mit dem DU und den eigenen Anlagen, Projektion

Wegweiser für **A**ufbau, **W**eiterentwicklung und **F**estigung unserer Stress-Resilienz

Harmonie-Regulierung

1. Entscheidungsfähigkeit als Harmoniefaktor

   Schritt 1: Sich selbst beobachten in Entscheidungssituationen des Alltags
   Schritt 2: Entscheidungs-Muster und Strategien in der Begegnung mit anderen Menschen analysieren

2. Konfliktfähigkeit als Harmoniefaktor: Angriffe übersetzen in Bedürfnisse

3.8 Kosmischer Archetyp Pluto/Skorpion – Lebensprinzip 8

Verbindlichkeit, Selektion (Entscheidung), Vorstellungskraft, Wandlung (Transformation), Tiefe, Macht

Dieses Lebensprinzip will in den unterschiedlichsten Bereichen verbindlich werden und konfrontiert uns deshalb mit Situationen, in denen wir uns für etwas oder jemanden entscheiden sollen. Diese Entscheidungsprozesse setzen voraus, dass wir vorher ausgewählt oder selektiert haben und sie beinhalten, dass wir uns damit gleichzeitig auch immer gegen etwas oder jemanden entschieden haben.

Die Art der Verbindlichkeit, die mit diesem achten Lebensprinzip gemeint ist, hat eine sehr tiefe und weitreichende Bedeutung für die persönliche Entwicklung eines Menschen.
Die Quelle, aus der diese Verbindlichkeit gespeist wird, ist eine enorme Vorstellungskraft, über die diese Wirk-Kräfte verfügen.
Es ist sozusagen die geistige Vorstellung von etwas oder jemandem. Das können konkrete Vorstellungen darüber sein, wie jemand z.B. eine bestimmte Arbeit auszuführen hat, wie eine Reise zu verlaufen hat, wie eine Beziehung gelebt werden soll, wie ein Lebensstil aussehen soll, welche Einstellung jemand zu einem bestimmten Thema, einer Situation oder Verhalten hat ...

Diese Vorstellungen sind geistige, gedankliche Prozesse, indem man sich ein Bild (Vorstellung) von etwas/jemandem macht. Man durchläuft einen subjektiven Vorstellungs- und Wahrnehmungsprozess. Es entsteht ein konkretes aber subjektives Bild, das innerlich abgespeichert wird und damit immer wieder abrufbar ist und auch abgerufen wird.

Es ist die Vorstellungskraft über die äußere Welt, das was uns im DU (s. 7. Lebensprinzip auf S. 106) begegnet. Ist die geistige Vorstellung (das Bild) vollzogen, dann selektieren wir mit Hilfe dieser Wirk-Kraft sozusagen aus, womit davon wir uns verbinden wollen.
Wir legen uns fest, wir entscheiden uns, wir werden verbindlich.
Diese Verbindung zu dem Teil der Vorstellung, für den wir uns entschieden haben, ist so stark, dass derjenige, der diese Vorstellung hat, glaubt, dies sei die Wirklichkeit. So und nicht anders sieht das aus, hat es auszusehen. Hier wird schon eine

Schattenseite deutlich, die mit diesem Lebensprinzip einhergeht und auf die später noch ausführlich eingegangen wird.

Zunächst aber, wegen der Komplexität dieses Lebensprinzips, nochmals etwas genauer, auf was uns dieses Lebensprinzip aufmerksam machen möchte und welcher weise Entwicklungsschritt damit verbunden ist.

Wir haben es also mit einer starken Vorstellungskraft zu tun, um konkret zu werden, um zu selektieren, uns zu entscheiden und damit verbindlich zu werden.
Dies alles dient dazu, uns mit den Dynamiken, die dadurch in unserem Leben ausgelöst werden, in der Tiefe zu befassen. Genauer bedeutet das, wenn man sich mit seiner Vorstellung verbindet und dadurch ja auch mit sich selbst verbindlich wird, dann betrachtet man dies als die Wirklichkeit und damit als wahr.
Doch irgendwann wird man dann mit Situationen oder Personen konfrontiert, die unseren Vorstellungen nicht entsprechen oder die andere Vorstellungen im Sinne von Wahrheiten und Wirklichkeiten haben. Dann beginnt ein äußerer, aber vor allem innerer Kampf, denn man wird damit konfrontiert, sich möglicherweise geirrt zu haben.
Der wichtige Lernschritt oder Entwicklungsschritt, der mit diesem Lebensprinzip verbunden ist besteht darin, sich tatsächlich auf den schmerzhaften Prozess einzulassen, sich geirrt zu haben, d.h. die eigenen Vorstellungen und die damit verbundene Verbindlichkeit zu hinterfragen und wenn nötig wieder loszulassen.
Wenn es darum geht, die eigenen Vorstellungen zu hinterfragen und sie evtl. loszulassen, bedeutet das, in einen tieferen Prozess der Wandlung einzutauchen, aus dem man dann mit neuen Erkenntnissen und Erfahrungen transformiert (verwandelt, gewandelt) wieder hervorkommt. Damit wird Entwicklung möglich.
Wir wickeln uns selbst aus unserer Vorstellung heraus. Wir wickeln aus, was verborgen war. Wir erkennen damit uns selbst immer besser.
Wir lassen etwas los und erhalten dadurch etwas Neues, bzw. dadurch wird Neues überhaupt erst möglich.

Wir stellen uns mit unseren Vorstellungen einerseits verbindlich dem Außen, jedoch mit der Möglichkeit, diese Vorstellungen auch wieder in uns sterben zu lassen, damit Neues geboren werden kann.
Dieser geistige Prozess ist letztlich das „Stirb und Werde“, das Goethe meinte.

Es gibt viele erwachsene Menschen, die jahrzehntelang darüber klagen, dass sie sich gewünscht hätten, ihre Eltern wären anders gewesen. Sie hängen an ihren

Vorstellungen (Bildern) und nähren damit ihre Leiden. Würden sie die Vorstellungen loslassen, könnten sie möglicherweise das Gute, im einst Schlechten sehen. Aber wir müssen gar nicht gleich derart positive Erwartungen haben. Was wir erleben, wenn wir unsere Vorstellungen loslassen ist, dass durch das vorgestellte Bild, wenn wir es auch nur kurz mal beiseite schieben, uns etwas Verdecktes gezeigt wird, was wir vorher nicht gesehen haben.
Vorstellungen verstellen uns also auch die Möglichkeit, Dinge oder Menschen und auch uns selbst so zu sehen, wie sie/wir wirklich sind.

Nehmen wir als Beispiel Enttäuschungen, weil der Partner doch nicht so ist, wie wir ihn uns vorgestellt haben. Geben wir unsere Vorstellung auf, sehen wir eventuell zusätzlich sehr positive Dinge, die uns vorher verborgen geblieben sind, weil ja unsere Vorstellung vor dem eigentlich Wahren stand.

Es geht also um den Prozess, unsere Vorstellungen, die wir für wahr halten, zu hinterfragen, sie wenn nötig los-zu-lassen und sich ein-zu-lassen, in andere Vorstellungswelten oder Wirklichkeiten. Erkenntnisse, die wir dadurch erfahren, ermöglichen eine tiefe, innere Wandlung und damit Transformation. Stirb und Werde.

Die Schattenseite und die Urangst, die darin verborgen ist, soll nun als nächstes aufgezeigt werden.

Die im Schatten gelebte archetypische Pluto/Skorpion-Kraft

Dieser achte Archetyp verfügt, wie aufgezeigt, über eine enorme Vorstellungskraft. Genau hier liegt auch der Schatten verborgen.
Wenn wir uns von etwas oder jemandem ein Bild machen und der Meinung sind, so und nicht anders sieht das Bild aus oder hat es auszusehen, auch für die anderen, dann birgt das die Gefahr in sich, dass wir versuchen, dem anderen unsere eigenen Vorstellungen überzustülpen.
Dies kann unter Umständen Ausmaße annehmen, die zu Manipulation und Über-Machtung führen. Wir wollen damit den anderen in Besitz nehmen. Wir drücken damit eine Art der Begehrlichkeit oder Begierde aus, denn wir wollen uns den anderen dadurch einverleiben, dass er so zu sein hat, wie es unseren Vorstellungen entspricht. Dies ist eine sehr destruktive Art der Verbindung oder Verbindlichkeit.

Nehmen wir hierfür das Beispiel, wenn Eltern ihren Kindern ihre eigenen Vorstellungen, welchen beruflichen Weg sie einschlagen sollen, aufzwingen. Wenn der Jugendliche dies absolut nicht möchte, weil er eben andere Pläne und Vorstellungen hat, wird es viele Kämpfe und Konflikte geben. (Be)-Zwingen Eltern dann, z.B. mittels materiellen oder emotionalen Mitteln ihre Kinder gemäß ihren Vorstellungen, z.B. eine bestimmte Ausbildung oder Studium zu machen, üben sie Macht aus. Die negativen Auswirkungen werden sie vielleicht nicht sofort spüren, aber irgendwann kehrt sich diese Übermächtigung um.
Außerdem haben Sie sich durch diese Besitznahme selbst einer wertvollen Erfahrung und Entwicklung beraubt und zwar, ihre Vorstellungen bewusst los-zu-lassen und sich ein-zu-lassen auf das, was sich dann zeigt, was dadurch sichtbar werden kann, bei ihnen selbst und natürlich bei ihren Kindern.
Gleichzeitig leben sie ihren Kindern vor, wie destruktiv man in Beziehungen (egal welcher Art) eigene Vorstellungen manipulativ einsetzen kann.

Natürlich ist es wichtig und gut, eigene Vorstellungen zu entwickeln. Was wir aber dabei beachten sollen ist, unsere eigenen Vorstellungen auch zu hinterfragen, sie also nicht unreflektiert mit Macht durchzusetzen und andere Menschen damit für unsere Zwecke zu beeinflussen.
Lernen sollen wir, den Vorhang der eigenen Vorstellungen immer wieder aufzuziehen, um zu prüfen, was zu den Vorstellungen geführt hat, welche tieferen Bedürfnisse dahinter verborgen sind, wo wir uns geirrt haben könnten und deshalb los-lassen müssen. Auf diese Weise können wir uns selbst auf einer tieferen Ebene begegnen.

Wenn wir etwas oder jemanden besitzen wollen, nehmen wir in unserer Vorstellung Verbindung dazu auf. Wir machen uns in unserer Vorstellung ein (unser) Bild davon. Das Problem ist nur, dass wir dabei vergessen, dass dies unser subjektives Bild ist und mit der objektiven Wirklichkeit weit auseinander klaffen kann, wir uns also auch irren können. Genau das wollen wir oft nicht wahr haben. Damit verhindern wir den mit diesem Lebensprinzip verbundenen Auftrag, nämlich das Los-lassen unserer subjektiven Vorstellung (Wirklichkeit) und das Ein-lassen auf das Andere, Neue, das Unbekannte und Wirkliche.

Wenn wir uns auf das Los-lassen ein-lassen, dann durchlaufen wir wertvolle, äußere und innere Prozesse der geistigen Auseinandersetzung von Einstellungen und Haltungen. Dadurch wird es uns möglich, auch bis in tiefste, eigene innere Abgründe zu blicken. Durch das Anschauen konfrontieren wir uns mit dem, was wir für wirklich halten und bekommen eine Ahnung von dem, was wirklich ist. Dieser wichtige Erkenntnisprozess hilft uns auf dem Weg zur Wandlung und Transformation.

Lebt der Mensch den Schatten dieses Archetyps, tut er genau das, wovor er sich am meisten fürchtet: Vor Fremdbestimmung. Dies ist die größte Angst, die dieser Archetyp symbolisch als Schatten verkörpert.

Welche Bedeutung das achte Lebensprinzip für unsere Stress-Resilienz hat, soll nun weiter betrachtet werden.

Bedeutung für unsere Stress-Resilienz

Das achte Lebensprinzip kann uns dabei helfen, einen wichtigen Resilienzfaktor zu entwickeln und zwar die Fähigkeit, unser Leben durch Loslass-Prozesse zu entlasten und zu bereichern, auf allen drei Ebenen: Auf der Körperebene, der Gefühlsebene und der Gedankenebene.
Entlastung, sich von einer Last durch Los-lassen befreien, ist ein Blickwinkel, der es uns ermöglicht, Los-lassen nicht nur mit Verlust in Verbindung zu bringen. Wir können sogar auf einer höheren Ebene Los-lassen mit Dazu-gewinnen betrachten. Hierzu ein kleines Beispiel:

Sie haben sich auf einen tollen Urlaub in den Bergen gefreut und sich schon genaue Vorstellungen davon gemacht, welche Touren Sie wandern werden. Gleich am ersten Tag verstauchen Sie sich den Knöchel, so dass an weitere Wandertouren nicht mehr zu denken ist. Sie sind verzweifelt, hadern mit sich und der Welt, es geht Ihnen körperlich, gefühlsmäßig und gedanklich so richtig schlecht. Das Leben zwingt Sie, Ihre Urlaubsvorstellungen, zumindest zu diesem Zeitpunkt, aufzugeben, sie los-zu-lassen. Das fällt Ihnen verständlicherweise sehr schwer, denn Sie empfinden dies als richtigen Verlust.
Verlust an körperlicher Betätigung, Verlust an freudigen Gefühlen, Verlust an positiven und zufriedenen Gedanken und weiteren schönen Vorstellungen.
Einen Gewinn können Sie beim besten Willen nicht erkennen. So verbringen Sie einen weiteren Tag im Hotel und mit kleineren Spaziergängen und großem innerlichem Hadern. Sie beschließen, am nächsten Tag abzureisen. Um sich bis dahin etwas abzulenken, humpeln Sie in den dortigen Buchladen und entdecken einen Prospekt, der Ihre Aufmerksamkeit wie magisch anzieht. Es handelt sich um einen

zehntägigen Goldschmiedekurs, hier im Ort, der direkt morgen früh beginnt. Schon immer hat Sie dieses Thema interessiert, ständig kam jedoch etwas dazwischen oder andere Dinge waren wichtiger. Spontan melden Sie sich zu dem Kurs an und Ihr Urlaub bekommt eine Wendung und Sie selbst eine Wandlung.

Schon der erste Kurstag ist für Sie ein eindrucksvolles Erlebnis und führt dazu, dass Sie über Ihre alten Urlaubsvorstellungen lächeln, diese los-lassen können, ohne großen Schmerz und sich ein-lassen, auf eine ganz andere Art von Urlaub. Nach zwei Wochen wieder zu Hause angekommen wird Ihnen bewusst, dass Sie tatsächlich einen Zugewinn an Erfahrung und Lebensqualität erhalten haben. Sogar neue Freunde haben Sie gefunden und weitere Treffen sind schon vereinbart.
Zugegeben, dies ist ein relativ einfaches plakatives Beispiel. Jedoch soll es möglichst klar das Los-Lassen von starren Vorstellungen beschreiben und wie es dadurch zu Bereicherung und innerer Wandlung kommen kann.
In diesem Beispiel ist es die Wandlung vom Hadern und Jammern, hin zu einer positiven Einstellung und einem positiven Erleben. Transformation im Sinne des achten Lebensprinzips bedeutet immer, sich herausentwickeln aus den eigenen Vorstellungen, wenn diese mit der Wirklichkeit nicht übereinstimmen. Dauerschmerz und Dauerstress entstehen, wenn wir an unseren Vorstellungen festhalten, auch wenn im wirklichen Leben die Situation, die Bedingungen oder die Umstände überhaupt nicht (oder nicht mehr) dazu passen.

Natürlich gehen diese Wandlungsprozesse nicht immer so glatt und schnell, wie es bei diesem erfundenen Beispiel war. Manchmal bemerken wir lange Zeit nicht, dass wir etwas bestimmtes los-lassen sollen, weil wir mit unserer Vorstellung so identifiziert sind, dass wir die leisen Hinweise gar nicht verstehen. Die Wirkkräfte des achten Lebensprinzips werden dann dafür sorgen, dass die Hinweise deutlicher werden. Unser Leidensdruck wird stärker. Dies kann letztendlich auch dazu führen, dass unsere Stress-Resilienz so stark abnimmt, dass unser Immunsystem geschwächt wird und wir krank werden.
Schauen wir uns hierzu wieder ein Beispiel mit unserem Angestellten an:

Beispiel:
Nehmen wir an, unser Angestellter hat ganz genaue Vorstellungen, was seine Karriere in der Firma betrifft, in der er seit Jahren arbeitet. Im Grunde ist das ja positiv, nur leider hat er nicht damit gerechnet, dass das wirkliche Leben manchmal andere Wege geht, als wir uns das so vorstellen.

So erlebt unser Angestellter praktisch von Anfang an enorme Hindernisse bei seinem Weiterkommen in dieser Firma. Einmal wird ein Kollege vorgezogen, dann wird sogar seine Abteilung verkleinert (verschlankt), so dass er für weniger MA verantwortlich ist und deshalb Gehaltseinbußen hinnehmen muss (bzw. hinnimmt). Dann wird ihm versprochen, dass er in einer neu eröffneten Filiale den Vertrieb aufbauen darf, er sozusagen zum Hauptabteilungsleiter emporsteigt. Doch leider bekam ein ganz neuer Mitarbeiter diesen Posten mit dem Argument, dass man auf ihn hier im Hauptwerk nicht verzichten kann. Zwar ein schönes Lob, aber seine Karriereplanung wird seinen Vorstellungen wieder nicht gerecht.

Schließlich ist er dann so demotiviert und frustriert, dass er immer häufiger krank wird und leider unterlaufen ihm auch immer häufiger Fehler. Sein Vorgesetzter legt ihm deshalb irgendwann nahe, doch mal zu überprüfen, ob er in der jetzigen Position nicht überfordert ist. Man hätte da gerade im Haus eine freie Stelle, allerdings wird diese geringfügig schlechter bezahlt.
Nach diesem Vorschlag brennen bei unserem Angestellten sämtliche Alarmlampen und er erkennt, dass da grundsätzlich etwas schief läuft. Er nimmt ein Coaching in Anspruch.
Der Coach stellt fest, dass der Angestellte schon längere Zeit sehr stark in seiner beruflichen Vorstellungswelt verharrt und die vielen Ereignisse, die wirklich passiert sind und wichtige Hinweise sind, missachtet hat. Im Coaching werden dann gemeinsam die geschilderten Einbrüche in seiner Karriereplanung analysiert, damit dem Angestellten bewusst wird, wo und was er los-lassen, bzw. wo er seine Vorstellungen verändern sollte. Hierzu stellt ihm der Coach das Modell „Verbinden (mit der Wirklichkeit), um los-zulassen“ vor.

Impulse für die Nutzung der Wirkkraft des kosmischen Archetypen Pluto/Skorpion zur Stärkung unserer Stress-Resilienz

Transformationsfähigkeit aufbauen, weiterentwickeln und festigen

1. Vorstellungs-Regulierung: Verbinden mit der Wirklichkeit, um zu akzeptieren was ist und subjektive Vorstellungen los-zu-lassen

Üblicherweise wird in den diversen psychologischen Ratgebern zum Thema los-lassen als erster wichtiger Schritt das „Akzeptieren" genannt. Leider wird meist nicht erklärt, wie man etwas akzeptieren kann, wenn doch gerade das das Problem ist. Der Ansatz an sich ist schon richtig, dass wir zunächst etwas akzeptieren müssen, um es dann loslassen zu können. Allerdings wird der Schritt der notwendig ist, um etwas zu akzeptieren, nicht erklärt und dadurch tun wir uns unnötig schwer und verzweifeln möglicherweise an der Aufgabe.

Hier gehen wir deshalb davon aus, dass der wirklich erste Schritt im Los-lass-Prozess derjenige ist, dass wir uns mit dem verbinden was wirklich ist. Dieses Verbinden findet auf einer höheren Ebene und zwar der Meta-Ebene statt. Das bedeutet, wir selbst sind Beobachter des Widerspruchs und zwar dem, was gerade unsere Vorstellung ist und dem, was aber der Wirklichkeit entspricht. Diese Diskrepanz nehmen wir auf der Meta-Ebene wahr. Es werden also zwei Bilder nebeneinander gestellt. Das subjektive Bild der Vorstellung: „ich bin Filialleiter" und das objektive Bild: „der Kollege ist Filialleiter". Das Wirklichkeitsbild vergrößern wir innerlich in unserer Vorstellung.
Das subjektive Vorstellungsbild „ich bin Filialleiter" wird nun gelöscht. Nur der Rahmen bleibt stehen. Von der Meta-Ebene aus sieht man nur noch das Bild „der Kollege ist Filialleiter".
Bei dieser Betrachtung erleben wir vielleicht schmerzhafte Gefühle der Wut oder der Hoffnungslosigkeit. Das ist die Wirklichkeit, mit dieser sind wir jetzt verbunden.

Und erst jetzt können wir in den Prozess des Akzeptierens gehen. Wir erkennen das Bild, das der Wirklichkeit entspricht, wir spüren unsere schlimmen Gefühle, wir sind ganz in dem was jetzt gerade wirklich ist und nicht mehr in einer subjektiven Wunsch-Vorstellung.

Damit geschieht ein wichtiger Entlastungs-Prozess, denn solange wir gegen die Wirklichkeit Widerstand leisten, also an unserem Vorstellungsbild hängen, erzeugen wir Druck und Leiden in uns und wir spüren eine Belastung. Entlastung wird nur möglich, wenn wir das, was jetzt wirklich ist, anschauen, vor uns selbst zugeben, was tatsächlich jetzt ist, diese Wirklichkeit anerkennen und uns dann einfühlsam erlauben, es zu akzeptieren. Nur so können wir auch innerlich unsere subjektive Vorstellung gehen lassen. Gleichzeitig wird wieder Energie frei, um mit dem, was jetzt gerade wirklich ist, umgehen zu können.

Nehmen wir nun an, unser Angestellter hat mit Hilfe seines Coaches, diesen Prozess durchlaufen, er hat sich also mit der Wirklichkeit verbunden, sie akzeptiert und seine Vorstellung los-gelassen. Was bleibt, sind aber noch seine schlimmen Gefühle, denn noch erlebt er dieses Los-lassen als Verlust, weil er ja noch keine Vorstellung davon hat, wie er jetzt beruflich fortfahren soll.
Die schmerzhaften Gefühle sind auch ein Hinweis darauf, dass eine innere Wandlung oder Transformation noch nicht stattgefunden hat. Es fehlt für diesen Prozess das sich Ein-lassen in die eigene, innere Tiefe und nicht nur eine kognitive Analyse der äußeren Gegebenheiten vorzunehmen. Der nächste Schritt ist deshalb die tiefe Auseinandersetzung mit den persönlichen Bedürfnissen, da unsere Vorstellungen immer von unseren Bedürfnissen gespeist werden.

2. Verbinden mit den wahren Bedürfnissen, um Verlustgefühle zu heilen und neue transformierte Vorstellungen entstehen zu lassen

Das Thema Bedürfnisse und Gefühle, haben wir ja bereits in den vorangegangenen Kapiteln besprochen. Deshalb können wir hier direkt in die vertiefende Fragestellung eintauchen:

Welche Bedürfnisse wollte unser Angestellter mit seiner Karriereplanung abdecken?
Nehmen wir an, der Angestellte sagt, Sicherheit, Anerkennung, Status, akzeptiert werden, stärkeres Selbstwertgefühl, …
Wir bitten den Angestellten, sich ein Bedürfnis aus seiner Liste herauszugreifen. Er nennt Anerkennung. Wir fragen weiter in die Tiefe, was es für ihn persönlich bedeutet, wenn er Anerkennung bekommt. Er sagt, dass er dann mit sich zufrieden ist. Wir fragen weiter in die Tiefe, was es für ihn persönlich bedeutet, wenn er mit sich zufrieden ist. Er sagt, dass er dann eine innere Ruhe findet und nicht mehr so rastlos ist.

Hier stoppen wir den Tiefgang und bleiben bei dem Grundbedürfnis „innere Ruhe". Wir machen dem Angestellten klar, dass er durch die Vorstellung über seine Karriereplanung im Grunde Unruhe erlebt und nicht innere Ruhe.
Das bestätigt der Angestellte. Wir erklären ihm weiter, dass er sich wohl geirrt haben muss, wenn er glaubt, dass seine Karriere ihm innere Ruhe, Zufriedenheit und Anerkennung bringen wird. Da stimmt uns der Angestellte zu. Auf die Frage, ob wir schauen sollen, was ihm innere Ruhe geben kann, stimmt er ebenfalls zu.
Hinweis: Wir befinden uns jetzt schon im beginnenden Transformations-Prozess, denn unser Angestellter kann sich aus der gewonnenen Erkenntnis tatsächlich auf Neues einlassen. Er entwickelt sich damit schon weiter. Schauen wir, wie die weitere Transformation aussieht.

3. Verbinden mit dem eigenen Transformationsprozess, um weiterentwickelt aus dem Prozess hervorzugehen

Nach einigem Hinterfragen, stellt der Angestellte fest, dass er das Bedürfnis „innere Ruhe" nicht wirklich in dieser Firma erreichen kann, vielleicht nicht einmal mit seinem Beruf. Er begreift, dass sein Bedürfnis nach innerer Ruhe möglicherweise auf anderen Gebieten zu erreichen ist. Er verändert also seine Einstellung und Vorstellung, dass der Beruf ihm innere Ruhe geben soll. Er erkennt, dass er für sich selbst ein ruhender Pol sein muss und möchte an diesem Thema weiter arbeiten. Gerne mit Hilfe des Coaches.

Mit dieser Wandlung seiner Einstellung betrachtet er seine Karriereplanung mit neuen Augen und erkennt, dass er sich viel lieber in seinem Beruf auf ein ganz bestimmtes Gebiet konzentrieren und spezialisieren will und die Karriereplanung für ihn dabei zweitrangig ist. Er hat deshalb vor, Firmen zu suchen, die ihm diese Möglichkeit bieten. Es beginnt also nun eine ganz neue Vorstellung in ihm zu wachsen. Es hat eine Wandlung (Transformation) in ihm stattgefunden und damit eine persönliche Weiterentwicklung. Seine Stress-Resilienz wird dadurch gestärkt.

Zusammenfassung: Stress-Resilienz – Archetyp Pluto/Skorpion – Lebensprinzip 8

Die Wirk-Kräfte des Archetypen Pluto konfrontieren uns mit Themen der eigenen, inneren Wandlung. Wir sollen auf der einen Seite unsere Vorstellungskraft nutzen, auf der anderen Seite, werden wir aber auch an die Grenzen unserer Vorstellungen geführt, indem wir mit der Wirklichkeit konfrontiert werden, die nicht selten mit unserer Vorstellung weit auseinander klafft.
Wir werden durch die Wirkkräfte dieses Lebensprinzips aufgefordert, uns mit unseren subjektiven Vorstellungen und den daraus entstandenen Verbindlichkeiten, Machtansprüchen, Manipulationen und Entstellungen ehrlich auseinander zu setzen.

Die Aufgabe ist, zu erkennen, wo sich unsere Vorstellungen mit der Wirklichkeit nicht in Übereinstimmung bringen lassen, wo wir uns geirrt haben und unsere Vorstellungen dann zugunsten der Wirklichkeit los-zulassen. Die daraus entstehenden unangenehmen Gefühle signalisieren uns, dass wir unseren tiefer liegenden Bedürfnissen auf den Grund gehen sollen. Damit werden wir mit uns selbst konfrontiert, mit dem was wirklich in uns ist und mit diesen Erkenntnissen sollen wir dann neue Vorstellungen entwickeln, im Grunde uns weiter entwickeln. Tun wir dies nicht, werden wir viele Situationen erleben, die mit Machtkämpfen, mit Manipulation und Leiden zu tun haben. Wir schwächen unsere Stress-Resilienz und werden möglicherweise krank.

Lassen wir uns jedoch auf einen inneren Wandlungsprozess ein, indem wir unsere Vorstellungen mit der Wirklichkeit abgleichen und bei nicht Übereinstimmung unsere Vorstellungen loslassen, wird der Weg frei, sich mit der Wirklichkeit auseinander zu setzen und diese mit unseren tiefsten Bedürfnissen in Einklang zu bringen. Dies bedeutet Transformation und Weiterentwicklung. Eine starke Energie wird uns zufließen und damit unsere Stress-Resilienz stärken.

Im Überblick: Stärkung unserer Stress-Resilienz durch die Weisheit des Archetypen Pluto/Skorpion – Lebensprinzip 8

Verbindlichkeit, Selektion (Entscheidung), Vorstellungskraft, Wandlung (Transformation), Tiefe, Macht

Wegweiser für **A**ufbau, **W**eiterentwicklung und **F**estigung unserer Stress-Resilienz

Transformationsfähigkeit

1. **Vorstellungs-Regulierung:**
   - Verbinden mit der Wirklichkeit, um zu akzeptieren was ist und subjektive Vorstellungen die nicht der Wirklichkeit entsprechen los-zu-lassen

   - Verbinden mit den eigenen wahren Bedürfnissen, um Verlustgefühle zu heilen und um neue transformierte Vorstellungen entstehen zu lassen

2. **Verbinden mit dem eigenen Transformationsprozess,** um weiterentwickelt aus dem Prozess hervorzugehen

3.9 Kosmischer Archetyp Jupiter/Schütze – Lebensprinzip 9

Erkenntnisdrang, Sinnhaftigkeit, Hoffnung/Zweifel, Ahnung und Gewissheits-Suche auch jenseits der menschlichen Existenz, Überzeugungsdrang

Diese neunte Archetypkraft treibt uns Menschen an, unsere Erfahrungen und die in uns entstandenen Vorstellungen, die wir vom Leben haben, so zusammen zu fügen, dass dies für uns ein sinnvolles Ganzes ergibt und zwar auch jenseits der menschlichen Existenz.
Damit verbunden ist z.B. die Hoffnung, dass Lebenssituationen, auch wenn sie schwierig oder schmerzhaft sind, in sich immer einen Kern Sinnhaftigkeit tragen. Wenn für uns etwas Sinn macht, dann brauchen wir nicht mehr zweifeln, bzw. verzweifeln, dann erleben wir eine Art Gewissheit, die uns trägt. Da dies oft nicht gelingt, beginnt der Mensch immer wieder zu zweifeln und nach Gewissheit zu suchen und zu hoffen. Diese Suche wird durch einen Erkenntnisdrang, den diese archetypischen Wirk-Kräfte in sich tragen, immer wieder angefeuert.
Da die Jupiter-Archetypkraft auch ein hohes Maß an Freude und Hoffnung symbolisiert, werden die Zweifel nur dann als sehr schmerzhaft empfunden, wenn wir uns nicht wirklich auf die Botschaften einlassen, die hinter den Zweifeln verborgen sind.

Was aber genau ist denn mit Sinnsuche im ganz normalen Alltag des Menschen gemeint?
Es geht dabei nicht nur um hochphilosophische Erkenntnissuche, sondern darum, dass der Mensch irgendwann in seinem Leben vor Situationen steht, die ihn daran zweifeln lassen, dass es so etwas wie Gerechtigkeit im Leben gibt. Auch kann es plötzlich zu Zweifeln kommen, ob die berufliche Tätigkeit wirklich Sinn macht. Oder wenn es um heftige Schicksalsschläge geht, taucht die ganz große Frage auf, ob das Leben hier auf der Erde überhaupt einen Sinn hat und wenn ja, welchen.
Es sind oft die ganz normalen Alltagssituationen, die wir plötzlich als ermüdend empfinden, weil sie sich ständig wiederholen und zur Folge haben, dass wir uns fragen: Wozu machen wir das eigentlich, welchen Sinn hat es.

Es kann sein, dass wir diese Zweifel-Gefühle nur ab und zu haben oder aber, sie sind ständig in uns präsent. Es muss also in uns Menschen eine Art Ahnung geben, dass es so etwas wie Sinnhaftigkeit gibt. Diese Ahnung drückt sich in jedem Menschen anders aus.

Es gibt Menschen, für die macht es großen Sinn, sich körperlich zu bewegen, für andere macht es keinen Sinn. Die einen sehen einen großen Sinn darin, dass sie sich an ihrem Wohnort sozial engagieren, anderen gibt das nichts.
Es gibt Menschen, die es für sinnvoll halten Kontakte zu pflegen zu anderen Kulturen, andere möchten das nicht. Es gibt Menschen, die es für sehr sinnvoll halten, sich gesund zu ernähren und sie setzen in ihrem Alltag sehr viel Zeit und Mühe ein, sich darüber zu informieren und Vieles auszuprobieren.
Es gibt Menschen, die sehen den Sinn ihres Lebens darin, einfach ein guter Mensch zu sein oder eine sinnvolle berufliche Tätigkeit auszuüben oder einen schönen Garten anzulegen, oder für Gäste schönes Essen zuzubereiten. Alltags-Sinn ist nicht etwas, was für alle gleich ist.
Vielen Menschen ist aber dieser Alltags-Sinn irgendwann nicht mehr genug, weil in ihnen eine Sehnsucht aufsteigt, dass es da noch einen größeren Sinn im Leben geben muss, unabhängig vom persönlichen Sinn.
Damit entsteht der Wunsch und das Hoffen diesen größeren Sinn zu finden. Und so beginnt das Suchen und Hoffen, immer wieder begleitet durch das Zweifeln. Man begibt sich auf die Reise. Nicht nur im übertragenen Sinn, sondern tatsächlich, indem man in die Welt hinaus geht, sich umschaut, Länder und Menschen kennen lernt.

Mit unter gibt es auch Menschen, die meinen so etwas wie Sinn und Gewissheit gefunden zu haben. Möglicherweise nutzen sie diese Gewissheit fälschlicherweise dazu, andere zu missionieren. Es scheint fast so, als ob sie dadurch ihre eigenen aufkeimenden Zweifel bekämpfen wollen, wenn sie andere überzeugen können.
Doch oft schlägt die Gewissheit oder die Hoffnung wieder in Zweifel um, ja in Ver-zwei-flung, dann geht die Suche von vorne los.
Die neunte archetypische Kraft gibt uns Hoffnung, aber sie fordert uns auch dazu auf, uns immer wieder die Sinnfrage zu stellen. Wir sind aufgefordert, unsere Hoffnung mit unseren Zweifeln in ein gesundes Verhältnis zu bringen. Dadurch wird es uns irgendwann möglich sein, unser eigenes Licht, unsere Hoffnung in uns selbst zu finden und uns damit sinnvoll mit einem noch größeren Licht außerhalb von uns verbunden zu fühlen.

Da die Wirk-Kräfte dieses Lebensprinzips in uns eine Neugierde und einen Wissensdrang auslösen, müssen wir jedoch darauf achten, dass wir uns nicht verlieren oder verzetteln. Deshalb sollten wir unseren Erkenntnisdrang immer wieder in die Tiefe richten und nicht nur in die Breite.

Das heißt, dass viele Menschen glauben und hoffen, je mehr Wissen sie sich aneignen, umso größer ist die Chance, einen Sinn hinter dem zu finden, was gerade in ihrem Leben nach Sinn verlangt. Es ist aber leider genau umgekehrt. Je mehr wir an Wissen in der Breite anhäufen, umso verzweifelter werden wir, weil wir mit dem Vielen nur an der Oberfläche bleiben können. Natürlich ist es hilfreich und lohnenswert mit unserem Wissensdrang auf unterschiedlichsten Gebieten Wissen erlangen zu wollen und zu suchen. Aber ab einem bestimmten Wissensstand ist es für uns eher ein Fluch als ein Segen, denn wir erahnen, dass Wissen ohne Tiefe, keinen Sinn macht.

Wir ermüden, wir zweifeln an allem und doch fühlen wir einen Druck, weiter zu machen, um auf dem neuesten Stand zu sein. Irgendwann zeigt uns schließlich dieser Archetyp sehr deutlich, dass wir uns vergaloppieren und stoppt uns in irgendeiner Weise. Vielleicht bekommen wir gesundheitliche Probleme oder wir laufen immer wieder auf ein Hindernis, das uns ausbremst oder wir werden depressiv und kommen in eine tiefere Sinnkrise.

Natürlich nehmen wir diese Signale wahr, aber wir behandeln sie meist nur auf der Körperebene, also Symptom bezogen. Es braucht oft einen längeren Leidensweg, bis wir auch hier erahnen, dass der Körper uns womöglich auf etwas aufmerksam machen möchte, das mit unserer Einstellung und Haltung unserem Leben gegenüber zu tun hat.
Vielleicht geraten wir an einen Menschen, der uns in dieser Situation weiterhilft und uns klarmacht, dass es ein Lebensgesetz gibt, das uns darauf aufmerksam macht, dass Sinn und Gewissheit, wenn überhaupt, nur mit Qualität des Wissens und nicht mit Quantität zu tun hat.

Diese Archetypkraft wird aber auch aktiv, wenn wir im Leben unseren gewohnten Gang gehen und Dinge tun, die gar nicht unserem Seelenheil dienen. Wenn wir uns Aufgaben widmen, die uns schaden, wenn wir uns für andere verausgaben, wenn wir nicht unseren Weg gehen, sondern den, den andere uns zuweisen. Dann macht sich dieser Archetyp auch durch ungute Gefühle der Sinnlosigkeit, des Zweifelns und der Hoffnungslosigkeit bemerkbar.
Im Grunde ist auch dies etwas Sinnvolles, denn nur durch diese unangenehmen Gefühle werden wir wach. Wir beginnen zu hinterfragen und im besten Fall kümmern wir uns um uns und unsere Weiterentwicklung. Leider viel zu oft erst nach einem längeren Leidensweg.

Die Weisheit die diese Archetypkraft für uns bereitstellt, ist die Auseinandersetzung mit uns und unserem Leben. Einmal ganz irdisch: Wozu mache ich dies oder das, was für einen Sinn hat es, wenn ich dies so oder so mache? Dann aber auch auf einer höheren Ebene: Wer bin ich, warum bin ich hier auf der Erde, wohin gehe ich, wenn ich irdisch sterbe, welchen höheren Sinn kann ich für mich erkennen?

Schon durch die Beschäftigung mit diesen Fragen entsteht etwas Sinnvolles, denn wir entwickeln uns dadurch automatisch weiter. Natürlich gibt es auch hier Gefahren und negative Auswirkungen, sogenannte Schatten, auf die nun weiter eingegangen wird.

Die im Schatten gelebte archetypische Jupiter/Schütze-Kraft

Wenn wir diese archetypische Jupiterkraft im Schatten leben, zeigt sie sich meist durch starke Gefühle der Sinnlosigkeit und Hoffnungslosigkeit. Wie schon weiter oben ausgeführt, drängt uns diese Archetypkraft, uns mit dem Sinnvollen in unserem Leben auseinander zu setzen. Oft ist damit auch die Suche nach einer Sinnkopplung unserer irdischen Existenz, mit einer wie auch immer gearteten überirdischen Existenz verbunden. Das würde uns dann eine Art Gewissheit eines höheren Sinns des Lebens geben.
Diese Gewissheit nach einem höheren Sinn, den wir unserem Leben geben möchten, hängt für die meisten Menschen mit dem Glauben an eine höhere Macht bzw. Kraft zusammen. Und da diese Gewissheit für die meisten Menschen in der westlichen Welt nicht einfach seit Beginn ihres Lebens da ist, sind wir auf der Suche danach. Damit verbunden ist aber auch die Angst, nichts zu finden. Was dann?

Viele Menschen sagen, ach das ist mir egal, ich lebe so wie es mir gefällt, das bedeutet genug Sinn für mich. Andere Menschen wiederum suchen extrem verbissen nach einem Sinn und leiden, weil sie immer wieder auf große Zweifel stoßen. Bei beiden ist das Motiv die Urangst vor Sinnlosigkeit. Der Unterschied ist nur, dass der eine sich erst gar nicht damit befassen will, aus Angst da ist nichts. Der andere verbohrt sich derart darin, dass da was sein muss und zwar aus Angst, mit einer Sinnlosigkeit nicht weiterleben zu können.
Da hatten es die Urvölker noch leichter: Die glaubten einfach an ihre Götter und sahen sich sinnvoll eingebunden in diese Götterwelt.

In unserer modernen Welt gibt es genügend wissenschaftliche, rein rationale Erklärungen, dass es so was wie einen höheren Sinn nicht gibt. Es existieren aber auch die vielen nicht-wissenschaftlichen Erklärungs-Modelle, beispielsweise der verschiedenen Religionen oder der Esotherik-Szene, die sehr wohl von der Einbindung der Menschen in ein höheres sinnvolles Ganzes sprechen.

Die Urangst vor Sinnlosigkeit treibt uns Menschen an, uns irgendwie Gewissheit über unseren Lebenssinn zu verschaffen. Manche finden dies durchaus in der Religion, in die sie hineingeboren wurden. Aber viele tappen im Dunkeln.
Die Suche nach Gewissheit birgt die Gefahr in sich, dass wir den Schatten dieses Archetyps leben und uns z.B. leicht manipulieren und steuern lassen, wenn uns Heilsversprechen gemacht werden. Auch besteht die Gefahr, dass wir uns selbst zum Guru machen und Menschen um uns scharen, die unser Glaubenskonzept und damit eine Pseudogewissheit übernehmen, in der Hoffnung nach Sinn. Wenn wir irgendwann erkennen, dass wir einem Irrtum erlegen sind, ist die Verzweiflung umso größer und die Sinnlosigkeit steht wie eine Bedrohung vor uns.

Die Urangst vor Sinnlosigkeit hat also folgende Schatten: Zum einen, wenn ein Mensch zunächst voller Hoffnung und Zuversicht einen enormen Wissensaufbau betreibt, der aber nur in die Breite geht und nicht in die Tiefe. Es folgt irgendwann eine Erschöpfung und Hoffnungslosigkeit, wenn man die Gewissheit so nicht gefunden hat.
Als Folge kann dies eine enorme Schwächung des Immunsystems haben, mit weiteren schädlichen gesundheitlichen Folgen.
Weitere Schatten zeigen sich, wenn wir selbst zum Prediger werden und beginnen, andere in manipulierender Art und Weise zu missionieren. Oder wenn wir uns selbst auf dubiose Sinnhaftigkeits-Versprechen einlassen und diese dann irgendwann zusammen brechen.

Welche Bedeutung dies für unsere Stress-Resilienz hat, wird nun weiter ausgeführt.

Bedeutung für unsere Stress-Resilienz

Dieses neunte Lebensgesetz hat eine große Bedeutung für unsere Resilienz und unser subjektiv empfundenes Stresserleben, denn wenn wir in unserem Leben und Tun keinen Sinn mehr sehen und keine Hoffnung mehr haben, wird unser Immunsystem geschwächt, wir werden anfälliger für Infektionen, Depression und andere Krankheiten. Das bedeutet natürlich auch, dass unsere Stress-Resilienz sehr stark abnimmt und wir schon bei geringster Belastung ein hohes Maß an subjektivem Stress erleben.

Im umgekehrten Fall können wir mit der Weisheit dieser Archetypkraft unsere Stress-Resilienz enorm stärken, dass wir sogar einen Lebensweg gehen, den wir uns eigentlich gar nicht zugetraut haben. Denn wenn wir die Gesetze dieses Lebensprinzip erkannt haben und in unser Leben integrieren, werden Kräfte in uns frei, die uns helfen, sinnvolle Zusammenhänge in unserem Leben zu erkennen und uns Dingen zu widmen, die wirklich wertvoll für uns sind. Wir stochern dann nicht mehr hilflos suchend in einem Brei von Möglichkeiten herum, sondern wir vertrauen einer inneren Führung und hören auf die Impulse und Signale, die für uns einen Sinn ergeben.

Wir achten dann beispielsweise auf die kleinen Zeichen und Hinweise, die wir bei unserem Tun im Alltag bekommen. Zeichen und Hinweise wie z.B., wenn es uns immer schwerer fällt, uns auf unseren Alltag zu freuen. Wenn wir Schmerzen haben, jedoch aus Sicht der klassischen Medizin, alles in Ordnung ist. Wenn wir uns ohne erkennbaren Grund bedrückt fühlen. Wenn wir keine Zufriedenheit mehr in unserem Tun finden. Diese Zeichen und Hinweise bekommen wir, um uns der Frage nach dem Sinn dessen, was wir tun, zu widmen. Es kann auch sein, dass wir uns zu sehr in die Sinnsuche verbohrt haben und wir zu erkennen aufgefordert sind, dass dies so keinen Sinn macht. Der Sinn eröffnet sich uns nicht durch Willenskraft, sondern durch Los-lassen unserer Vorstellungen (siehe vorheriger Pluto-Archetyp) und Ein-lassen auf eine Kraft, die uns führt und lenkt.

Ein Beispiel:
Angenommen Sie haben sich in Ihrem Beruf so eingerichtet, dass alles wunderbar läuft.
Sie sehen den Sinn ihrer beruflichen Tätigkeit darin, eine materielle Sicherheit zu haben. Das ist legitim und daran ist nichts auszusetzen. Privat läuft auch alles so, dass es keine größeren Probleme gibt. Sie sehen den Sinn ihres privaten Lebens darin, ihre Kinder gut ins Leben zu begleiten und sich selbst fitt zu halten, eine gute

Beziehung mit ihrem Partner zu führen und einen netten Bekanntenkreis zu haben. Ihr Leben plätschert so vor sich hin. Plötzlich sind Ihre Kinder aus dem Haus. Sie haben noch 8 Jahre, dann gehen sie in den wohlverdienten Ruhestand.
Doch irgendwie fühlen sie sich nicht mehr wirklich froh und zufrieden. Es plagen sie oft Abträume. Sie beginnen sogar an ihrem bisherigen Leben zu zweifeln, hoffen aber, dass das nur eine vorübergehende Phase ist und zum Älterwerden gehört.

Da dieses Empfinden aber nicht mehr nur eine Phase ist, sondern zu Ihrem Lebensbegleiter geworden ist, ahnen Sie, dass Grundsätzliches nicht mehr stimmt. Sie spüren einen inneren Drang, sich verschiedene Sinnfragen zu stellen. Dabei stellen Sie fest, dass sie keine richtigen Antworten finden. Im Gegenteil, Sie zweifeln an Vielem, was früher für Sie Sinn machte. Sie hoffen nun darauf, dass Ihnen die Beschäftigung mit diesem Thema irgendwann Gewissheit geben kann, dass Ihr Leben sinnvoll war und auch in einen höheren Sinn eingebettet ist.
Sie werden aber weiterhin von Hoffen und Zweifeln hin und her geschleudert. Dies wirkt sich auf ihr gesamtes Leben aus, denn sie fragen sich bei allem was sie tun, ob und welchen Sinn das macht. Dadurch werden natürlich auch alle ihre Beziehungen beeinträchtigt bzw. anstrengender und Sie beginnen sich mehr und mehr zurückzuziehen und meiden viele ihrer bisherigen sozialen Kontakte. Sie geraten in depressive Verstimmungen, Sie werden anfälliger für Infektionen und ihre Stress-Resilienz wird geschwächt. Irgendwann wird Ihnen klar, dass sie so nicht weiter machen können und holen sich Hilfe.

Was wir tun können, um mit diesem neunten Lebensgesetz unsere Stress-Resilienz wieder zu stärken, soll nun gezeigt werden.

Impulse für die Nutzung der Wirkkraft des kosmischen Archetypen Jupiter/Schütze zur Stärkung unserer Stress-Resilienz

Sinnhaftigkeit aufbauen, weiterentwickeln und festigen

1. Regulierung der Waagschalen Hoffen und Zweifeln:

- Waagschalen messen mit Skalenfrage 0 – 10
- Grundbedürfnisse aus der Tiefe holen: (was bedeutet es für mich, wenn ...)
    1. Hoffnungs-Waagschale mit Grundbedürfnissen sinnvoll nähren
    2. Zweifel-Waagschale achten und übersetzen in sinnvolle Grundbedürfnisse

Vorgehen:
Stellen Sie sich eine Waage mit zwei Waagschalen vor. Die eine enthält das Hoffen, die andere den Zweifel. Legen sie fest, was in Ihrem Leben gerade schwerer wiegt, der Zweifel oder die Hoffnung. Wenn es die Hoffnung ist, um so besser. Ist es jedoch der Zweifel, dann sollten Sie regulierend eingreifen, indem Sie die Hoffnung so weit nähren, dass die Hoffnungs-Waagschale zumindest leicht über der Zweifel-Waagschale steht.

Sie können hierzu die Skalenfrage benutzen von 0 – 10. 0 bedeutet keine Hoffnung oder keinen Zweifel, 10 bedeutet große Hoffnung und großen Zweifel. Die Zahlen zwischen 0 und 10 bedeuten die persönliche Einschätzung Ihrer Hoffnung und Ihres Zweifels. Sie fragen sich also, bei welcher Zahl ordne ich meine Hoffnung ein, vielleicht bei 4. Dann fragen Sie sich, bei welcher Zahl ordne ich meine Zweifel ein, hier wählen sie z.B. 7. Das bedeutet, die Zweifel-Waagschale wiegt deutlich mehr als die Hoffnungs-Waagschale. Sie müssen also Ihre Hoffnung nähren.
Wie nährt man die Hoffnung? Man macht sich zunächst bewusst, was genau einen gerade so ins Zweifeln gebracht hat. Dazu gehören all die Dinge, die für einen persönlich nicht wirklich Sinn machen. Dann verwendet man wieder das Bedürfnis-Modell, welches Sie bereits kennen, denn Sinnhaftigkeit gehört zu den Grundbedürfnissen des Menschen.

Ein Beispiel hierzu:
Sie stellen fest, dass es für Sie absolut keinen Sinn mehr macht, mit Ihrem Partner/In über eine gemeinsame, wohnliche und örtliche Veränderung zu reden, denn

sobald Sie damit beginnen, gibt es fürchterlichen Streit. Sie haben lange gehofft, dass es wenigstens zu einem offenen Gespräch kommen wird, aber Sie verlieren immer mehr die Hoffnung darauf. Ihre Gedanken lassen Sie jedoch nicht zur Ruhe kommen. Sie wünschen sich, den Ort und auch das Haus, was noch von den Eltern Ihres Partners/In stammt, gemeinsam mit Ihrem Partner/In zu verlassen. Da Sie jedoch immer wieder auf einen vehementen Widerstand Ihres Partners/In stoßen, beschließen Sie, nichts mehr zu sagen. Es geht Ihnen nicht wirklich gut damit. Sie erleben plötzlich auch auf anderen Lebensgebieten Sinnlosigkeits-Gefühle. Sie werden immer trauriger und hoffnungsloser, ihre Stress-Resilienz nimmt ab.

Ein Freund hat Ihnen von dem Waagschalen-Modell Hoffen und Zweifel erzählt und Sie lassen sich darauf ein, Ihr Problem damit tiefer zu betrachten.
Es stellt sich heraus, dass Ihre Hoffnungs-Waagschale weit unter die Zweifel-Waagschale gefallen ist und Sie Ihre Hoffnungs-Waagschale nähren müssen. Hierzu wird die schon bekannte Bedürfnis-Frage gestellt:

Bedürfnisse in die Tiefe fragen:
Sie fragen sich, was es für Sie persönlich bedeutet, wenn Sie sich örtlich und wohnlich verändern würden. Sie erkennen, dass Sie dadurch viel selbstbestimmter leben könnten. Die weitere Frage-Vertiefung ist: Was bedeutet es für mich genau, wenn ich selbstbestimmter leben könnte? Da müssen Sie nicht lange nachdenken. Sie antworten spontan, dass Sie dann mehr Lebensfreude haben würden. Und nochmals eine Frage-Vertiefung, indem Sie sich fragen, was Lebensfreude für Sie persönlich bedeutet. Hier antworten Sie vielleicht, dass dann das Leben und das, was Sie alles machen, erst einen Sinn bekommen würden.
Sie stellen nach dieser Bedürfnis-Frage-Methode also fest, dass doch ganz schön viel an diesem Thema hängt und Sie auf keinen Fall Ihren Wunsch und die Impulse dazu unterdrücken dürfen. Das bedeutet jetzt für Sie, dass Sie erstmal das Problem lösen müssen, wie Sie mit Ihrem Partner/In in einen Dialog kommen können. Das ist der erste sinnvolle Schritt. Danach arbeiten Sie für sich und für Ihren Partner/In auf der Bedürfnis-Ebene weiter, indem Sie immer weiter in die Bedürfnis-Tiefe fragen, bis Sie beide Ihre ganz persönlichen, tiefen Bedürfnisse ergründet haben. Diese Bedürfnisse versuchen Sie dann sinnvoll in Einklang zu bringen.
Soweit dieses Beispiel.

Es ist jedoch nicht immer die ganz große Veränderung. Nein, gerade die Kleinigkeiten stellen sich uns in den Weg und wir spüren, wenn etwas keinen Sinn mehr macht. Auch wenn es nur Nuancen sind, die das Auseinandergehen von sinnvoll und sinnlos bewirken, so sind diese Dinge wichtig.

Auch hierzu ein Beispiel:
Sie sind einmal in der Woche in einem Yoga-Kurs und merken, dass Sie sich jede Woche mehr überwinden müssen, um dort hinzugehen. Sie glauben, dass Sie nur noch aus Gewohnheit dort hingehen. Das dortige Yoga ist für Sie nicht mehr stimmig. Sie haben sich intensiv zu Hause mit Yoga beschäftigt und praktizieren täglich ein tieferes und umfangreicheres Yoga. Es macht für Sie eigentlich gar keinen Sinn mehr, in den Kurs zu gehen. Sinnvoller erscheint Ihnen, sich nach einem Kurs umzusehen, der ihrem jetzigen Bedürfnis entspricht, aber irgendwie schaffen Sie den Absprung nicht. Schauen wir uns dieses Beispiel nun etwas genauer an:

Wenn wir etwas tun, was eigentlich für uns keinen Sinn mehr macht und wir es trotzdem weiter tun, dann hängt das meist damit zusammen, dass wir unbewusst ein anderes wichtiges Bedürfnis in uns achten, bzw. diesem den Vorrang geben.
Um am Beispiel Yogakurs zu bleiben: Wir stellen also fest, dass das Yoga in diesem Kurs keinen Sinn mehr für uns macht. Dass aber das Zusammentreffen mit der Gruppe sehr wohl Sinn macht. Wir erkennen nämlich, dass wir ein großes Bedürfnis nach Austausch mit dieser Gruppe haben. Es macht für uns also durchaus Sinn, uns mit der Gruppe zu treffen, fragt sich nur wie und wo.
Auf der Lösungssuche spricht einiges dafür, die Initiative zu ergreifen und ein Zusammentreffen mit der Gruppe unabhängig vom Yogakurs zu organisieren und parallel dazu einen anderen Yogakurs zu suchen.
Allerdings erkennen wir auch, dass das Zusammentreffen mit der Gruppe in dem Yogakurs, doch sinnvoll ist, weil ein regelmäßiges Treffen und ein Austausch mit der Gruppe auf eine unkomplizierte, leichte Art möglich ist. Den anderen Yogakurs können wir ja trotzdem noch belegen.
Mit dem Waagschalen-Modell sieht das dann so aus: Das Yoga bekommt auf der Waagschale eine 1 oder 0. Das Treffen mit der Gruppe bekommt eine 9.
Der Yogakurs kann jetzt in einem ganz neuen Zusammenhang gesehen werden.

Durch diesen Erkenntniszuwachs und der neuen Klarheit über den Sinn des Yogakurses, stellt sich wieder Wohlbefinden und Freude ein. Die Stress-Resilienz wird dadurch gestärkt.

Zusammenfassung: Stress-Resilienz – Archetyp Jupiter/Schütze – Lebensprinzip 9

Dieses Lebensprinzip führt uns in die Auseinandersetzung mit dem Sinnhaften. Wir tragen alle diesen Keim in uns. Dieser Keim macht sich bemerkbar, wenn wir uns selbst fragen, ob das was wir tun, denken und glauben überhaupt Sinn macht. Das kann ein Beruf sein, eine private Beziehung, ein Lebensstil, ein Glaubenskonzept, ein eingefahrenes Verhalten, eine Entscheidung, ein Wunsch, eine Meinung …

Wenn wir uns auf die Reise machen und nach dem Sinn fragen, bekommen wir oft keine klare Antwort. Wir hoffen und zweifeln immer wieder, ob dieser Weg wirklich Sinn für uns macht oder nicht. Es ist auch nicht so, dass wir ein Leben lang das Gleiche für sinnvoll halten. Je nach Lebenssituation, Lebensphase und Lebensalter, sind für uns unterschiedliche Dinge sinnvoll. Wir bemerken es daran, dass wir plötzlich zu zweifeln beginnen, dass wir unruhig werden, wieder suchen und hoffen. Das bedeutet, unser innerer Sinn-Keim meldet sich, um uns wieder von Neuem auf eine Reise einzulassen, um zu ergründen, was sinnlos geworden ist und was jetzt sinnvoll für uns wäre. Oft bedeutet das, dass wir früheres Sinnvolles loslassen müssen, bevor sich das Neue Sinnvolle wirklich auftut.

Wir haben auf unserer Lebensreise immer wieder mit Veränderungen zu tun und kommen damit an Wegkreuzungen, die uns mit der Frage konfrontieren: Welcher Weg ist jetzt sinnvoll? Eine Suche beginnt, damit aber auch ein Hoffen und immer wieder Zweifeln.

Die Wirk-Kraft des Jupiter-Archetyps verfügt deshalb über eine große Neugierde, Suchbereitschaft und Hoffnung, sodass aufkeimende Zweifel immer wieder überwunden werden können, wenn wir dieses Lebensgesetz achten und uns um den Sinn in unserem Leben kümmern. Dann dient uns diese Kraft als Energiequelle, mit der wir unsere Stress-Resilienz immer wieder stärken können.

Im Überblick: Stärkung unserer Stress-Resilienz durch die Weisheit des Archetypen Jupiter/Schütze – Lebensprinzip 9

Sinnhaftigkeit, Erkenntnisdrang, Hoffnung/Zweifel, Ahnung, Gewiss-heit-Suche auch jenseits der menschlichen Existenz, Überzeugungsdrang

Wegweiser für **A**ufbau, **W**eiterentwicklung und **F**estigung unserer Stress-Resilienz

Sinnhaftigkeit

1. **Regulierung der zwei Waagschalen Hoffen und Zweifeln**

    - Waagschalen messen mit Skalenfrage 0 – 10

    - Grundbedürfnisse aus der Tiefe holen:
      (was bedeutet es für mich, wenn…)
        1. Hoffnungs-Waagschale mit Grundbedürfnissen sinnvoll nähren
        2. Zweifel-Waagschale achten und übersetzen in sinnvolle Grundbedürfnisse

3.10 Kosmischer Archetyp Saturn/Steinbock – Lebensprinzip 10

Reduzierung und Konzentration auf das Wesentliche, Ordnung, Struktur, Regeln, Verstand, Objektivität

Vielleicht haben Sie es schon bemerkt, dass all diese Lebensgesetze irgendwie sinnvoll ineinandergreifen, aufeinander aufbauen und ein sinnvolles Ganzes ergeben. Beim vorigen, neunten Lebensprinzip, ging es um die Sinnsuche und wie wir erkennen können, was für uns Sinn macht und was nicht.

Das zehnte Lebensprinzip nutzt diese Entwicklung, denn es möchte, dass wir uns auf das Wesentliche in unserem Leben konzentrieren. Hierzu können wir natürlich schon mal das für uns Sinnvolle wunderbar nutzen.
Aber das zehnte Lebensgesetz geht noch weiter, denn es fordert uns auf, nicht nur das WAS in unserem Leben zu hinterfragen (also was ist sinnvoll), sondern auch WIE wir es leben. Verausgaben und verzetteln wir uns oder konzentrieren wir uns dabei auf das Wesentliche? Setzen wir unseren Ego-Willen ein oder achten wir ein höheres Ordnungs-Gesetz, dem wir uns anvertrauen?

Wir können uns dann auf das Wesentliche konzentrieren und reduzieren, wenn wir in unserem Handeln, eine Struktur und Ordnung erkennen, die gewissen Regeln folgt. Das erkennen wir nur, wenn wir überflüssigen Ballast (Unwesentliches) abwerfen, denn dies versperrt uns oft den klaren, konzentrierten Blick, bzw. erschwert uns den Weg.
Unwesentliches von Wesentlichem zu unterscheiden, ist dabei gar nicht so leicht. Meist ist es deshalb im Leben so, dass wir das Abwerfen von Ballast nicht freiwillig tun, weil wir gar nicht erkennen, was wir abwerfen sollen. Die weisen Wirk-Kräfte des Saturn-Archetyps zeigen uns dies dann dadurch, dass uns etwas (Ego)-Bedeutendes genommen wird oder es wird uns der Zugang zu etwas verwehrt, was unserer Meinung nach für uns wichtig ist.

Das zehnte Lebensprinzip hat deshalb auch mit Verlust-Erfahrungen zu tun. Wir erkennen zunächst nicht, dass das Genommene in unserer gegenwärtigen Lebensphase eigentlich nur noch Ballast bedeutet hat. Wir werden durch das Verlusterlebnis in eine Wegbiegung gelenkt, die unsere Konzentration auf etwas lenkt, das jetzt für uns wesentlich ist und zwar aus einer höheren Sicht oder Ordnung. Es geht hier nicht mehr nur um unseren Willen.

Häufig verbinden Menschen solche Verlusterlebnisse auch mit Strafe, was aber auf keinen Fall so stimmt. Im Gegenteil, diese Archetypkraft versucht uns aufmerksam zu machen, auf das wirklich Bedeutsame in unserem Leben, was je nach Lebensphase, natürlich für jeden etwas anderes sein kann.
Außerdem werden wir durch dieses Lebensgesetz dazu gedrängt, uns auf uns selbst zu konzentrieren, was nichts anderes bedeutet, als die Verantwortung für uns selbst zu übernehmen. Viele Menschen neigen nämlich dazu, ihre Eigen-Verantwortung auf andere Menschen zu projizieren und statt sich um sich selbst zu kümmern, sich übertrieben für andere zu engagieren oder eine ständige Leistungsbereitschaft zu zeigen. Sie weichen sich selbst aus. Die Konzentration auf die Verantwortung für sich selbst, ist deshalb oft ein schmerzhafter Lernprozess und braucht Zeit. Zeit ist generell ein typisches Merkmal dieses Lebensgesetzes. Es geht alles eher langsam. Wir bekommen also genügend Zeit, um uns dem Prozess der Konzentration auf das Wesentliche in unserem Leben zu widmen, um uns mit der Essenz unseres Lebens auseinander zu setzen.

In diesem Zusammenhang soll noch auf eine sehr wichtige Erfahrung hingewiesen werden und zwar, dass wir so etwas wie Würde in unserem Leben erhalten, wenn wir durch einen Prozess gehen, in dem wir das Wesentliche erkennen und danach leben. Wir achten das Leben und die Lebensgesetze und dadurch wird uns Würde verliehen.

Allerdings geht es bei diesem Prozess nicht mehr um das, was wir subjektiv als wichtig oder wesentlich halten, sondern um eine höhere Interpretation des Wesentlichen, dem wir uns anvertrauen dürfen. Es geht nicht um unsere Willenskraft, sondern um eine Ordnungskraft, die jenseits unseres Willens herrscht. Dass es da noch irgendeine Kraft gibt, die wir anscheinend nicht wirklich erfassen können, macht uns unsicher. Viele Menschen versuchen sich deshalb auf die Verstandesebene zu konzentrieren. Dort können sie am besten mit ihrer persönlichen Fühl-Ebene umgehen, bzw. sie in Schach halten und sich selbst vor ihren Gefühlen schützen. Dies ist bereits eine Schattenseite dieses Lebensprinzips, auf die später näher eingegangen wird.

Jeder Mensch wird irgendwann von dieser archetypischen Saturn-Kraft aufgefordert, sich dem Wesentlichen in seinem Leben zu widmen. Da dieses Wesentliche, wie schon erwähnt, gar nicht so einfach zu erkennen ist, konfrontieren uns diese Wirk-Kräfte mit Situationen, in denen wir das Gefühl haben, dass wir das nicht schaffen können, dass wir vor einem zu hohen Berg stehen. In den meisten Fällen

wehren wir uns zunächst mit unserem Willen gegen diese Situationen und versuchen dagegen anzugehen.
Irgendwann geben wir uns der Situation hin (freiwillig oder nicht) und kommen der Aufforderung nach, uns in einer objektiven Art und Weise um das Wesentliche in dieser Situation zu kümmern. Objektiv deshalb, weil uns in diesen Momenten oder Situationen subjektive Überzeugungen und Vorstellungen nicht mehr weiterhelfen. Im Grunde verdecken sie ja nur das Wesentliche. Wir erkennen, dass unsere Überzeugungen, Haltungen, Einstellungen, eher Ballast sind und wir diesen abwerfen müssen, um mit der Situation oder dem Problem umgehen zu können. Wir bekommen ganz langsam eine Ahnung davon, was es heißt, nicht mein Wille geschehe, sondern Dein Wille. Mit anderen Worten: Nicht meine persönlichen Gesetze und Regeln gelten, sondern die höheren Lebensgesetze gelten auch für mich. Wie oben so unten, Mikrokosmos gleich Makrokosmos.

Das, was wir erstmal als Schwere und Belastung empfunden haben, wird später durch Erkenntnisgewinn und Entwicklungsschübe belohnt. Wir empfinden dann vielleicht sogar eine tiefe Demut vor der Weisheit dieses Lebensgesetzes.

Um diesem Lebensprinzip gerecht zu werden, braucht es die innere Einstellung, dass wir mit dem, was wir subjektiv als wesentlich oder unwesentlich halten, falsch liegen können. Dies ist meist ein schmerzhafter Prozess, weil wir uns im Los-lassen von Ego-Überzeugungen und Vorstellungen schwer tun (s. Lebensprinzip 8, Pluto-Archetyp auf S.)

Ballast abwerfen fängt genau schon hier an: Bei selbstverursachten, gedanklichen Überzeugungen. Wenn wir bereit sind, diese abzuwerfen, wird Platz frei für das Wesentliche, um was es wirklich geht. Damit zeigen wir ein hohes Maß an Selbst-Verantwortung. Durch das Ballast abwerfen bekommen wir Lebenskraft zurück, die wir zuvor durch Ego-Überzeugungen und Handlungen vergeudet haben. Diese Kraft steht uns dann für die Konzentration auf das Wesentliche zur Verfügung.

Wir machen dadurch noch eine weitere wichtige Erfahrung: Es braucht Demut, um sich gegenüber dem, was aus höherer, objektiver Sicht für uns wesentlich ist, zu öffnen. Auch wenn dies vorerst mit Verlusten einhergeht, so steht dahinter meist eine große Weisheit. Das können wir in verschiedenen Phasen des Lebens immer wieder erfahren. Letztlich ist es eine Gnade, wenn wir erkennen dürfen, was für uns jetzt im Leben wesentlich ist. Der Weg, uns darauf dann zu konzentrieren, ist nicht

leicht. Es sind immer wieder Lebens-Prozesse, die Zeit brauchen und mit inneren Kämpfen einhergehen. Der Lohn ist eine innere Stärke, Ruhe und Reife.
Wie bei jedem Lebensprinzip, gibt es auch hier Schatten, auf die jetzt eingegangen wird.

Die im Schatten gelebte archetypische Saturn/Steinbock-Kraft

Leben wir die Saturn-Kraft im Schatten, dann zeigt sich dies durch große Ängste davor, das eigene Leben nicht so bestimmen zu können, wie wir das wollen.
Unser Wille oder Ego, bekommt durch dieses Lebensgesetz Grenzen aufgezeigt. Diese Grenzen wollen wir oft nicht akzeptieren. Die eigenen aufgestellten Regeln, die uns Struktur und Ordnung gegeben haben, werden dadurch aus den Angeln gehoben. Wir werden mit höheren Regeln oder einer höheren Ordnungskraft konfrontiert und sollen uns dieser anvertrauen. Diese höhere Ordnung verlangt oder erzwingt letztlich, dass wir erkennen, dass wir mit unserem Ego-Willen plötzlich machtlos sind.

Im Alltag sind das oft ganz banale, damit aber bei weitem nicht unbedeutende Dinge für uns.
Beispielsweise, wenn wir stolz auf etwas sind: Unsere sportlichen Fähigkeiten oder auf unser Äußeres oder darauf, im Freundeskreis ein sehr großes Ansehen zu genießen oder sehr viel Erfolg im Beruf zu haben oder dass uns immer eine Lösung einfällt, wenn es Probleme gibt oder wir mit 50 Jahren noch so fitt sind, wie mit 30 Jahren …
Wenn wir dieses, worauf wir stolz sind, plötzlich verlieren, aus welchem Grund auch immer, dann erleben wir einen Verlust, mit dem wir uns auseinander setzen müssen. Es kann sein, dass wir dann eine längere Widerstandsphase durchleben und durch unseren Widerstand sehr starken Druck ausüben, der letztlich auf uns doppelt zurückwirkt. Wir erleben möglicherweise große Ängste, weil wir keine Orientierung mehr haben, denn unsere Regeln und Strukturen funktionieren nicht mehr. Wir geraten dadurch in große seelische Not, so dass wir keine Kraft mehr haben und körperlich oder psychisch krank werden.
Es kann sein, dass wir so stark aus unserem persönlichen Ordnungssystem herausfallen, dass wir wie nackt vor uns selbst dastehen. Das ist dann wohl die stärkste Form der Reduzierung auf das Wesentliche. Aber so dramatisch muss es nicht immer

kommen. Wir spüren auch bei weniger dramatischem Verlust, die Wirk-Kräfte dieses Lebensgesetzes, die in uns wie eine Instanz wirken und uns mit einer objektiven Wirklichkeit konfrontieren, die wir einfach nicht mehr leugnen können oder mit unserer subjektiven Wirklichkeit nicht mehr kompensieren können.
Irgendwann, und das kann dauern, erkennen wir vielleicht die Chance, die wir mit dem anscheinenden Verlust erhalten haben.

Wenn wir diese Lebens-Prozesse der Reduzierung auf das Wesentliche durchschreiten, indem wir uns einer höheren Ordnungs-Kraft hingeben, werden wir mit einem Gefühl der Würde belohnt. Im Grunde haben wir ja alle unseren Stolz mit Würde verwechselt. Das Ego ist stolz auf etwas, das befreite Ego bzw. unser wahrer Kern in uns sucht Würde-Gefühle, denn Würde ist in jedem Menschen, wir müssen sie nur herausarbeiten, auswickeln durch unsere Entwicklungsarbeit. Erarbeiten bedeutet hier, dass man sich den Lebensgesetzen anvertraut und sich darauf konzentriert, was einem durch die höhere ordnende Kraft als Wesentliches gezeigt wird.

Der Schatten zeigt sich hier durch die Angst vor Ego-Verlust. Aber auf einer viel, viel tieferen Ebene ist es die Angst, dass wir unsere Würde verlieren oder nicht finden bzw. nicht bekommen. Das führt oft dazu, dass wir unser Leben rein vom Verstand aus zu steuern versuchen. Gefühle haben, wenn überhaupt, einen geringen Stellenwert. Gefühle werden mit Gefühlsduselei oder als schwach sein oder sogar als würdelos sein, gleichgesetzt. Das ist die größte Angst.

Wie sich dieses zehnte Lebensprinzip auf unsere Stress-Resilienz auswirken kann, soll nun weiter betrachtet werden.

Bedeutung für unsere Stress-Resilienz

Wenn wir in unserem Leben keine Struktur haben und damit keine Ordnung, an der wir uns orientieren können, verlieren wir schnell den Überblick, den Halt und damit uns selbst. Wir sind dann unsicher, wenig belastbar und geraten schnell in Stress-Situationen an unsere Grenzen. Dies wirkt sich natürlich negativ auf unser Immunsystem aus und damit auch auf unsere Resilienz, sie wird geschwächt.
Die Kräfte des Saturn-Archetyps, wirken sich jedoch äußerst stärkend auf unsere Resilienz aus, wenn wir dieses Lebensprinzip nicht nur als Aufforderung verstehen, unserem Leben Ordnung und Struktur zu geben, sondern wenn wir diese ordnende

Kraft als Kraft verstehen, die uns jenseits von unserem Willen zeigt, worauf wir uns in bestimmten Lebenssituationen konzentrieren sollen. Wenn wir also bereit sind, anzuerkennen, dass wir zwar unseren Ego-Willen haben, um unser Leben zu regeln, dass es aber eine höhere Ordnungskraft mit höheren Regeln gibt, die über unseren persönlichen Regeln stehen.

Es geht darum, die Essenz in unserem Leben bzw. in einer bestimmten Lebensphase zu entdecken. Diese Essenz, das Wesentliche oder das Konzentrat, besteht aus ganz klaren Erkenntnissen. Befreit von allem unnötigen Ballast können wir so die höhere Ordnung erfahren. Wir wachsen über unsere eigenen Grenzen hinaus. Es werden uns dadurch neue Bewusstseinsräume gezeigt, an denen wir uns orientieren können. Denn mit dieser Wirk-Kraft können wir durch die Konzentration auf das Wesentliche in Bewusstseins-Bereiche der Klarheit vorstoßen, die wir mit unserem Ego-Willen nie erreichen können.

Diese Bewusstseinsräume haben tatsächlich etwas mit einem Raum zu tun und zwar in der Weise, dass wir durch die Erweiterung unseres Bewusstseins einen Impuls spüren, uns in unserem Leben damit auseinander zu setzen, welchen Platz wir eigentlich im Leben bisher eingenommen haben.
Es kann sein, dass wir bisher mit einer Art Helfersyndrom durchs Leben gegangen sind, wir unendlich fleißig waren, wir immer bereit waren, wenn andere uns brauchten. Natürlich ist das oberflächlich gesehen eine ehrenwerte Haltung, aber ob wir tatsächlich diesen Platz einnehmen sollen, wissen wir solange nicht, bis wir irgendwann schmerzhaft damit konfrontiert werden und genauer hinschauen müssen.
Da wir oft gar keinen Anlass sehen, auf etwas genauer hinzuschauen, also das Wesentliche darin zu erkennen, werden wir wie schon oben erläutert, mit Situationen konfrontiert, die uns mehr oder weniger stoppen und uns zwingen, genau hinzusehen.

Es gibt ja nicht wirklich einen realen, menschlichen Platzanweiser, sondern wir bekommen in konkreten Lebens-Situationen die Möglichkeit, unsere Überzeugungen mit unseren realen Erfahrungen, Gefühlen und Bedürfnissen abzugleichen. Dadurch lernen wir zu erkennen, ob ein Platz gut für uns ist oder nicht. Ob etwas wirklich wesentlich für uns ist oder nicht.
Wenn wir am falschen Platz sind, werden wir immer wieder Probleme haben und es wird uns permanent schlechter gehen. Wenn wir uns in die Richtung unseres wahren, gerechten Platzes bewegen, d.h. uns auf das für uns jetzt Wesentliche einlassen, werden uns Dinge leicht fallen, wir werden zufrieden und eins mit uns und

unserem Leben sein und es mit Würde leben. Dies setzt unendlich Energie frei, die auch unsere Stress-Resilienz stärkt.

Ein Beispiel hierzu:
Sie leben in einer Kleinstadt in der auch Ihr Arbeitsplatz ist, Sie haben eine Familie und einen sehr netten Freundeskreis von Gleichgesinnten. Alles hat seine Ordnung und läuft nach Ihren Regeln. Plötzlich wird dieses durchorganisierte Idyll gestört, weil Ihre Firma von einer anderen aufgekauft wurde und Sie Ihren Arbeitsplatz verlieren werden.
Sie selbst hatten früher schon ein paar Mal daran gedacht, die Firma zu wechseln, weil Ihnen da einiges nicht so gefällt und auch nicht gut tut. Weil aber die Arbeitsstelle an Ihrem Wohnort ist und Sie sich auch mit Ihren Kollegen sehr gut verstehen, sind Sie geblieben. Die vielen Stress-Situationen haben Sie dafür in Kauf genommen, obwohl Sie manchmal schon ziemlich die Zähne zusammen beißen mussten. Nun haben Sie gar keine Wahl mehr, sie müssen sich nach einer anderen Firma umschauen. Das wirft sie erst mal völlig aus der Bahn. Sie wollen das einfach nicht einsehen und suchen nach Möglichkeiten, doch dort bleiben zu können. Aber es nützt nichts.

Sie setzen sich dann doch irgendwann hin und schreiben Bewerbungen, jedoch ohne große Motivation. Seit einem Jahr sind Sie nun schon ohne Arbeit, weil sich einfach nichts Passendes für Sie ergeben hat. Es geht Ihnen wirklich sehr schlecht. Ihre Frau arbeitet zwar, aber die großen Sprünge wie früher können Sie sich momentan nicht leisten. Außerdem nagt die ganze Situation an Ihrem Selbstwertgefühl. Sie hadern und leiden. Ihr Immunsystem und Ihre Resilienz leiden stark.
Sie sind unzufrieden, ständig gereizt und fangen sich alle möglichen Infekte ein. Ein Freund empfiehlt Ihnen eine Gruppe, die mit den Lebensprinzipien arbeitet, unter der Leitung einer Therapeutin.

Beim ersten Termin sind Sie hin- und hergerissen, ob das, was da alles diskutiert wird wirklich in Ihr Wertesystem und in Ihr Leben passt. Da werden Emotionen gezeigt und ernst genommen, da kommt man im Gespräch innerlich an so tiefe und heikle Punkte, dass es Ihnen erst mal unangenehm ist. Sie nehmen aber weiter daran teil.
Mit der Zeit öffnet sich in Ihnen irgendwie eine Tür und Sie erkennen, dass Sie Ihr Leben bisher komplett durchorganisiert haben und selbstverständlich der Meinung waren und noch sind, das dies schließlich notwendig ist, von nichts kommt nichts.

Nur so konnten Sie alles im Griff haben. Nur jetzt haben Sie nichts mehr im Griff, das müssen Sie zugeben.

Durch die verschiedenen Schicksalsschläge der anderen Gruppenmitglieder konnten Sie lernen, nicht mehr nur Ihren eigenen Ego-Blick und Ego-Willen zu sehen, der immerzu schreit: Ich will das nicht annehmen und einsehen, was mir gerade passiert! Sie konnten lernen und zulassen, dass es da noch etwas anderes außer Ihrem Ego-Willen gibt, das uns eben nicht fragt, ob wir das wollen oder nicht.
Sie glauben nicht an einen strafenden Gott, der mit einer Willkür die Menschen drangsaliert. Aber Sie spüren ganz langsam, dass es eine höhere Ordnung gibt, dass es Lebensgesetze gibt, die wir Menschen mit unserem Ego-Willen nicht bestimmen oder ändern können.
Ihr Verstand und Ihre Gefühle kommen dadurch etwas durcheinander. Sie sind es von jeher gewohnt, mit Ihrem Verstand alles zu ordnen und sich zu erklären. Nun sollen Sie sich auf ein inneres Spüren und Fühlen einlassen, weil nur dadurch Kontakt zu der Bewusstseins-Ebene erreicht werden kann, wo das Wesentliche, um das es jetzt gerade in Ihrem Leben geht, verborgen ist.
Sie können diesen Schatz heben und auswickeln. Sind Sie bereit, sich auf diese Ebene einzulassen, wird Weiterentwicklung möglich sein.

Das bedeutet aber nicht, dass Sie jetzt ihren Verstand gar nicht mehr gebrauchen sollen. Nein, gerade in der ersten Phase hilft Ihnen sogar Ihr Verstand, wenn Sie ihn richtig nutzen, sich auf den Erkenntnis-Prozess einzulassen. Dazu braucht es Geisteskräfte, die eine große Klarheit haben. In einer unentwickelten Form verwechseln wir Klarheit mit Gefühls-Verdrängung und Ego-Willen. In einer entwickelten Form erkennt unser Verstand, dass wir mit unseren Gefühlen eine wichtige Instanz in uns haben, die uns hilft, das Wesentliche zu erspüren und uns einem höheren Willen anzuvertrauen.

Der Verstand hilft uns zu erkennen, dass es um unsere Weiterentwicklung geht, dass eine höhere Ordnung uns hilft, eine Platzkorrektur zu erkennen und zu vollziehen. Das Gefühl folgt dem intuitiv. Der Verstand jedoch kann dem Menschen helfen, sich dieser höheren Ordnungs-Dynamik bewusst zu werden. Das hilft dem Menschen, sich langsam mit den neuen Erkenntnissen anzufreunden und sie dann voller Dankbarkeit anzunehmen.

Wenn Menschen mit dem zehnten Lebensgesetz konfrontiert werden, dann handelt es sich oft um ganz tiefgreifende Erkenntnis- u. Veränderungsprozesse. Wenn wir uns auf diese Prozesse einlassen, werden wir gestärkt und damit auch

Resilienz-gestärkt aus diesen Prozessen hervorgehen. Wenn wir uns mit unserem Willen dagegen wehren, wird uns das in jeder Hinsicht schwächen.

Es ist nicht einfach, hierfür eine konkrete Unterstützung zu benennen, da es sich um wirklich tiefgreifende Prozesse handelt. Am besten holt man sich Unterstützung bei einem Therapeuten oder Spirituellen Berater, der genau auf dieser Ebene arbeitet. Aber Sie können natürlich auch selbst etwas tun, vor allem, wenn es um kleinere Regulierungen und Reduzierungen in Ihrem Leben geht.

Dafür sollen nun Impulse gegeben werden und zwar im Hinblick auf die Stress-Resilienz, die wir damit zumindest stärken können.

Impulse für die Nutzung der Wirkkraft des kosmischen Archetypen Saturn/Steinbock zur Stärkung unserer Stress-Resilienz

Reduktion auf das Wesentliche aufbauen, weiterentwickeln und festigen

1. Ordnungs-Regulierung: Anerkennung einer höheren Ordnung durch Ritualarbeit

Woran erkennen wir denn, was unser Ego-Wille ist und was der höhere Wille ist und damit zu einer höheren Ordnung gehört?
Ganz einfach: Immer wenn wir gegen bestimmte Widerstände dauernd ankämpfen oder wenn wir gegen bestimmte Lebenssituationen aufbegehren und sie nicht akzeptieren können. Das sind schon mal die Alarmzeichen. Was dann aber der höhere Wille ist, das können wir so noch nicht erkennen. Generell muss man verstehen, dass wir mit unserem Willen den höheren Willen nicht herausfordern können, um ihn zu erfahren.

Das was wir tun können ist, zunächst bereit dafür zu sein, dass es in einer schwierigen Lebenssituation wohl eine höhere Ordnung gibt und wir diese Ordnung und den höheren Willen darin schlicht und einfach anerkennen müssen.

Wie macht man das? Nun man übergibt sein Hadern und Klagen und damit seinen Ego-Willen durch ein Ritual einer höheren Ordnung. Solche Rituale gibt es verschiedene, hier soll eines vorgestellt werden, Sie können auch selbst ein Ritual für sich entwickeln, das Ihrer Meinung nach hilfreich ist.

Ritual zur Anerkennung einer höheren Ordnung:
1. Schritt: Suchen Sie sich ein Gefäß (z.B. eine etwa mittelgroße Vase oder ein Krug) und füllen es mit Wasser. Symbolisch stellt dies Ihren Ego-Willen dar, in einer bestimmten Situation, samt Ihrem Hadern und den Widerständen.

2. Schritt: Gehen Sie in eine längere, meditative Haltung im Sitzen. Nehmen Sie das Gefäß in die Hand, sammeln Sie sich und stellen Sie sich das vor, was Sie mit Ihrem Willen nicht verändern können und sagen Sie laut den Satz:
„Ich übergebe in dieser Situation (benennen) meinen Willen einem höheren, weiseren Willen, einer höheren Ordnung und zeige dies dadurch, dass ich nun das gefüllte Gefäß ausgieße". (Entweder draußen auf die Erde oder in einen Eimer, den sie später draußen leeren.)

3. Schritt: In das leere Gefäß legen Sie nun einen Bergkristall, als Symbol für die höhere Ordnung, die Sie hiermit anerkennen mit dem Heilsatz: „Möge ich geführt und gelenkt sein durch den höheren Willen und die höhere Ordnung".

4. Schritt: Stellen Sie das Gefäß an einen Platz, an dem sie täglich vorbeikommen und der für Sie eine große Harmonie ausstrahlt.

Wenn wir uns einer höheren Ordnung anvertrauen, dann wird es augenblicklich für uns leichter.

Es gibt noch ein weiteres Hilfsmittel, um im Alltag mit den kleineren und mittlern aber trotzdem Stress beladenen Situationen selbstverantwortlich umzugehen.
Es ist ein Prozess, der uns von unnötigen, Ego behafteten Denkstrukturen befreit, sodass wir uns dem wirklich Wesentlichen in diesen Situationen öffnen können.

2. Ego-Hygiene, um sich dem Wesentlichen zu nähern und zu öffnen

Vielleicht kennen Sie Byron Katie die „The Work" entwickelt hat. The Work, ist ein Prozess mit dem wir alle schmerzhaften und stressbedingten Lebenssituationen hinterfragen können und unseren eigenen Anteil an Stress auslösenden Gedanken und Glaubenssätzen (Ego-Wille) erkennen und umwandeln können. Ob das im beruflichen Bereich ist, wo wir Kollegen oder unserem Chef Negatives unterstellen oder im privaten Bereich.

Das eigene Leben von Byron Katie, so wie sie es selbst schildert, zeigt sehr eindrucksvoll, wie ein Leben in eine andere Richtung gelenkt werden kann, um sich auf das Wesentliche zu konzentrieren. Byron Katie hat dafür aber auch eine lange Leidensphase durchlitten, in der sie sich ständig verausgabt hat, viele Konflikte, Kämpfe und Wutanfälle hatte und sehr schmerzhafte Depressionsphasen erleiden musste. Auch ihr Umfeld war sehr davon betroffen.
Doch in der schlimmsten Phase ihres Lebens wurde ihr plötzlich das Wesentliche in ihrem Leben klar. Sie reduzierte ihren Alltag und damit auch ihr Leben auf vier wesentliche Fragen, was sie dann als „The Work" bezeichnet hat (21):

1. Ist das wirklich wahr, was ich da denke oder glaube? (z.B. ich werde nicht akzeptiert)
2. Kann ich wirklich 100 % sicher sein, dass das wahr ist, was ich da denke oder glaube?
3. Wer bin ich, was bin ich, wie bin ich, wenn ich zu 100% glaube, dass das wahr ist, was ich denke?
4. Wer bin ich, wenn ich das nicht glaube?

Danach soll man sein Urteil, seine Behauptung, Klage oder negativen Gedanken „umkehren". Dafür gibt es meist mehrere Möglichkeiten. Ein Beispiel soll das für diejenigen etwas erläutern, die diesen Prozess noch nicht kennen:

Nehmen wir etwas, was viele Menschen glauben, wenn Sie im Team, in der Familie Probleme haben. Sie meinen sie werden nicht akzeptiert.

The-Work-Prozess

1. Ist das wirklich wahr, dass ich von meiner Familie, Kollegen nicht akzeptiert werde?
Evtl. Antwort: Ja

2. Kann ich wirklich, 100 % sicher sein, dass das wahr ist, wenn ich denke, meine Familie, Kollegen akzeptieren mich nicht?

Evtl. Antwort: Na ja vielleicht nicht ganz 100%, vielleicht sind welche dabei die mich ja akzeptieren.

3. Wer bin ich, was bin ich, wie bin ich, wenn ich glaube, dass das wahr ist, wenn ich denke meine Familie, Kollegen akzeptieren mich nicht?

Evtl. Antwort: Ein sehr verunsicherter Mensch, bin traurig, ohnmächtig, fühle mich schwach, gehe nicht gerne zur Arbeit, gehe nicht mehr auf die anderen zu, isoliere mich, bringe schlechte Leistung.

4. Wer bin ich, wenn ich das nicht glaube?

Evtl. Antwort: Dann bin ich frei, ich bin in meiner Kraft, ich freue mich, ich gehe gerne zur Arbeit und gehe auf die anderen zu.

Danach soll man sein Urteil, Behauptung, Klage oder negativen Gedanken umkehren. Dafür gibt es wie gesagt meist mehrere Möglichkeiten. Hier einige davon:

Umkehrungs-Alternativen:

- Ich akzeptiere die anderen nicht
- Ich akzeptiere mich selbst nicht
- Es geht gar nicht ums Akzeptiert werden, sondern um meine Ängste, dass ich nicht genüge
- Ich akzeptiere mich mit meinen Ängsten nicht

Danach hat man mehr Klarheit über seine Denkweise und was man sich selbst damit antut. Reduziert man die schmerzhafte Situation auf diese 4 Fragen und den anschließenden Umkehrprozess, dann nähert man sich dem Wesentlichen, um was es wohl wirklich bei einem selbst gerade geht.
Wenn man sich länger mit dieser Methode befasst, tritt man in einen Prozess, der plötzlich das ganze Leben leichter macht. Wir werfen viel Müll über Bord, den wir jahrelang in uns mitgeschleppt haben. Durch die Konzentration auf diese 4 Fragen entdecken wir viel über unsere eigenen festgefahrenen Urteile, Vorurteile und Bewertungen oder auch Ängste und können sie besser loslassen, verändern oder behutsam auf einen heilsamen Weg bringen.

Diese Fragen brachten auch für Byron Katie eine vollkommene Wandlung in ihrem Leben. Sie kam wie neu geboren aus ihrer tiefen Verzweiflung durch den Prozess mit „The Work“ hervor. All das, was ihr begegnete und worüber sie sich früher fürchterlich aufgeregt hatte und ständig unter Stress stand, machte Platz für Lebensfreude, Klarheit und Leichtigkeit. Mit dieser Übung können wir zumindest einen Teil des Wesentlichen für uns herausfinden.

Wenn wir uns auf diesen Prozess ehrlich einlassen, hilft uns das auch bei schwereren Schicksalsschlägen, uns einer höheren Ordnung anzuvertrauen.

Im Kapitel über die zwölfte Archetypkraft wird auf den wichtigen spirituellen Aspekt des „The Work“-Prozesses noch ausführlicher eingegangen.

Zusammenfassung: Stress-Resilienz – Archetyp Saturn/Steinbock – Lebensprinzip 10

Dieses Lebensprinzip konfrontiert uns mit Lebenssituationen, in denen wir die Erfahrung machen, dass wir mit unserem Ego-Willen nicht mehr weiterkommen. Es wird nicht unterstellt, dass wir aus einer bösen Absicht heraus unseren Ego-Willen einsetzen. In den meisten Fällen ist es so, dass wir gar nicht wissen, dass es da einen höheren Willen und eine höhere Ordnung gibt, die uns in bestimmten Lebensphasen dazu auffordert, unseren Ego-Willen loszulassen und uns dem höheren Willen anzuvertrauen.
Dies geschieht vor allem immer dann, wenn wir in unserem Leben einen falschen Weg gehen, wenn wir einen Platz einnehmen, der gar nicht unserer ist, wenn wir auf leise Hinweise, etwas in unserem Leben zu ändern, nicht hören.

Diese höhere Ordnung hat beim zehnten Lebensprinzip damit zu tun, dass wir unsere eigenen Regeln und Strukturen hinterfragen und teilweise loslassen müssen, um uns auf eine höhere Ordnung einzulassen.

Der Loslassprozess bewirkt, dass wir von viel Ballast befreit werden und dadurch ein Konzentrat oder eine Essenz dessen hervor kommt, was jetzt wirklich Bedeutsam für unser Leben und unsere Entwicklung ist. Mit anderen Worten, dass wir uns auf das Wesentliche konzentrieren bzw. uns reduzieren auf das Wesentliche.

Achten wir dieses Lebensgesetz und damit eine höhere Ordnung, dann kommen wir an eine weise Energiequelle, die für unsere Stress-Resilienz eine große Stärkung bedeutet.

Im Überblick: Stärkung unserer Stress-Resilienz durch die Weisheit des Archetypen Saturn/Steinbock – Lebensprinzip 10

Reduzierung auf das Wesentliche, Ordnung, Struktur, Regeln, Verstand, Objektivität

Wegweiser für **A**ufbau, **W**eiterentwicklung und **F**estigung unserer Stress-Resilienz

Reduktion auf das Wesentliche

1. **Ordnungs-Regulierung:** Anerkennung einer höheren Ordnung
   - Ritual zur Anerkennung einer höheren Ordnung

2. **Ego-Hygiene, um sich dem Wesentlichen zu nähern und zu öffnen**
   - Prozess „The Work“, von Byron Katie

3.11 Kosmischer Archetyp Uranus/Wassermann – Lebensprinzip 11

Auflösung von Gegensätzen und Hierarchie, Gerechtigkeit, Gleichheit, Distanz, Toleranz, Freiheit

Die Kurz-Beschreibung dieses Lebensprinzips kann reduziert werden auf die Prozesse:
Entpolarisierung und Entsubjektivierung (10). Schauen wir uns diese Prozesse etwas genauer an.

Wenn wir von Entpolarisierung sprechen, meinen wir den Prozess, Gegensätze, die wir in unserer Welt haben, aufzulösen. Also groß und klein, oben und unten, Mann und Frau, schön und hässlich, meine Meinung deine Meinung, ich und du usw. Mit auflösen ist aber nicht gemeint, dass es diese Gegensätze oder diese Polarität in unserer Welt nicht mehr real gibt, sondern, dass wir unsere innere Sicht auf die Dinge insofern verändern, dass wir die eigentliche Einheit hinter den Dingen sehen oder spüren können.

Es ist ja tatsächlich so: Nur weil es das Eine gibt, kann es auch das Andere geben. Wir können nur von dem Großen sprechen, weil es auch das Kleine gibt.
Wir können etwas als hell bezeichnen, weil es auch etwas dunkles gibt. Die Gegensätze existieren also nur, weil es die Einheit gibt. Diese Einheit vergessen wir häufig und leben deshalb im ständigen Vergleichen und Bewerten. Dadurch erleben wir Stress, was unsere Resilienz schwächen kann.

Die Weisheit der uranischen Archetyp-Kraft benötigen wir, weil sie uns auffordert, hinter den Teilen das Ganze zu sehen. Um das Ganze sehen zu können, fordert die Wirk-Kraft dieses Lebensprinzips von uns, dass wir immer wieder eine gewisse Distanz einnehmen.
Dass wir alte eingefahrene Wege verlassen. Dadurch sind wir fähig, das größere Ganze hinter dem kleinern Detail zu sehen und die Zusammenhänge besser zu erkennen, um einen Überblick zu bekommen.
Die Gegensätze werden damit immer undeutlicher und unbedeutender. Ja es wird der Blick frei auf das Ganze als Einheit.

Gleichzeitig führt diese Entpolarisierung zu einem weiteren, wichtigen Prozess: Der Entsubjektivierung. Es ist der Prozess, der ja schon mit der saturnischen Archetypkraft begonnen hat und zwar, dass wir über unsere subjektive Sicht der Dinge hinauswachsen, in eine ganzheitliche Betrachtungsweise. Von einer gewissen Distanz aus, haben wir eine umfassendere Sicht auf die Dinge und nicht nur auf einen kleinen Ausschnitt. Unser kleiner subjektiver Ausschnitt, unsere Ego-Sicht, wird dadurch konfrontiert mit etwas was jenseits dieser Sicht liegt. Damit bekommen wir eine Ahnung davon, dass es hinter den Dingen eine höhere Ordnung mit einer höheren Gerechtigkeit und Gleichheit gibt.

Subjektiv empfundene Gerechtigkeit und Gleichheit weicht einer höheren Gerechtigkeit und Gleichheit und diese steht jenseits von unseren bewertenden Hierarchien. Es gibt zwar groß und klein, aber dies ist nicht besser oder schlechter. Es ist das Ganze. Es ist sozusagen eine Hierarchie auf gleicher Höhe oder Ebene. Es ist eine höhere Ordnung mit anderen Strukturen.

Diese höhere Ordnung verlangt von uns, dass wir uns immer wieder den Unterschied bewusst machen zwischen der eigenen Ego-Sicht, also unserem kleinen subjektiven Wahrnehmungs-Ausschnitt auf die Dinge und der Einheitssicht, also dem großen Ganzen. Diese Sicht auf das Ganze macht frei. Das ist es, was die Archetypkraft Uranus in sich trägt: Den Drang nach wahrer, echter Freiheit. Zur wahren Freiheit gehört die Seins-Freiheit. Freiheit haben oder frei sein, macht einen Unterschied. Ego-Freiheit, ist Freiheit haben. Seins-Freiheit, ist innerlich frei sein, weil man erkannt hat, dass alles Eins ist und nicht voneinander getrennt.

Durch das Erkennen der Einheit allen Seins und der damit verbundenen Seins-Freiheit, entsteht im Menschen eine Leichtigkeit, die ihn beflügelt, den Weg noch weiter zu gehen und sich mit der Metaphysik (22) des Lebens (das, was wirklich wirklich ist) auseinander zu setzen. Mit anderen Worten, diese Kraft führt uns weiter auf dem Weg des Transzendalen (22), all dessen, was unsere Ego-Sicht und unseren Ego-Willen überschreitet oder übersteigt. Die Dinge kommen zu uns, wenn wir bereit und offen sind.

Wie bei jedem Lebensprinzip, gibt es auch hier wieder Schatten, auf die jetzt eingegangen wird.

Die im Schatten gelebte Uranus/Wassermann-Kraft

Die größte Angst die sich hier zeigt, ist die vor Unfreiheit. Es ist deshalb auch die Angst vor Bindung, aber auch die Angst vor den eigenen Gefühlen, die sich ja auch an einen binden. Deshalb zeigt sich ein Schatten, wenn übertrieben stark eine emotionale Distanziertheit gelebt wird. Diese Distanziertheit fassen wir im menschlichen Miteinander oft als unangenehme Unverbindlichkeit bis hin zur Überheblichkeit auf.
Der Mensch lässt sich nicht in tiefe Empfindungen ein. Wenn jemand diesen Schatten betont lebt, wird er sich sehr schnell unfrei fühlen, sobald er mit anderen Menschen eine Beziehung eingeht. Er will dann weg, er flieht sozusagen vor der Bindung. Er ist in Beziehungen emotional schnell überfordert und geht deshalb Empfindungen und Konflikten aus dem Weg, anstatt sich darauf einzulassen bzw. sie gemeinsam zu lösen. Lebt ein Mensch in dieser Urangst, dann kann es sein, dass er in die Isolation gerät.

Letztlich sind diese Schatten jedoch auch ein Hinweis darauf, dass die Kraft, die in diesem Archetypen verborgen ist, falsch genutzt wird, bzw. nicht erkannt wird. Distanz zu Menschen aufbauen, um z.B. Verletzungen aus dem Weg zu gehen, oder keine Gefühle zu zeigen, um nicht angreifbar zu sein oder sich nicht zu binden, weil man dann womöglich seine Freiheit verliert, ist eine Art der Distanz, die diese Archetypkraft nicht damit bezwecken will. Distanz, das wird später noch gezeigt, hat ein ganz anderes Ziel.

Ein Mensch lebt den Schatten dieser Archetypkraft, wenn er eine Ego-Freiheit lebt, d.h. wenn er sich immer wieder aus dem Staub macht, wenn er flüchtet, obwohl er sich eigentlich weiterentwickeln soll. Wenn er eine Gleich-gültigkeit lebt, die nicht der Gleichheit, also einer Ebene des gleichermaßen Gültigseins entspringt, sondern einer Ego-Ebene, die ausdrückt, dass ihn das alles nicht interessiert bzw. unter seiner Würde ist. Er wird dann oft als überheblich wahrgenommen, wenn seine Unverbindlichkeit, seine Unnahbarkeit starke Formen annimmt. Letztlich ist dies auch nur Ausdruck seiner Angst vor Unfreiheit.

Generell steht dieses elfte Lebensprinzip auch nicht für Bindungen mit festen Strukturen und Ordnungen, es sei denn, diese befinden sich auf einer Ebene ohne Ego-Hierarchie.

Diese elfte Archetypkraft steht für die Auflösung dessen, was wir aus Ego-Sicht unter Hierarchie, Gerechtigkeit und Freiheit verstehen. Sie will uns zeigen, dass es Strukturen und Ordnungen gibt, die jenseits unseres Ego's existieren.

Wie sich dieses elfte Lebensprinzips auf unsere Stress-Resilienz auswirken kann, soll nun weiter betrachtet werden.

Bedeutung für unsere Stress-Resilienz

Wenn der Mensch das Gefühl hat, zu sehr in Strukturen und Regeln gefangen zu sein, dann wird er irgendwann versuchen, diesen Strukturen zu entkommen. Er wird neue Wege gehen. Das kann sich dadurch zeigen, dass jemand einfach die Regeln missachtet, gegen bestehende Strukturen aufbegehrt oder sich komplett durch Flucht entzieht.
Es kann auch ein inneres Fliehen sein, indem man sich abkapselt und niemanden mehr an sich ranlässt. Es gibt auch die Menschen, die vordergründig mit vorhandenen Strukturen einverstanden sind, aber sich plötzlich in ihrem Verhalten genau umgekehrt verhalten und zwar so plötzlich, dass andere Menschen stark irritiert sind.

Ein Mensch schwächt seine Stress-Resilienz, wenn er sich auf solche Ego-Freiheits-Prozesse konzentriert, weil ihn diese nicht wirklich frei machen und weil dies nicht wirklich hilfreiche Wege sind. Es ist sehr anstrengend, denn der Mensch muss ständig kontrollieren, ob seine Freiheit noch gewährleistet ist. Das kostet unglaublich viel Kraft und schwächt die Resilienz.

Jedoch kann ein Mensch mit Hilfe dieser Archetypkraft eine viel umfassendere Freiheit erleben, die sehr große Energiereserven freisetzt, wenn er die Gesetzmäßigkeiten dieses Archetyps achtet. Die Gesetzmäßigkeiten, wie oben schon geschildert, finden in den Prozessen von Entpolarisierung und Entsubjektivierung statt.
Lassen wir uns darauf ein, erkennen wir neben unserer Ego-Sicht eine höhere Sicht und zwar die Einheit in allem.
Dies kann uns derart befreien, dass dadurch ein Strom von Lebensenergie in uns zu fließen beginnt, der sich auf unsere Stress-Resilienz sehr stärkend auswirkt.

Ein einfaches Beispiel soll dies verdeutlichen:
Nehmen wir an, sie wollen an bestimmten Wochenenden gerne ungestört sein. D.h. Sie richten sich Ihr Wochenende dann so ein, dass Sie keine Anrufe entgegennehmen, möglichst nicht an die Tür gehen, wenn es klingelt und Orte aufsuchen, wo Sie einigermaßen sicher sein können, nicht ständig auf Bekannte oder Kollegen zu stoßen. Manchmal funktioniert das auch, aber meist ist es doch sehr anstrengend für Sie, dauernd auf der Lauer zu liegen, damit Sie nicht belästigt werden.
Da kann es schon mal zu Situationen kommen, wenn Sie z.B. bei einer Ausstellung sind, dass sie immer wieder die Flucht ergreifen, sobald Sie von Ferne einen Bekannten sehen, der auch anwesend ist.
Meistens sind Sie dann am Sonntagabend richtig kaputt, unzufrieden, übellaunig und ärgern sich darüber, dass man nicht mal am Wochenende seine Ruhe hat. Sie haben das Wochenende nicht wirklich genutzt, um zu regenerieren und auszuspannen, im Gegenteil: Ihr Stressempfinden ist stark angestiegen und dadurch ist Ihre Resilienz geschwächt.

Wie könnte die Situation aussehen, wenn Sie stattdessen die Weisheit dieser elften Archetypkraft für Kraftreserven und damit für Ihre Stress-Resilienz nutzen?
Nun, wenn Sie Ihr Bedürfnis nach Freiheit auf einer höheren Ebene betrachten, dann könnten Sie sehen, dass die ganzen Maßnahmen, die Sie ergreifen, um Ihre Freiheit und damit Ruhe zu empfinden, im Grunde zur völligen Unfreiheit führen.

Wahre Freiheit bekommen Sie, wenn Sie zwischen sich und anderen eine gleichberechtigte Bedürfnis-Erfüllung stellen. Es gibt keinen Unterschied zwischen Ihrem Bedürfnis und den Bedürfnissen der anderen. Aus einer höheren Sicht oder Distanz erkennen Sie, dass alle Menschen die gleichen Grundbedürfnisse haben. Der einzige Unterschied ist der, dass Stärke und Zeitpunkt für ein bestimmtes Grundbedürfnis variieren. Das bedeutet, wir befinden uns auf einer Ebene mit all den anderen Menschen. Es gibt keine allgemeingültige Oben-Unten-Hierarchie der Grundbedürfnisse, sondern nur eine auf gleicher Ebene.

Was nützt Ihnen diese Erkenntnis? Es ist der erste wichtige Schritt in die wahre Freiheit. Sie brauchen nicht mehr voller Angst um Ihre Freiheit kämpfen, denn sie ist ja für alle gleichermaßen da. Sie brauchen keine Kräfte raubenden Maßnahmen ergreifen oder flüchten, denn dadurch sind Sie in Wahrheit am meisten unfrei.
Frei fühlen Sie sich dann, wenn Sie sich und den anderen gleichermaßen Freiheit zugestehen.

Dazu müssen Sie lernen, sich selbst die Freiheit zu geben, zu sich selbst und Ihren Bedürfnissen zu stehen. Mit anderen Worten, nur eine tiefe Verbindung zu sich selbst ermöglicht es Ihnen, auch eine Verbindung mit den anderen zuzulassen. Sie haben die Freiheit, ungestört sein zu wollen, die anderen haben die Freiheit mit anderen zusammen sein zu wollen. Aus dieser wahren Bedürfnis-Gerechtigkeit heraus, können Sie mit Störungen ganz anders umgehen. Sie sehen sich und die anderen in einem großen Ganzen verbunden. Sie können zu ihren Bedürfnissen stehen und den anderen Ihre Bedürfnisse lassen. Das macht wirklich frei.
Und falls Sie sich doch mal gestört fühlen, dann können Sie aus einer wahren, gerechten Haltung heraus sagen, dass Sie heute gerne für sich sein wollen, weil Sie z.B. so ihre Resilienz stärken können.
Auf diese und weitere Impulse, wie Sie die elfte Archetypkraft nutzen können zur Stärkung Ihrer Stress-Resilienz, soll nun eingegangen werden.

Impulse für die Nutzung der Wirkkraft des kosmischen Archetypen Uranus/Wassermann zur Stärkung unserer Stress-Resilienz

Entpolarisierung und Entsubjektivierung aufbauen, weiterentwickeln und festigen

1. Freiheits-Regulierung durch die Seins-Ebene der Grundbedürfnisse

Wie oben erläutert, gehört Freiheit zu den Grundbedürfnissen des Menschen. Beziehen wir im Kontext der Lebensprinzipien Freiheit jedoch nur auf äußere Freiheit oder Freiheit der Meinungsäußerung oder Gedankenfreiheit, wäre dies nicht die Freiheit, um die es hier als Ganzes geht.
Es geht darum, eine Ego-Freiheit von einer Seins-Freiheit zu unterscheiden.

Die Ego-Freiheit pocht auf die eigenen Bedürfnisse und fordert diese auch mit egoistischen Mitteln ein.
Die Seins-Freiheit beginnt mit einer inneren Freiheit, die man in sich selbst aufbaut, indem man sich mit sich und einer erweiterten Sicht auf Grund-Bedürfnisse verbindet.

Erst dann kann man auch den Anderen ihre Bedürfnisse lassen. Man verbindet sich sozusagen mit der Einheit von Mensch und Grundbedürfnissen.
Dadurch muss man dann um seine Bedürfnisse nicht mehr kämpfen, streiten oder flüchten.

Das Eins-Sein von Mensch und Grundbedürfnissen löst uns von den Ego-Bedürfnissen. Wir erkennen, dass wir und die Grundbedürfnisse tief verankert in unserem Sein einfach sind. Wir erkennen dadurch den Unterschied zwischen Ego-Freiheit und Seins-Freiheit. Die Ebene der Seins-Freiheit kann uns im Alltag helfen, einen anderen, besseren und leichteren Zugang für Lösungen zu finden, wenn wir in unserer Ego-Freiheit zu sehr verstrickt sind.

2. Freiheits-Regulierung durch Bewusste Distanz-Bewegung statt EGO-Distanz

Das bedeutet, wir gehen aus unserer ICH-Position heraus in eine Überblicks-Position, die wir als Meta-Position oder Meta-Sicht bezeichnen. (23)
Diese bewusste Distanz-Bewegung nutzen wir, um unsere Situation, Probleme, Themen usw. in einem größeren Ganzen betrachten zu können. Wir betrachten damit nicht mehr nur unseren kleinen ICH-Ausschnitt, sondern wir sehen uns eingebettet in einen Zusammenhang mit anderen bzw. mit dem Ganzen. Unser eingeschränkter ICH-Blickwinkel öffnet sich für einen ALLES-Blickwinkel.
Je größer wir dabei die Distanz herstellen, umso undeutlicher werden die Unterschiede, ja sie gleichen sich einander an. Es entsteht eine höhere Gleichheit. Auch unsere ICH-Position wird damit unbedeutender.

Wir erkennen in dieser Meta-Position, dass uns im Grunde sogar etwas verbindet und zwar das Thema, das Problem, die Situation, die wir aus unserer ICH-Position heraus bewertet haben. Wir sind dadurch miteinander verbunden, was bedeutet, wir können auch nicht wirklich flüchten, um frei zu sein. Durch Flucht haftet es weiter ungelöst an uns. Wir binden es damit noch tiefer in und an uns.

Wenn aber die anderen flüchten und wir gerne gemeinsam die Situation lösen würden, dann können wir trotzdem frei werden. Das geht jedoch nur, wenn wir innerlich ein Eins-Sein mit den anderen herstellen und unseren Teil darin erfüllen.

Ein Beispiel soll dies verdeutlichen:
Sie haben in der Firma, in der Sie arbeiten, enorme Probleme mit zwei Kollegen. Es geht darum, dass Arbeitsabläufe die bisher strikt getrennt und auf sie drei verteilt waren, nun zusammen gefügt werden sollen. Ziel ist, dass dadurch jeder von Ihnen alles machen kann und muss und es dadurch zu keinen krankheitsbedingten Arbeits- und Produktionsausfällen mehr kommt. Ihnen ist das überhaupt nicht recht. Sie haben es nämlich bisher als sehr angenehm empfunden, dass Sie sich auf Ihren speziellen Teil alleine konzentrieren konnten. Sie hatten dadurch Ihr Bedürfnis nach Freiheit und Selbstbestimmung leben können.

Nun fühlen Sie diese Freiheit bedroht. Sie leiden schon beim bloßen Gedanken daran, denn sie konnten bisher auch vermeiden, in eine all zu große Verbindung mit Ihren Kollegen zu treten. Jeder machte sein Ding und am Ende passte alles gut zusammen. Nun müssen Sie sich mit dieser unangenehmen Umstrukturierung befassen.
Als erstes stehen natürlich viele Teamgespräche an, in denen Sie sich gemeinsam eine gute Struktur und Ordnung der Arbeitabläufe erarbeiten müssen. Diese Struktur muss so aussehen, dass Sie im Grunde permanent im 3er-Team zusammenarbeiten. Die beiden Teamgespräche, die schon stattgefunden haben, waren eine einzige Katastrophe mit null Ergebnis. Sie können die unterschiedlichen Ideen und Vorstellungen einfach nicht auf einen gemeinsamen Nenner bringen. Ihre beiden Kollegen, das haben Sie schon bemerkt, tun sich da allerdings etwas leichter. Sie liebäugeln deshalb schon mit Kündigung, weil Sie dann Ihrer Meinung nach aus allem raus sind. Da ein Freund Ihnen jedoch rät, zu einem Coach zu gehen, der mit den 12 Urprinzipien arbeitet, gehen Sie dort hin.

Nach einer umfangreichen Analyse, stellt der Coach fest, dass Sie das elfte Lebensgesetz missachten und die archetypische Kraft nicht richtig nutzen, im Gegenteil die Schatten davon leben. Der Coach zeigt Ihnen daraufhin ihre bisherigen, scheinbaren Freiheits-Bewegungen, die aber reine Fluchtbewegungen sind.
Dann zeigt er Ihnen echte Freiheitsbewegungen, die Ihnen helfen, sich auf einer anderen Ebene frei zu fühlen und die es Ihnen dann erleichtert, mit Ihren Kollegen zusammen zu arbeiten, ohne dass Sie in Ihrem Freiheitsgefühl subjektiv eingeschränkt sind.
Konkret sieht das so aus:

I. Scheinbare Freiheits-Bewegung = Auf EGO-Distanz gehen

1. Sie erkennen Ihre scheinbare Freiheits-Bewegung daran, dass Sie mit Ihrem Ego auf Distanz gehen. Dies erreichen Sie dadurch, dass Sie sich nicht wirklich auf die Vorschläge der Kollegen einlassen, ja diese nicht mal zu Ende anhören. Die Bewegung ist eine Weg-Von-Bewegung (Flucht-Bewegung), bei der Sie nur Ihren eigenen Ausschnitt sehen. Der Druck und die Probleme werden zwischen den Beteiligten größer.

2. Sie erkennen zudem, dass Sie mit einer Kündigung auch nur flüchten würden, aber dadurch nicht wirklich innerlich frei wären.
Beide Freiheitsbewegungen bringen also keine echte Freiheit. Es geht Ihnen damit richtig schlecht. Sie fühlen sich wie gefangen.
Nun zur echten Freiheits-Bewegung:

II. Echte Freiheits-Bewegung = Auf Verbindende Distanz gehen

Bewusste Distanz durch eine Meta-Sicht
1. Sie betrachten sich und Ihre Kollegen aus eine großen, bewussten Distanz oder man sagt auch Meta-Position. Man kann dies z.B. mit Bodenankern symbolisieren, oder mit Figuren oder sich in einer geführten Meditation mit den inneren Augen in diese Meta-Position führen lassen. Diese Meta-Position ermöglicht es Ihnen, alles zu sehen. Sie erhalten sozusagen einen Überblick. Sie sehen sich selbst, Ihre Kollegen, die gemeinsamen Versuche, das eingebunden Sein in die gesamte Firma, die Angst, die Unfreiheit …

2. Sie vergrößern die Distanz noch ein wenig und erkennen dann, dass es im Grunde ein gemeinsames Ganzes gibt. Die Unterschiede verschwimmen. Ihre Ego-Freiheit wird dadurch unbedeutend. Sie begreifen, dass es eine andere Art Freiheit geben muss, die Sie suchen. Sie erkennen zum einen, dass es eine Ego-Freiheit gibt, die von äußeren Dingen abhängig ist. Zum anderen spüren Sie, dass es eine wahre, innere Freiheit gibt, die in Ihnen stattfindet und aus der Bewusstseins-Erweiterung hervorgeht. Dem Bewusstsein, dass alles mit allem zusammenhängt, dass alles ein Ganzes ist.

Bewusstes Verbinden um frei zu sein

1. Sie öffnen sich dieser wahren inneren Freiheit. Dazu öffnen Sie symbolisch als erstes die Tür zu Ihren Kollegen, was einem Verbinden entspricht. Dies kann man sehr gut wieder mit einem Ritual machen. Man stellt sich einfach in einen gemeinsamen Kreis, entweder wieder mit Bodenankern oder mit den inneren Augen und betrachtet sich als Einheit. In dieser Kollegen-Einheit verbunden, stellen Sie Ihre unterschiedlichen Standpunkte nicht mehr auf eine senkrechte Ego-Hierarchie, sondern auf eine gleiche Ebenen-Hierarchie.

Dadurch entsteht Freiheit und kein konkurrieren mehr. Sie können sich innerlich frei bewegen und deshalb können Sie auch im Außen ohne Angst vor Unfreiheit die verschiedenen Vorstellungen Ihrer Kollegen auf ein und derselben Ebene betrachten. Sie sind innerlich frei von Konkurrenzdenken und Fluchtdenken. Sie spüren eine angenehme Kraft. Den Ballast Ihrer Ego-Ansprüche haben Sie abgeworfen, das fühlt sich frei an.

Und wenn Ihre Kollegen nicht diese Einheit sehen und Ego-Verhalten zeigen, ändert das nichts an Ihrer eigenen inneren Freiheit, denn es macht keinen Unterschied, ob die anderen auch aus einer bewussten Distanzbewegung heraus die Erkenntnisse einer echten inneren Freiheit erhalten haben oder nicht. Wichtig ist, dass Sie das Ganze sehen und den Unterschied von Ego-Freiheit und echter innerer Freiheit erkennen.

Zusammenfassung der beiden Freiheitsbewegungen:

Ego-Distanz: Diese Distanz ist eine Weg-von-Bewegung bzw. Flucht. Weg von Menschen, von Problemen, Themen, Aufgaben … Ich will (Ego) frei sein. Ich will mich nicht einlassen auf andere, ich will nicht verbindlich werden, ich will mich nicht festlegen, ich will einfach frei sein, für mich sein. ICH-WILL = Ego-Freiheit. Es ist eine Weg-vom-Ganzen-Bewegung und eine Flucht zum kleinen Ausschnitt des Egos. Man bleibt unfrei, weil man das Ganze nicht erkennen kann, weil man flüchtet, aber doch nicht frei wird, weil man nicht raus kommt.

Verbindende Distanz: Diese Distanz ist eine Hin-zu-Bewegung. Hin-zu mehr Überblick. Hin-zu dem Ganzen. Wenn wir das Ganze sehen, erkennen wir uns als Einheit. Wenn wir uns dann in dieser Einheit mit den anderen innerlich bewusst verbinden, befreien wir uns von unnötigem Ego-Ballast und spüren eine innere

Freiheit, die das SEIN betrifft. Man spürt in sich ein Eins-Sein mit allem und wird dadurch frei von äußeren, Ego bezogenen Belastungen.

Zusammenfassung: Stress-Resilienz – Archetyp Uranus/Wassermann – Lebensprinzip 11

Das, worin diese Archetypkraft den Menschen in seiner Entwicklung weiterbringen möchte, ist die tiefe Einsicht, dass wir Menschen gleichermaßen mit allem verbunden sind.
Diese Verbundenheit oder das Eins-Sein, ist erstmal für das Ego oder Individuum befremdlich, denn der Mensch unterscheidet sich ja gerne von anderen.

Falsch verstanden führt dies dazu, dass der Mensch auf Distanz geht, um so zwischen sich und den anderen einen Unterschied zu machen oder ihm das Gefühl zu geben frei und unabhängig zu sein. Auch eine gewisse Unverbindlichkeit gibt ihm das Gefühl, frei zu sein. Dies kann im Extremfall bis zur Isolierung führen. Die Angst vor Unfreiheit lässt den Menschen also auf eine sogenannte Ego-Distanz gehen, um sich frei zu fühlen. Es ist letztlich ein weg-von etwas flüchten, was aber nie Freiheit sondern immer Unfreiheit, Stress, Angst und Unsicherheit bedeutet. Dies schwächt unsere Stress-Resilienz.

Gehen wir auf die bewusste, verbindende Distanz, dann erkennen wir, dass es Unterschiede im Grunde gar nicht gibt. Wir erkennen stattdessen, dass alles ein Großes Ganzes ist. Richtig verstanden führt die Archetypkraft zu der Erkenntnis, dass Gegensätze in sich eine Einheit bilden. Es ist im Grunde unsere Bewertung, die aus groß und klein ein besser und schlechter macht. Diese Erkenntnis birgt den Keim in sich, dass wir dann eine Art der Gleichberechtigung oder Gleichheit im Sinne eines gleichermaßen Gültigseins spüren. Dies führt zu einer inneren Ver-Bindung und gleichzeitigen inneren Freiheit. Damit begegnen wir anderen dann auf Augenhöhe. Die Ego-Hierarchie ist aufgelöst. Wir geraten seltener in Stress und unsere Resilienz wird gestärkt.

Wenn der Mensch sein Bewusstsein in diese Richtung erweitert oder weiterentwickelt, führt ihn das, wie schon bei der saturnischen Kraft begonnen, in Bewusstseins-Räume, die von einer Energie gefüllt sind, die dem Menschen Gefühle von Leichtigkeit und Beschwingtheit erleben lassen. Durch das Spüren des Eins-Sein

lässt der Mensch noch mehr Ego-Ballast los, als er es schon bei dem Archetypen Saturn getan hat.
So kommt er durch das elfte Lebensgesetz bzw. mit der uranischen Archetypkraft der Freiheit im metaphysischen Sinne immer näher.

Im Überblick: Stärkung unserer Stress-Resilienz durch die Weisheit des Archetypen Uranus/Wassermann – Lebensprinzip 11

Auflösung von Gegensätzen und Hierarchie, Gerechtigkeit, Gleichheit, Distanz, Freiheit

Wegweiser für **A**ufbau, **W**eiterentwicklung und **F**estigung unserer Stress-Resilienz

Entpolarisierung und Entsubjektivierung

1. **Freiheits-Regulierung durch die Seins-Ebene der Grundbedürfnisse**
   - Verbindung zu sich selbst und seinen Bedürfnissen
   - Verbindung mit der Einheit: Mensch und Grundbedürfnisse
   - Seins-Freiheit statt Ego-Freiheit (wahre innere Freiheit statt nur äußere Freiheit)

2. **Freiheits-Regulierung durch bewusste, verbindende Distanz**
   - Ego-Distanz ist eine Weg-Von-Bewegung und führt zur Un-Freiheit
   - Verbindende Distanz ist eine Hin-Zu-Bewegung und führt zur bewussten Ver-Bindung und Seins-Freiheit

3.12 Kosmischer Archetyp Neptun/Fische – Lebensprinzip 12

Einheit, Transzendenz, Spiritualität, Metaphysik

Die vorherige elfte archetypische Kraft zeigte uns, wie wir zu der Erkenntnis gelangen, dass es zwar die Polarität gibt und dadurch Gegensätze, aber trotzdem alles eine Einheit ist. Wie wir mit einer verbindenden Distanz den Blick auf uns und unsere Situationen, Probleme und Lebensthemen, von der Polarität hin zur Einheitssicht verschieben können. Wir können mit dieser Erkenntnis bewusst Entscheidungen treffen, um uns entweder mit einer Einheits-Sicht oder mit einer Polaritäts-Sicht, Stress-Themen zu widmen. Wir können entweder unserer Ego-Freiheit oder unserer wahren inneren Freiheit Gewicht geben.
Dies wird sich unterschiedlich auch auf unsere Stress-Resilienz auswirken.

Das zwölfte Lebensprinzip bezieht sich nur noch auf die Einheit. Da es aber auf unserer realen, körperlichen Lebens-Ebene tatsächlich die Polarität und damit Gegensätze gibt, verlangt dieses Lebensgesetz als erstes von uns, dass wir bereit sind, anzuerkennen, dass es eine Ebene jenseits unserer körperlichen Wahrnehmungsebene gibt. Wir sprechen dann von der metaphysischen Ebene oder Metaphysik.

Es stellt sich natürlich die Frage: Warum braucht es dieses zwölfte Lebensprinzip überhaupt noch, wenn wir dafür auf eine Ebene gehen müssen, die fern von unserer realen physischen Existenz ist? Die Frage kann möglicherweise so beantwortet werden: Wenn wir Teil einer höheren, großen Existenz oder Ordnung sind, dann gehört dazu auch der nicht sichtbare Teil. Dieser nicht sichtbare Teil ist in jedem Menschen verankert und unterliegt den gleichen archetypischen Kräften. Damit gehört die Metaphysik und Spiritualität zu unserem Leben. Die hier besprochenen Lebensprinzipien basieren letztlich alle auf der Grundlage von Metaphysik und Spiritualität.

Ein Einheits-Kern ist also in jedem Menschen, denn er kommt ja aus der Einheit. Deshalb trägt jeder Mensch auch so etwas wie ein unkonkretes Wissen oder Ahnen in sich, dass es etwas gibt, was ihn an Gefühle der vollkommenen Verbundenheit mit einer höheren Einheit führen kann und ihm alle Ängste und Sorgen erleichtert. Das kann zu einer starken Suche und Sehnsucht führen, um diese Verbundenheit zu erleben. Leider führt das auch oft zu Drogenkonsum unterschiedlichster Art. Dies kann aber nur kurzfristig und scheinbar aus der Schwere, der Angst und den Sorgen befreien, danach leidet das Alltags-Bewusstsein noch mehr. Diese Vorgehensweise ist nichts anderes als eine Verdrängung und hat nichts, mit der wirklichen Einheitserfahrung auf einer höheren Ebene zu tun.

Die zwölfte archetypische Kraft dient uns ganz speziell dazu, unsere Spiritualität zu entdecken und sie in unser Leben zu integrieren. Dadurch können wir eine noch tiefere Bewusstseins-Erweiterung als die erfahren, die schon im elften Lebensprinzip stattgefunden hat. Wir erleben klare Bewusstseins-Räume der Einheit, die uns ermöglichen, dass wir relevante Zusammenhänge in unseren Lebensthemen oder in unseren Problemthemen, die uns vorher verschlossen waren, erkennen.

Es werden immer mehr Vorhänge aufgezogen und wir entdecken plötzlich das Wahre hinter all dem Vordergründigen. Wir kommen an Kräfte, die unser Leben auf eine besondere Art bereichern. Wir fühlen uns auf wunderbare Weise mit allem verbunden und gleichzeitig können wir unsere Ich-Kräfte auf eine Weise nutzen, die uns vorher verschlossen war. Denn wenn sich die Ich-Kraft nicht mehr aus dem Ego speist, sondern aus der Einheitskraft, kommen wir an unsere wahren Fähigkeiten und Potenziale. C.G. Jung spricht hier von dem Prozess: Von der Ich-Werdung zur Selbst-Werdung (24). Dazu später mehr.

Mit Hilfe dieser Spirituellen Ebene können wir ganz neue Lösungen für unsere Alltags-Probleme finden. Sie hilft uns Leid und Schmerzen, die wir erleben und die wir auf der Physisch-Seelischen Ebene nicht lösen können, zu überwinden. Wenn wir nämlich deren spirituelle Bedeutung erkennen, werden plötzlich Wege frei, die wir vorher gar nicht sehen konnten. Wir lösen uns von Ego-Vorstellungen, die letztlich ja nur den Weg verstellt haben und öffnen uns für neue Wege, die wir mit der großen Kraft der Einheits-Sicht gehen können.

Es ist sehr schwierig, diese Prozesse mit Worten und auch mit konkreten Beispielen zu verdeutlichen, weil wir diese Prozesse tief in uns spüren und nicht bewusst denken. Wir wissen und erfahren es einfach intuitiv, wenn uns aus der Einheitskraft etwas zufließt.
Am Anfang, wenn sich ein Vorhang etwas lüftet, erkennen wir den spirituellen Einfluss auf der Einheitsebene meist erst hinterher. Später dann, wenn immer weitere Vorhänge aufgehen, können wir schon während des Prozesses bewusst die Einheits-Kraft wahrnehmen. Schließlich können wir irgendwann bewusst in die

Einheits-Kraft eintauchen, Fragen stellen und Lösungen erkennen, weil wir tief mit der Einheit verbunden sind.

Das bedeutet, diese zwölfte archetypische Weisheits-Kraft steht uns zur Verfügung, damit wir unser Eingebundensein in ein großes Ganzes, im All-Eins-sein, erkennen. Ob uns dieses dann dazu dient, gelassener, ruhiger und zufriedener zu werden hängt davon ab, ob es uns gelingt, jene Erkenntnisse in unseren Alltag zu integrieren. Tun wir das erfolgreich, dann achten wir die Gesetze dieser Archetypkraft und stärken damit auch unsere Stress-Resilienz.

Auch dieses Lebensprinzip birgt Schatten in sich, wenn die Gesetze darin nicht berücksichtigt werden. Darauf wird jetzt eingegangen.

Die im Schatten gelebte archetypische Neptun/Fische-Kraft

Das zwölfte Lebensgesetz besagt, dass es im Menschen ein spirituelles Potenzial gibt. Wenn wir spirituell sind oder leben, bedeutet das einfach ausgedrückt, dass wir eine persönliche Beziehung zu etwas Höherem haben. Wie wir dieses Höhere nennen, ist letztlich unwichtig. Beziehung zu etwas haben bedeutet immer, dass wir durch ein unsichtbares Band zwischen uns und dem anderen Beziehungsteil verbunden sind. Wir befinden uns dann in einem Austausch, in einer Wechselbeziehung. Wenn wir die Beziehung zur Spiritualität jedoch gar nicht aufnehmen, dann kann es auch zu keiner gelebten spirituellen Beziehung kommen.
Wenn der Mensch die Spiritualität nicht lebt, dann hat er keine Beziehung zu etwas Höherem und dann kann es sein, dass sich möglicherweise eine Angst vor dem Nichts meldet, dass uns die Welt hart und bedrohlich erscheint. Der Mensch möchte dann aus der realen Welt in eine heile Welt flüchten. Es kommt deshalb oft zu einem Suchtverhalten, was letztlich aus einer großen psychischen Dynamik, nämlich der Verdrängung resultiert. Der Mensch lebt dann den Schatten des zwölften Lebensgesetzes.

Ein weiterer Schatten, der auch aus der nicht gelebten Spiritualität resultiert ist, dass dem Menschen die Kraft dieses Archetypen nicht zur Verfügung steht und er sich z.B. dauernd unverstanden oder als Opfer fühlt, was sich auch mit dem Begriff der ICH-Schwäche bezeichnen lässt. Wir müssen ja alle erstmal unser Ich leben, also Ich-Werdung durchlaufen (s. 4. Lebensprinzip auf S. 58), um dann in den

Teil von uns hineinzuwachsen, den C. G. Jung das Selbst oder die Selbst-Werdung genannt hat. Dieses Selbst ist der durch Bewusstseins-Erweiterung gewandelte oder transformierte Teil unseres Ichs, der spirituelle Kern.
Dieser entwickelte Teil (wir können auch sagen, der ausgewickelte Teil) in uns, hat Zugang zum Einheits-Bewusstsein oder höheren Bewusstsein. Bewusstseins-Erweiterung bedeutet also eine Ausdehnung vom Ich-Bewusstseins hin zum Einheitsbewusstsein und der Selbst-Werdung.

Generell gilt bei allen zwölf Lebensprinzipien die Dynamik: Wenn wir ein Lebensgesetz dauerhaft missachten, dass dieses uns dann als Projektion im Außen begegnet. Das bedeutet, dass wir z.B. im Kontakt mit anderen Menschen mit dem jeweiligen Schatten des Lebensprinzips, welches wir selbst nicht achten, konfrontiert werden. Gerade beim zwölften Lebensprinzip, das ja mit Verdrängung zu tun hat, kommt diese Projektion verstärkt vor. Wir leben dann z.B. mit einem Alkoholiker zusammen (den haben wir sozusagen in unser Leben gezogen) und werden zum Co-Alkoholiker. Oder wir gehen in Resonanz mit Menschen, die eine sogenannte Ich-Schwäche haben und die uns ständig als Täter und sich als Opfer sehen.
Durch diese ICH-Schwäche lebt der Mensch seine eigentlichen Fähigkeiten oder auch Lebensthemen nicht, bzw. kennt sie oft gar nicht. Er kann das spirituelle Potenzial gar nicht nutzen und die damit verbundene enorme Kraft dieses Archetypen. Aber genau diese Kraft könnte ihm helfen, seine ICH-Schwäche und seine Verdrängungsmechanismen zu überwinden.
Das bedeutet, dass wir oft lange Zeit in unserem Leben brauchen, bis uns die zwölfte archetypische Kraft zur Verfügung steht.

Wie sich dieses zwölfte Lebensprinzips auf unsere Stress-Resilienz auswirken kann, soll nun weiter betrachtet werden.

Bedeutung für unsere Stress-Resilienz

Verdrängt und kompensiert ein Mensch seine Ängste, seine Last und Sorgen, indem er sich irgendeiner Sucht hingibt, dann werden diese stärker. Das schwächt den Menschen und seine Resilienz.

Ein Beispiel:
Nehmen wir an, Ihr tägliches Ritual, wenn Sie nach Hause kommen besteht darin, ein oder zwei Flaschen Bier zu trinken. Das bringt Sie Ihrer Meinung nach schnell

runter und entspannt Sie, denn Sie haben einen sehr anstrengenden Job. Außerdem hilft es Ihnen, das ständige Gedankenkarussell in Ihnen einigermaßen zu ignorieren und in Ihrer Freizeit nicht auch noch mit Sorgen und Ängsten zu tun zu haben.

Etwas später dann, zum und nach dem Abendessen, trinken Sie noch zwei bis drei Gläser Rotwein, damit Sie gut schlafen können.

Derart alkoholisch eingelullt, fühlt sich Ihr Leben ganz erträglich an. Mitunter meldet sich aber eine innere Stimme, die Ihnen ein schlechtes Gewissen macht, weil derlei Gewohnheiten auf die Dauer keine Lösung sein können.
Im Grunde wissen Sie das ja auch, aber erstens sind Sie nicht der einzige der so handelt und zweitens finden Sie momentan auch keine bessere Lösung.

Wenn Sie einigermaßen robust sind, können Sie das viele Jahre so handhaben. Irgendwann, sie merken es am Anfang gar nicht, sind Sie Alkoholiker oder haben gesundheitliche Probleme. Sie sind kaum noch belastbar und Ihre Stress-Resilienz ist auf dem Tiefstpunkt.

Dagegen könnten Sie Ihre Resilienz mit diesem Lebensprinzip stärken, wenn Sie sich diesem Thema auf der Ebene der Spiritualität nähern würden, denn dadurch könnten Sie an Kräfte kommen, die Ihnen helfen, mit Ihren Ängsten und Sorgen ganz anders umzugehen und sie nicht mit Alkohol zu verdrängen. Dies wird im nächsten Abschnitt noch näher gezeigt.

Weiteres Beispiel: Ein Mensch projiziert seine eigene Ich-Schwäche auf andere, indem er sich ständig als Opfer sieht und anderen Schuldzuweisungen macht. Er schwächt damit sich selbst und seine Resilienz. Da er durch diese Projektion die Verantwortung für sich ablehnt, spürt er letztlich auch seine Kraft nicht, sondern nur seine anscheinende Hilflosigkeit und Schwäche.

Ein Beispiel auch hierzu:
Nehmen wir an, Sie haben einen Glaubenssatz, der folgendermaßen lautet: „Ich kann mich anstrengen wie ich will, meine Leistung wird nie anerkannt". Sie fühlen sich missachtet.
Sie erklären einer Freundin, dass Sie sich das wirklich nicht einbilden, denn Sie machen täglich die Erfahrung, dass Ihre Familie oder Ihre Kollegen gar nicht bemerken, was Sie wieder alles geleistet haben. Wenn Sie dann manchmal sagen, dass sie fix und fertig von dem ganzen Tagespensum sind, ernten Sie meist Unverständnis

oder Bemerkungen, dass Sie doch selber Schuld sind, wenn Sie sich so viel zumuten. Das ärgert Sie, es kränkt Sie und es führt dazu, dass Sie immer unzufriedener mit Ihrem Leben werden. Ihre Stress-Resilienz wird geschwächt.

Auch hier kann die zwölfte Archetypkraft helfen: Indem Sie Ihre geschwächten Ich-Kräfte nicht mit Schuldzuweisungen und Projektionen kompensieren, sondern sich der Spiritualität in Ihnen widmen, was ja die zwölfte Archetypkraft letztlich von uns will.

Wie Sie die zwölfte Archetypkraft zur Stärkung Ihrer Stress-Resilienz genau nutzen können, soll nun gezeigt werden.

Impulse für die Nutzung der Wirkkraft des kosmischen Archetypen Neptun/Fische zur Stärkung unserer Stress-Resilienz

Spiritualität aufbauen, weiterentwickeln und festigen

1. Ich-Regulierung durch die Öffnung zur Spiritualität

Wie öffnet man sich der Spiritualität? Wenn wir an nichts Höheres glauben, weil es für uns rational nicht erklärbar ist, dann haben wir große Probleme, uns dem spirituellen Kern in uns zu nähern bzw. uns mit spirituellen Themen zu beschäftigen.

Vielen Menschen geht es zunächst so. Meist kommt ein Umdenken erst in Gang, wenn der Leidensdruck so hoch ist, dass der Mensch erkennt, dass er selbst nichts mehr kontrollieren und bestimmen kann. Dann öffnen sich viele einer Realität, die jenseits von rationalen Erklärungen liegt. Mit anderen Worten der Metapysik oder Spiritualität.

Wie könnte man aber diesen Prozess des Leidens evtl. abkürzen und sich früher auf den spirituellen Weg einlassen? Nun, wir können auf der rationalen Ebene uns und anderen erklären, dass sich die Nicht-Existenz einer höheren Bewusstseins-Ebene rational tatsächlich nicht zu 100 % beweisen lässt. Es bleibt also eine Ungewissheit bestehen.

Dies müsste genügen, dass man es zumindest probeweise zulässt, sich mit spirituellen Ansätzen auseinander zu setzen.

Hilfreich hierbei ist wieder der Prozess mit „The Work" von Byron Katie (21), denn es handelt sich ja auch um eine Überzeugung bzw. einen Glaubenssatz:
„Eine höhere Bewusstseinsebene und damit höhere Existenz, der auch wir angehören gibt es nicht."
Arbeiten wir mal mit „The Work" an dieser Überzeugung/Glaubenssatz:

1. Ist es wahr, dass es keine höhere Bewusstseinsebene, höhere Existenz mit der auch wir verbunden sind, gibt?
   Antwort: Ja

2. Ist es zu 100% wahr und bewiesen dass es das nicht gibt?
   Antwort: Zu 100% wohl nicht.

3. Wer, was, wie bist du, wenn du glaubst, was du da denkst, dass es keine höhere Bewusstseinsebene, höhere Existenz, mit der auch wir verbunden sind, gibt?

   Mögliche Antworten:
   - das ist mir doch egal
   - dann bin ich auf einem großen Schiff das ziellos auf dem Ozean kreist
   - dann bin ich verloren
   - dann macht es keinen Sinn, dass wir auf der Erde leben
   - dann bin ich irgendwie haltlos, unruhig, hoffnungslos und unglücklich
   - dann versuche ich mich so gut es geht zu schützen, wenn meine Gedanken darüber kreisen, ich versuche mich abzulenken, ich versuche sofort aufkommende Befürchtungen zu verdrängen …

4. Wer, was, wie bist du, wenn du das nicht glaubst, was du da denkst?

   Antwort: Dann bin ich zuversichtlich, dann hoffe ich, dann gibt es womöglich doch einen Sinn, weshalb ich hier auf der Erde bin, dann motiviert mich das, mich mit diesem Thema zu beschäftigen …

Aufforderung: Kehre den Glaubenssatz um

1. Ich befürchte, dass es keine höhere Existenz gibt.

2. Ich wünsche mir, dass ich glauben könnte, dass es eine höhere Existenz gibt.

3. Ich bin so irritiert, weil doch so viele Menschen glauben, dass es das nicht gibt.

4. Ich spüre und sehe keine höhere Existenz

5. Ich weiß, ich kann erst dann sagen, dass es keine höhere Existenz gibt, wenn ich mich darauf eingelassen habe, mehr darüber zu erfahren.

6. Ich habe Angst an eine höhere Existenz zu glauben, denn wenn ich mich darauf einlasse, weiß ich nicht, wie ich damit umgehen soll, was es für mich genau bedeutet, was die höhere Existenz von mir will.

Diese letzte Umkehrung drückt im Grunde das aus, was viele Menschen daran hindert, sich auf Spiritualität ein-zu-lassen.
Wenn wir so durch den Frage-Prozess und Umkehrungs-Prozess gehen, dann haben wir zumindest die Erkenntnis, was uns wirklich davon abhält, uns mit Spiritualität zu beschäftigen. Es kann ja auch sein, es kommt ein ganz klares „ich will das nicht, basta“, dann haben wir auch einen Erkenntnisgewinn und machen eben so weiter wie bisher.

Versuchen wir mit diesem Prozess mal das erste Beispiel von zuvor zu analysieren.
Sie verdrängen also mittels Alkohol die Probleme in Ihrem Leben. Ihr schlechtes Gewissen meldet sich immer wieder, weil sie wissen, dass das auf die Dauer nicht gut gehen kann.
Sie sind aber der Meinung, dass das immer noch besser ist, als ständig mit Kummer und Sorgen durch den Tag und Abend zu gehen. Sich mit Ihrem Leben auf der spirituellen Ebene auseinander zu setzen, belächeln Sie, weil Sie glauben, dass das alles Augenwischerei ist und man sich selbst damit was vorgaukelt.
Der Glaubenssatz heißt also: Spiritualität ist Augenwischerei, es gibt nichts Höheres dem wir angehören.

Arbeiten wir mal mit „The Work“ an diesem Glaubenssatz:

1. Ist es wahr, dass Spiritualität Augenwischerei ist und es nichts Höheres gibt, dem wir angehören?

Antwort: Ja

2. Ist es zu 100% wahr und bewiesen?

Antwort: Zu 100% wohl nicht.

3. Wer, was, wie bist du, wenn du glaubst was du da denkst, dass es nichts Höheres gibt, dem wir angehören und Spiritualität Augenwischerei ist?

Mögliche Antworten:
- ein deprimierter Realist
- jemand, dem man nichts vormachen kann
- ein Mensch mit Angst vor dem Tod
- ein Mensch, der sich so gut es geht, arrangiert

4. Wer, was, wie bist du, wenn du das nicht glaubst was du da denkst?
Mögliche Antworten:
- dann wäre ich vielleicht ein Optimist
- dann würde ich mein Leben sinnvoller gestalten
- dann bräuchte ich keinen Alkohol, um mich zu narkotisieren
- dann fühlte ich mich eingebettet in etwas Sinnvolles

Aufforderung: Kehre den Glaubenssatz um

1. Spiritualität ist keine Augenwischerei (zu einfache Umkehrung)

2. An keine höhere Existenz zu glauben ist letztlich Augenwischerei

3. Ich übernehme einfach diesen Glaubenssatz, weil mir das Thema unangenehm ist

4. Ich habe Angst, an eine höhere Existenz zu glauben, weil wenn ich das tue, weiß ich nicht wie ich damit umgehen soll, was das für mich genau bedeutet, was die höhere Existenz von mir will.

Nehmen wir an, dass Sie mit Punkt 4 in Resonanz gehen, dann haben Sie jetzt einen wichtigen Schritt getan. Sie haben bei der Spiritualität angeklopft. Eine Eigenart der Wirk-Kräfte dieses zwölften Archetypen ist nämlich, dass man die Tür zur Spiritualität nicht selbst öffnen kann, sondern sie wird einem geöffnet, wenn man bereit dazu ist.
Es gibt einen Weisheitssatz der lautet: Wenn der Schüler soweit ist, kommt der Lehrer.

Die Öffnung zur Spiritualität führt zunächst über den Weg der psychologischen Selbsterkenntnis, die durch Selbstreflexion geschieht und die der Ich-Werdung von C.G. Jung entspricht (s. 4. Lebensprinzip auf S. 58). Der weitere Entwicklungsweg zur Selbst-Werdung ergibt sich dann durch den spirituellen Erkenntnisweg. Spirituell sind wir, sobald wir uns in Beziehung zu etwas Höherem sehen, dem wir angehören und uns mit den höheren Gesetzmäßigkeiten beschäftigen.

Mit dem zweiten Beispiel von zuvor, soll hier noch genauer auf den wichtigen Zusammenhang von psychologischer Ebene und spiritueller Ebene eingegangen werden.

2. Ich-Regulierung: Die Brücke zwischen Ich und Selbst

Nehmen wir hierzu das Beispiel mit dem Glaubenssatz von zuvor: „Ich kann mich anstrengen wie ich will, meine Leistung wird nie anerkannt". Da wir alle mit mehr oder weniger behindernden Glaubenssätzen unseren Lebensweg gehen, steht dieses Beispiel für unendlich viele destruktive Glaubenssätze oder subjektive Überzeugungen.

Sie sind also der Meinung, dass Ihre Leistung nie anerkannt wird, egal wie sehr Sie sich anstrengen. Sie fühlen sich dadurch nicht geachtet, nicht geschätzt, unsicher und unzufrieden. Ihre Stress-Resilienz wird geschwächt.
Bisherige Versuche, wie z.B. dass Sie sich bewusst machen, was Sie alles leisten, führt nicht zu dem ersehnten Zufriedenheitsgefühl und auch nicht dazu, dass Sie sich nicht mehr ständig über die anderen ärgern.
Da Ihre Freundin spirituell sehr interessiert ist und sich schon länger mit ihrer eigenen Selbstfindung beschäftigt hat, vermittelt Sie Ihnen hilfreiche Einblicke, in psychologische und spirituelle Prozesse. Gerade die Verbindung zwischen der psychologischen Ebene und der spirituellen Ebene ist sehr bedeutsam, denn der spirituelle Entwicklungsprozess ist vom psychischen nicht zu trennen.

Wir müssen zunächst den Prozess der Selbsterkenntnis gehen, was zum psychischen Teil in uns gehört und den C.G. Jung als Ich-Werdung bezeichnet hat (s. 4. Lebensprinzip auf S. 58). Mit unserem Ich nehmen wir Kontakt zum spirituellen Teil auf und treten in den Prozess der spirituellen Erkenntnis. Dadurch wird Transformation bzw. Wandlung möglich. Ein Teil unseres Ichs erweitert sich zum höheren Ich oder wie C.G. Jung sagt zum Selbst. Dieses Selbst ist der spirituelle

Kern in uns, der nach und nach freigelegt wird, wenn wir den Prozess der Bewusstseins-Erweiterung gehen.

Wir müssen also die psychologische Ebene mit der spirituellen Ebene verbinden. Hierfür gibt es die verschiedensten Wege und Methoden.

Der Frage-Prozess „The Work" von Byron Katie verbindet auf wunderbare Weise diese beiden Ebenen. Er ist ein Selbsterkenntnis-Prozess auf der psychologischen Ebene und bildet eine Brücke zur spirituellen Ebene.
Da wir „The Work" bereits bei anderen Lebensprinzipien eingesetzt haben, aber noch nicht ausführlich auf die Verbindung von psychischer und spiritueller Ebene eingegangen sind, soll dies nun aufgezeigt werden.

Gehen wir also nun den obigen Glaubenssatz zunächst auf der psychologischen Ebene mit den 4 Fragen durch:

1. Ist das wahr, wenn du denkst, deine Leistungen bekommen keine Anerkennung?
   - Nehmen wir an Sie sagen Ja.

2. Kannst du 100% sicher sein, dass das wahr ist, wenn du denkst, dass du keinerlei Anerkennung für deine Leistungen bekommst?
   - Nehmen wir auch hier an Sie sagen Ja.

3. Wer, wie, was bist du, wenn du das glaubst, was du da denkst, dass du für deine Leistungen keine Anerkennung bekommst?
   - Mögliche Antwort: Dann bin ich ein wertloser Mensch, dann bin ich traurig, unzufrieden, ärgerlich und fühle mich hilflos.

4. Wer, wie, was bist du, wenn du das nicht glaubst?
   - Mögliche Antwort: Dann fühle ich mich gut, unbekümmert, wertvoll, wichtig, sicher …

Die Aufforderung die nun folgt „Kehre den Satz um", schlägt praktisch die Brücke zur spirituellen Ebene.
Wir werden nämlich aufgefordert, übliche Denkstrukturen und Interpretationen zu verlassen und uns von dahinterliegenden, nicht-rationalen Möglichkeiten inspirieren zu lassen.

Wenn wir uns in diese Umkehrungen ganz tief einlassen, spüren wir eine Weisheit, die aus einem Bewusstseins-Raum kommt, der dem spirituellen Einheitsbewusstsein entspringt.

Führen wir jetzt die Umkehrungen durch. Die ersten Umkehrungen kommen noch aus dem psychologischen Bewusstsein, der psychologischen Selbsterkenntnis:

1. Meine Leistungen werden anerkannt, ich merke es nur nicht
2. Ich selbst anerkenne meine Leistungen nicht
3. Ich anerkenne die Leistungen der anderen nicht

Die nächsten Umkehrungen vermischen sich bereits mit dem spirituellen Bewusstsein:

4. Ich missbrauche die anderen, indem ich Ihnen die Schuld für meine Ich-Schwäche gebe
5. Ich definiere mich und mein Leben ausschließlich über die Anerkennung von außen
6. In Wahrheit suche ich eine ganz andere Art der Anerkennung. Ich suche mich. Ich suche meine Zugehörigkeit im großen Ganzen. Ich suche Verbindung zu etwas Höherem.

Der letzte Satz fühlt sich für Sie absolut richtig an, obwohl Sie auch verblüfft darüber sind.
Sie begreifen, dass es da eine Sehnsucht der Zugehörigkeit gibt, die auf einer anderen Ebene liegt. Sie begreifen, dass das Thema Spiritualität in Ihrem Leben einen Platz bekommen muss. Durch diese Erkenntnis, bekommen Sie eine Art innere Kraft, die sich richtig gut und echt anfühlt.
Das wird sich sehr positiv auf die Stärkung Ihrer Stress-Resilienz auswirken.

Beide Beispiele sollen zeigen, dass der Mensch oft an der falschen Stelle sucht, nämlich im Außen. Tatsächlich liegt aber die Kraft im Inneren, in einem tiefen Kern der Spiritualität, den wir alle in uns tragen und der zu einer höheren Einheitskraft gehört.

Zusammenfassung: Stress-Resilienz – Archetyp Neptun/Fische – Lebensprinzip 12

Die zwölfte archetypische Kraft möchte den Menschen in seiner Entwicklung dazu auffordern, sich seinem inneren spirituellen Kern zu widmen. Unsere Entwicklung endet ja nicht auf der Ebene der sichtbaren Wirklichkeit, sondern geht darüber hinaus in Bereiche, die etwas Höherem entspringen.
Das was wir von unserer Seite aus tun müssen, ist einen Kontakt zu etwas Höherem zu suchen. Für viele Menschen ist das schwierig, weil sie zu sehr von rationalen Denkmustern geprägt sind. Außerdem ist es für viele nicht klar, was mit Einheit, Transzendenz, Spiritualität und Metaphysik gemeint ist. Auch was höhere Lebensgesetze bedeuten und wofür diese nützlich sind.
Da sich die Schleier zu einer höheren Ebene meist nur langsam lichten, versuchen wir, Lebensfragen und problematische Lebensthemen zu kompensieren oder sogar zu verdrängen. Lüften sich die Schleier allmählich, beginnen wir ganz langsam zu verstehen, dass wir uns nur weiterentwickeln, wenn wir zunächst den Weg der Selbsterkenntnis durch Selbstreflexion gehen. Dies ist die psychologische Ebene und eröffnet uns wichtige Erkenntnisse über uns, über unsere Gefühle, Bedürfnisse und Ängste, aber auch über unsere Denk- und Verhaltensmuster.
Das bedeutet, wir erkennen, warum wir fühlen wie wir fühlen, warum wir denken wie wir denken, warum wir uns verhalten wie wir uns verhalten.
Diese Erkenntnisse geben ein Bild unseres Ichs wieder, das C.G. Jung als Ich-Werdung bezeichnet hat. Die weisen Wirk-Kräfte des zwölften Lebensprinzips lösen nun weitere Such-Prozesse in uns aus, damit wir uns über dieses Ich noch weiter hinaus entwickeln. Das tun wir, indem wir eine Beziehung zu einer höheren Bewusstseinsebene aufbauen. Dies ist dann gelebte Spiritualität.
Für unsere Stress-Resilienz kann der Beziehungsaufbau zu etwas Höherem enorm stärkend sein, weil wir dann die vielen kleinen oder größeren Stress-Themen und Belastungen auf einer höheren Bewusstseinsebene betrachten, mit der wir tief verbunden sind und dadurch Zusammenhänge erkennen können, die uns zu guten Lösungen führen. Dies spendet uns Kraft und erfüllt uns mit Zuversicht.

Sowohl den Zugang zur Spiritualität, als auch das spirituelle Praktizieren können wir maßgeblich mit dem Frage-Prozess „The Work“ von Byron Katie unterstützen. Damit stellen wir auch immer wieder die Verbindung zwischen unseren psychologischen Erkenntnissen (das kann Förderliches oder Behinderndes sein), und den spirituellen Erkenntnissen bzw. Handlungen her.

Unsere Stress-Resilienz kann bei Nichtbeachtung dieses Lebensgesetzes geschwächt werden.
Wenn wir aber dieses Lebensprinzip mit seinen Gesetzmäßigkeiten achten und leben, können wir damit unsere Stress-Resilienz bedeutend stärken.

Im Überblick: Stärkung unserer Stress-Resilienz durch die Weisheit des Archetypen Neptun/Fische – Lebensprinzip 12

Einheit, Transzendenz, Spiritualität, Metaphysik

Wegweiser für **A**ufbau, **W**eiterentwicklung und **F**estigung unserer Stress-Resilienz

Spiritualität

1. **Ich-Regulierung durch die Öffnung zur Spiritualität**
   Mit „The Work" Selbstreflexion ausüben und damit Selbsterkenntnis gewinnen

2. **Ich-Regulierung: Die Brücke zwischen Ich und Selbst**
   Mit „The Work" Verbindung zwischen psychologischer und spiritueller Ebene herstellen bzw. zwischen Ich und Selbst

4 Selbstanwendung der 12 kosmischen Archetypen zur Resilienz-Stärkung

1. Wie erkennt man bei sich selbst, welcher Archetyp bzw. welches Lebensprinzip zu einem bestimmten Zeitpunkt aus dem Gleichgewicht geraten ist?

Grundsätzlich sollten wir uns immer, wenn wir in einer Problemsituation sind fragen, welches Lebensprinzip wir möglicherweise gerade nicht beachten. Die letzten Kapitel haben gezeigt, wie wichtig es ist, gerade dann in die Selbstverantwortung zu gehen, wenn wir uns schwer tun und wir am liebsten die gesamte Verantwortung auf andere übertragen möchten. Diese Situationen mit all ihren Hindernissen oder Schwierigkeiten, dienen uns letztendlich dazu uns weiter zu entwickeln.

Wir können dann z.B. die Zusammenfassung Seite 194-198 zur Hand nehmen und uns einspüren in die einzelnen Archetypen. Wir stellen dabei die Frage: „Was braucht in mir mehr Gleichgewicht, um mit der Situation xy besser klar zu kommen"? Mit etwas Übung der Achtsamkeit ist es möglich, beim Durchlesen und Hineinfühlen ziemlich genau ein bis drei Archetypkräfte ausfindig zu machen, auf die wir uns gerade besonders konzentrieren sollen. Es ist tatsächlich nicht immer nur eine konkrete Archetypkraft, sondern es mischt sich, weil auch die Archetypkräfte in gewissen Beziehungen zueinander stehen. Meistens geht man besonders stark mit der Archetypkraft in Resonanz, die den Hauptanteil bildet, die andern sind etwas schwächer.
Das bedeutet, wenn Sie spüren, dass eine bestimmte Archetypkraft von Ihnen gerade besonders im Schatten gelebt wird, dann bringen Sie diese als erste wieder mit den vorgeschlagenen Impulsen ins Gleichgewicht. Natürlich können Sie dies immer mit all den Methoden kombinieren, die Sie sonst noch für sinnvoll halten. Nach einigen Tagen können Sie sich dann den anderen Archetypen widmen, die Ihrer Meinung nach auch etwas aus der Balance geraten sind.

2. Wie geht man dann genau vor, wenn man dies alleine macht, also in der Selbstanwendung?

Ein Beispiel:
Angenommen Sie haben das Problem, dass Sie ständig Situationen ausweichen, in denen Sie anderen Menschen gegenüber Farbe bekennen sollten. Vor kurzem war wieder so eine Situation, dass eine Kollegin, ohne sich mit Ihnen vorher abzusprechen, Arbeitsprozesse abgeändert hat. Sie fanden plötzlich bei der Kundenbetreuung ein ganz neues Formular im PC, mit dem Sie sich erstmal auseinandersetzen mussten. Dadurch brauchten Sie für die einzelnen Kunden viel mehr Zeit, die Kundenwarteschlange wurde länger und Sie gerieten unter enormen Druck.

Sie hatten auf die Kollegin eine große Wut und nahmen sich vor, ihr am nächsten Tag ordentlich die Meinung zu sagen. Am nächsten Morgen aber, als Sie an Ihrem Arbeitsplatz waren und jene Kollegin fröhlich mit frischen Brötchen herein kam, wollten Sie die gute Stimmung nicht beeinträchtigen und sagten gar nichts. Sich selbst beruhigten Sie mit ihrer inneren Stimme, dass es sich nicht lohnt, die gute Stimmung zu verderben und womöglich würden Sie von den anderen als kleinkariert wahrgenommen.
Innerlich kann aber der Stress nicht abfließen, er zeigt sich durch Kopfschmerzen und innere Unruhe. Ihre Stress-Resilienz wird geschwächt.

Da Sie sich schon länger mit ähnlichen Themen beschäftigen, haben Sie sich ein Buch über Resilienz und den 12 Urprinzipien, gekauft. Sie wollen dieses Buch nun nutzen, um zu schauen, ob Sie Ihre Stress-Resilienz mit den darin enthaltenen Impulsen stärken können.

Sie haben das Buch bereits schon zweimal gelesen. Sie nehmen sich also jetzt nur die Zusammenfassung zur Hand, stellen sich noch mal kurz die Stress-Situation vor und lesen die Texte der Zusammenfassung einmal durch.
Dann lesen Sie die Zusammenfassung ein weiteres Mal und stellen sich zuvor die Frage: „Welches Lebensgesetz braucht in mir mehr Gleichgewicht"?

Sie fühlen sich ein und nehmen sich viel Zeit dabei. Beim Durchlesen stocken Sie unwillkürlich immer wieder beim Wort Harmonie, bei der Archetypkraft 7 (Venus/Waage), sowie auch ein bisschen bei der vierten Archetypkraft (Mond/Krebs).

Sie lesen sich zunächst im Buch noch einmal die Beschreibung und die Impulse für die Archetypkraft 7 genauer durch. Sie spüren, dass es für Sie stimmig ist, sich jetzt diesem Lebensgesetz zu widmen, d.h. mit den Impulsen zu arbeiten.

Siebte Archetypische Kraft: Harmonie, Ausgleich, Begegnung mit dem DU und den eigenen Anlagen, Projektion

1. Entscheidungsfähigkeit als Harmoniefaktor

Schritt 1: Sich selbst in Entscheidungssituationen des Alltags beobachten
Schritt 2: Entscheidungs-Muster und Strategien in der Begegnung mit anderen Menschen

Diese zwei Schritte gehen Sie innerlich durch, entweder mit den beschriebenen Vorschlägen im Buch und/oder solchen die Ihnen selbst einfallen. Sie notieren sich wichtige Erkenntnisse.
Hier im Beispiel erkennen Sie vielleicht, dass Sie sich angewöhnt haben, meistens nicht selbst zu entscheiden, sondern anderen den Vortritt zu lassen. Der Grund ist die Angst, dass Ihre Entscheidungen nicht gut ankommen und zu Dysharmonie führen, mit der Sie nicht umgehen können.
Sie erkennen zudem, dass z.B. die Entscheidung, mit jemandem zu reden, weil Ihnen in der Beziehung mit diesem Menschen (ob privat oder beruflich) etwas nicht gut tut, nur als Idee in Ihrem Kopf stattfindet, dass Sie jedoch in der Realität diese Entscheidung nicht umsetzen können. Sie sagen dann lieber nichts.
Der Grund ist auch hier die Angst vor einem Konflikt. Sie befürchten, wenn Sie sich entscheiden, eine Sache zwischen sich und einer anderen Person anzusprechen, die unangenehm ist oder die man auch missverstehen kann, dass es dann zu Auseinandersetzungen kommt, mit denen Sie nicht umgehen können. Vor allem fürchten Sie Vorwürfe und Angriffe, weil Sie nicht wissen, was Sie dann tun können, damit es nicht weiter eskaliert. Also sagen Sie lieber nichts. Was eigentlich ja auch eine Entscheidung ist, aber leider nicht aus freien Stücken, sondern gezwungenermaßen, um einer Situation aus dem Weg zu gehen.

Außerdem wird Ihnen klar, dass Ihr Ausweichen nicht zu einer wirklichen Harmonie führt, sondern zu einer Scheinharmonie und sogar die Gefahr in sich birgt, dass dadurch irgendwann die Bombe platzt und es zu einem wirklich heftigen Konflikt kommt.

Ihnen wird klar, dass Sie über sehr wenig Konfliktfähigkeit verfügen, denn Sie machen immer wieder die Erfahrung, dass Sie nicht wissen, wie Sie auf Spannungen, Vorwürfe, Angriffe, Missverständnisse oder Unterstellungen, die Ihnen gemacht werden, konstruktiv reagieren könnten. Und Sie wissen nicht, wie Sie selbst eine schwierige Sache oder Unangenehmes konstruktiv ansprechen können. Sie haben Angst, dass eine Sache rasch hoch kocht, Sie hilflos dastehen und nicht wissen was Sie machen können, damit die Situation nicht weiter eskaliert.

Damit Sie in Zukunft bewusst Entscheidungen treffen können, die durchaus auch zu Irritationen oder zu vorübergehender Dysharmonie führen, möchten Sie mehr Konfliktfähigkeit entwickeln. Denn dies ist ein wichtiger Schlüssel zur wahren Harmonie.
Sie widmen sich deshalb jetzt dem zweiten Punkt, „**Entscheidungsfähigkeit als Harmoniefaktor**“, mit dem Impuls:

Angriffe übersetzen in Bedürfnisse

Es gibt zwei Anwendungsmöglichkeiten. Die erste ist, dass Sie zunächst Ihre eigenen Bedürfnisse herausarbeiten. Damit können Sie vermeiden, dass Sie nicht gleich mit Angriffen auf die andere Person beginnen.

Beispiel: Eigenen Vorwurf in ein Bedürfnis übersetzen

<u>Statt zu sagen,</u> du hast einfach das Formular geändert und deshalb kam ich in eine große Stress-Situation, das finde ich ziemlich rücksichtslos = Vorwurf von Dir.

<u>Besser sagen:</u> Mir ist wichtig, dass wir aufeinander Rücksicht = Bedürfnis nehmen. Deshalb sollten wir uns vorher gegenseitig informieren, wenn wir in den Arbeitsprozessen etwas ändern.

Die zweite Anwendungsmöglichkeit besteht darin, entsprechende Reaktionen Ihres Gesprächspartners, die Angriffe enthalten, in Bedürfnisse zu übersetzen. Dies wirkt deeskalierend.

Beispiel: Angenommen, Ihr Gesprächspartner reagiert mit folgendem Angriff: Du ich nehme ständig Rücksicht, jetzt ist mir einmal etwas durchgegangen und schon machst du so ein Theater. (= Vorwurf)

Statt zu sagen: Nein das stimmt nicht, ständig machst du diese Alleingänge. Du weißt wohl nicht, was Teamarbeit ist.

Besser Sagen:
Hierzu vorab eine kurze Erklärung:
Der Vorwurf, schon machst du so ein Theater, ist etwas schwieriger in ein oder mehrere Bedürfnisse zu übersetzen.
Für dieses Beispiel nehmen wir an, dass die Kollegin ziemlich kreativ ist und spontan kreative Ideen umsetzen möchte. Sie denkt dabei, dass ihre Ideen eigentlich von den anderen positiv aufgenommen werden.

Sie können dann z.B. sagen: Ich weiß, dass du immer wieder ganz tolle neue Ideen einbringst. Ich selbst kann das nicht so, ich bin eher der Typ, der sich sicher fühlt = Bedürfnis, wenn er auf alt Bewährtes trifft. Ich brauche einfach etwas länger, mich umzustellen.
Deshalb ist es für mich hilfreich, wenn ich Zeit habe, mich darauf einzustellen und nicht vor den Kunden damit überrascht werde.

Ab hier ist die Situation mit Sicherheit so deeskaliert, dass man sich gut auf Augenhöhe einigen kann.

Nachdem Sie sich so mit dem Prozess „Angriffe in Bedürfnisse übersetzen" befasst haben, spüren Sie erleichtert, dass es wirklich möglich sein kann, etwas Schwieriges anzusprechen, ohne dass es zu einem Konflikt kommen muss. Auch, dass es möglich ist, einen bereits beginnenden Konflikt zu deeskalieren.

Wenn man eigene Vorwürfe in eigene Defizit-Bedürfnisse übersetzt und Vorwürfe anderer auch in mögliche Defizit-Bedürfnisse übersetzt, ist die Wahrscheinlichkeit um ein Vielfaches höher, Konflikte zu deeskalieren oder ganz zu vermeiden. Und zwar nicht durch ausweichen und fliehen vor der Situation, sondern durch die Entscheidung, sich für echte Harmonie einzusetzen.
Obwohl Sie nie wissen, wie der Gesprächspartner wirklich reagiert, sind Sie trotzdem fähig, auf eine Konflikt Situation von Ihrer Seite aus deeskalierend

einzuwirken. Diese Erkenntnis ermutigt Sie, jetzt die Entscheidung zu treffen, die Kollegin anzusprechen.
Da Sie spüren, dass dieses Lebensprinzip ein wichtiges Lebensthema von Ihnen ist, wollen Sie weiterhin regelmäßig dieses Lebensprinzip ausbalancieren.

Mit den anderen aus der Balance geratenen Archetypkräften verfahren Sie dann entsprechend.

Zusammenfassung der 4 Schritte bei der Selbstanwendung:

1. Schritt: Die Zusammenfassung der kosmischen Archetypen und die Impulse einmal komplett lesen, sich vorher die Stress-Situation noch mal vorstellen.

2. Schritt: Zusammenfassung ein zweites Mal meditativ lesen, sich dabei die Frage stellen: „Welches Lebensgesetz/Archetyp braucht in mir mehr Gleichgewicht?"

3. Schritt: Sich immer wieder tief einfühlen und darauf achten, bei welchen Worten, Begriffen oder Impulsen Sie sich angesprochen fühlen oder stocken oder sonst irgend eine Reaktion in Ihnen spürbar wird. Die entsprechenden Lebensgesetze, bei denen Sie irgendwie reagieren, notieren.

4. Schritt: Anschließend mit dem Lebensgesetz beginnen, auf das Sie am stärksten reagiert haben. Sie lesen es komplett durch und beginnen dann mit den empfohlenen Impulsen zu arbeiten. Ein paar Tage später verfahren Sie ebenso mit den anderen Lebensgesetzen, auf die Sie auch reagiert haben.

Zum Testen, welche Archetypkraft im Ungleichgewicht ist, können Sie natürlich all die Ihnen vertrauten Hilfsmittel nutzen, die Sie bereits kennen. Das können ein Tensor, ein Pendel oder diverse kinesiologische Testverfahren sein.

Wichtig bei bereits bestehenden körperlichen Krankheiten:
Wenn sich Ihre Resilienz-Schwächung bereits körperlich durch Krankheiten zeigt und Sie bei einem Arzt oder Heilpraktiker behandelt werden, der eine genau Diagnose erstellt hat, können Sie mit den entsprechenden Archetypen-Impulsen begleitend die Selbstheilungskräfte aktivieren.

Den Archetypen lassen sich nämlich bestimmte Körperregionen und Organe zuordnen.
Siehe hierzu die Archetypen-Medizin von Rüdiger Dahlke, „Krankheit als Symbol", (25) und „Die Lebensprinzipien" (7). Das bedeutet, dass wir damit bei bestimmten körperlichen Krankheiten, Rückschlüsse auf die Archetypen bzw. Lebensprinzipien erhalten können, die aus der Balance geraten sind.

Hierzu folgende Liste aus dem Buch: „Das senkrechte Weltbild" von Dr. R. Dahlke u. Nicolaus Klein (4). Statt wie im Buch der Begriff Planet, wurde hier allerdings die Bezeichnung Archetyp verwendet und die Zahlen 1 – 12.

Körper- und Organzuordnungen zu den Archetypen

Sternzeichen Widder – Archetyp 1 - Mars:
Kopf, Zähne, Nägel, Galle, quergestreifte Muskulatur, Oberarme, Arterien, Galle, Milz.

Sternzeichen Stier – Archetyp 2 - Venus:
Kehlkopf, Stimmbänder, Mandeln, Schilddrüse, Speiseröhre Drüsen etc.

Sternzeichen Zwilling – Archetyp 3 - Merkur:
Luftröhre, Bronchien, Lunge, Nerven-Bahnen, Lymphsystem zum Transport, Gelenke, Hände, Sprache etc.

Sternzeichen Krebs – Archetyp 4 - Mond:
Bauch, Magen, Brustdrüsen, Eierstöcke, Hoden, Schleimhaut, Gebärmutter, Flüssigkeiten, Schlaf etc.

Sternzeichen Löwe – Archetyp 5 - Sonne:
Herz, Augen, Blutkreislauf, Lunge, Depressionen etc.

Sternzeichen Jungfrau – Archetyp 6 - Merkur:
Dünndarm, Dickdarm bis Mastdarm, Bauchspeicheldrüse, Drüsen etc.

Sternzeichen Waage – Archetyp 7 - Venus:
Nieren, Harnleiter, Venen, Bauchspeicheldrüse, Nieren etc.

Sternzeichen Skorpion – Archetyp 8 - Pluto:
Harnblase, Dickdarm bis Enddarm, Prostata, After, Genitalien, Warzen etc.

Sternzeichen Schütze – Archetyp 9 - Jupiter:
Leber, glatte Muskulatur, Hüfte, Oberschenkel, Bauch, Allergien etc.

Sternzeichen Steinbock – Archetyp 10 - Saturn:
Knochen, Knie, Skelett, Sehnen, Bänder, Zahnschmelz, Milz, Haut, Verhärtungen Apathie, Schwerhörigkeit, alles Chronische

Sternzeichen Wassermann – Archetyp 11 - Uranus:
Zentralnervensystem, Unterschenkelknochen, Schienbein, Koliken, Unfälle etc.

Sternzeichen Fische – Planet 12 - Neptun:
Hinausgehen in den Ätherkörper, Zehenknochen, Fußgewölbe, Amnesie, Ohnmacht, Sucht, Lähmungen, Vergiftungen, Niere.

5 Anwendung in der Beratungs-Praxis zur Stärkung der Stress-Resilienz

Wenn Klienten zu Ihnen kommen, die über Stress-Symptome oder Erschöpfungszustände klagen, dann können Sie Ihre üblichen Behandlungs-Methoden zusätzlich durch die Arbeit mit den kosmischen Archetypen bzw. Lebensprinzipien wunderbar bereichern und ergänzen.
Oft wird allein durch die Erzählung des Klienten schon deutlich, welches Lebensgesetz nicht im Gleichgewicht ist.

Relativ häufig kommt es allerdings vor, dass Klienten die Auslöser mit den Ursachen des Problems verwechseln. Hier Klarheit zu schaffen, ist ein wichtiger Teil in der Beratung, denn solange Sie mit dem Klienten fälschlicherweise die Auslöser, anstatt die Ursache bearbeiten, wird das Problem sich nicht lösen lassen.

Ein Beispiel: Der Klient schildert das Problem, dass ihn sein Chef enorm unter Stress setzt, denn dieser gibt ihm Arbeitsunterlagen immer erst auf den letzten Drücker weiter. Das bedeutet für den Klienten, dass er dadurch unter hohem Zeitdruck seine Arbeitsaufträge bearbeiten muss. Er fühlt sich ausgeliefert und ungerecht behandelt. Er leidet unter starken Stress-Symptomen, dadurch ist seine Stress-Resilienz geschwächt.

Als Ursache seiner Stress-Symptomatik gibt er an: „Sein Chef setzt ihn unter starken Druck“. Das ist aber nicht die Ursache, sondern der Auslöser! Denn die Ursache seines Stress-Empfindens hat mit seinen eigenen Bedürfnis-Defiziten zu tun und wie er die Situation bewertet.
Bei diesem Beispiel kann die Stress-Symptomatik ursächlich damit zu tun haben, dass er sich bestimmten Stress-Situationen nicht gewachsen fühlt, weil seine Selbstwirksamkeit geschwächt ist, weil er nicht den Mut hat, sich dem Chef zu stellen, weil er sich schwach und hilflos fühlt. Dadurch erlebt er Stress.

Eine andere Ursache könnte sein, dass er alles 150%ig erledigen möchte und so Detail orientiert ist, dass er sich in vielen Kleinigkeiten verzettelt und deshalb zeitlich nicht hinkommt. Er gerät in Stress.

Es gibt also einen Auslöser: Das ist der Chef, der Dinge erst auf den letzten Drücker weitergibt. Es gibt aber verschiedene Ursachen, wenn jemand durch diesen Auslöser Stress erlebt.
Die eine Ursache könnte wie oben beschrieben, die eigene Hilflosigkeit und der fehlende Mut sein, mit dem Chef zu reden oder auch einfach auszusprechen, das schaffe ich aber heute nicht mehr. Dann wäre die erste Archetypkraft (Mars) nicht im Gleichgewicht, d.h. zu unterbetont.

Die andere Ursache könnte sein, sich im Detail verzetteln und den Überblick damit verlieren. Dann wäre das die sechste Archetypkraft (Merkur/Jungfrau), die nicht im Gleichgewicht ist, d.h. zu überbetont gelebt wird.

Wir müssen also genau zuhören und die vom Klienten geäußerten Ursachen hinterfragen, um heraus zu finden, was Ursachen und was Auslöser sind.

Wichtig ist das deshalb, weil wenn wir bei den Auslösern unsere Problemlösungen suchen oder festmachen, wir immer die Eigenverantwortung abgeben.
Wir können es noch drastischer formulieren und sagen, wir geben die Macht darüber, wie es uns geht, nach außen ab. Das wird uns im Laufe unseres Lebens immer mehr schwächen, denn wir gewöhnen uns an, Opfer zu sein, hilflos zu sein. Wir geben anderen die Schuld und damit aber auch die Macht über unsere Gemütszustände.

Zur Unterscheidung von Ursachen und Auslösern helfen folgende Regeln:

1. Auslöser sind nie gleich Ursachen
2. Auslöser sind meist im Außen zu finden
3. Ursachen finden wir in unseren Defizit-Bedürfnissen gekoppelt mit schlimmen Gefühlen.

Kommen wir zum obigen Beispiel zurück:

Wir stellen dem Klienten dann beispielsweise die Frage:
Was bedeutet es für Sie, wenn Sie diese Stressgefühle spüren?

Eine Antwortalternative könnte sein:
Dann kann ich meiner Arbeit nicht ordentlich und genau nachkommen. Das verunsichert mich und macht mich unzufrieden. – Hier ist also das Bedürfnis-Defizit:

Ordnung, Genauigkeit … Wir arbeiten deshalb mit dem Klienten am Lebensprinzip 6, Merkur-Jungfrau-Archetyp.

Eine andere Antwortalternative könnte sein:
Wenn ich diesen Zeitdruck spüre, bekomme ich eine große Wut auf meinen Chef. Ich würde ihm am liebsten die Akten wieder auf seinen Schreibtisch knallen. Erst lässt er die Unterlagen ewig lang auf seinem Schreibtisch liegen und dann plötzlich soll alles zack, zack gehen.
Eigentlich müsste ich ihm schon längst sagen, dass mich das stresst, aber ich trau mich nicht. Ich habe Angst, dass er mich nicht ernst nimmt.
Hier gibt es ein Bedürfnis-Defizit im Bereich Mut haben, das zu sagen was man braucht. Wir arbeiten in diesem Fall mit dem Klienten am Lebensprinzip 1, Mars-Archetyp.

Die Ursachen unserer Probleme, also die Defizit-Bedürfnisse und negativen Gefühle, sind immer ein wichtiger Hinweis auf Lebensprinzipien, die in uns nicht im Gleichgewicht sind.
Die Auslöser machen uns letztlich nur darauf aufmerksam, dass ursächlich in uns etwas aus dem Gleichgewicht gekommen ist.

Eine weitere Frage-Methode zur Ursachen-Analyse
Wenn es nicht so eindeutig ist, welches Lebensgesetz aus dem Gleichgewicht geraten ist, dann können wir eine Fragemethode anwenden, die von den beiden Psychotherapeuten Steve de Shazer und Insoo Kim Berg entwickelt wurde. (26)
Diese Fragemethode nutzt unsere Vorstellungskraft und fragt danach, was anders wäre oder wir anders machen würden, so dass es das Problem gar nicht gäbe bzw. nicht mehr gäbe. Es werden damit verschüttete Ressourcen und Fähigkeiten in unser Bewusstsein geholt, die uns evtl. helfen könnten, das Problem zu lösen.

Folgende Ressourcen-Fragen kann man hierfür anwenden:

- *Woran würden Sie konkret erkennen, dass Sie das Problem nicht mehr haben? Man fragt dann immer weiter in die Tiefe: woran noch, an was noch …?*

Oder:
- *Was konkret würden Sie anders machen, wenn Sie das Problem nicht hätten? Man fragt auch hier weiter in die Tiefe: was noch, und was noch …?*

Der Klient wird also in die Richtung gelenkt, wo er Ressourcen und Fähigkeiten erkennt, die er entweder hat oder braucht, um das Problem zu lösen. Diese Fähigkeiten ordnet der Berater dann bestimmten Urprinzipien zu. Denn offensichtlich sind diese nicht im Gleichgewicht, sonst würde ja der Klient das Problem lösen können.

Sollten in Ihre Beratungspraxis Menschen kommen, bei denen sich Stress-Symptome bereits in Form von Krankheiten körperlich manifestiert haben, sollten diese einen Arzt oder Heilpraktiker aufsuchen. Sie haben auch hier die Möglichkeit, wie im letzten Kapitel beschrieben, die entsprechenden Archetypen, die hier nicht in der Balance sind, zu identifizieren und begleitend mit den geschilderten Impulsen, die Selbstheilungskräfte sanft zu aktivieren.

Siehe Liste der Körper- und Organzuordnungen zu den Archetypen Seite 188.

6 Zusammenfassung der 12 kosmischen Archetypen, deren Schatten bzw. Urängste und die Impulse zur Stärkung unserer Stress-Resilienz

Kosmischer Archetyp	Wirk-Kräfte	Impulse zur Stärkung unserer Stress-Resilienz
Archetyp 1 Mars/ Widder	Impulskraft, Mut, das Leben in Angriff nehmen, gesunder Egoismus, Gesunde Durchsetzung, Gestalter sein **Schatten/ Urangstt:** Angst vor Schwäche Kraftlosigkeit, Ohnmacht	**1. Selbstwirksamkeit stärken, Opferrolle verlassen, Gestalter werden** • Komfortzone reflektieren und als Kraftquelle nutzen • Herausforderungszone bewusst aktivieren • Überforderungszone akzeptieren und Ideal-Ich loslassen **2. Schatten:** Die Angst vor Schwäche bewusst akzeptieren **3. Körperliche Unterstützung** • Embodiment zur Emotionsregulation verankern
Archetyp 2 Venus/Stier	Absicherung, Schutz, Bewahren, Grenzen achten und setzen, Nehmen u. Geben **Schatten/ Urangstt:** Angst vor Veränderung, nicht abgesichert zu sein, die Wurzeln zu verlieren, starres Festhalten Bunkern	**1. Kontext bezogene Sicherheits-Regulierung** 1. Sicherheits-Räume identifizieren 2. Ungleichgewichte überprüfen mit Skalenanalyse einordnen 3. Bei Überbetonung: 1. Externalisierung mit Symbolarbeit 2. Gestalten des Unsicherheits-Symbols 3. Gestalten des Sicherheits-Symbols 4. Verantwortungs-Auftrag 5. Körper-Spür-Übungen 4. Bei Unterbetonung: Selbstfürsorge: 1. Die Gefühle und Bedürfnisse koppeln (= Kontakt zu sich selbst herstellen) 2. Zu sich stehen und sich selbst sagen was geht und was nicht (= Selbstempathie) 3. Mit der Sicherheit an Selbstempathie nach außen gehen

Kosmischer Archetyp	Wirk-Kräfte	Impulse zur Stärkung unserer Stress-Resilienz
Archetyp 3 Merkur/ Zwilling	Bewegung, Lebendigkeit, Flexibilität, Vielfalt, Kontaktfreude und Austausch **Schatten/ Urangstt:** Angst vor seelischer und geistiger Tiefe, Oberflächlichkeit	**1.Bewegungs-Regulierung mit der Übung „Bewegungs-Extreme in die Mitte führen"** 1. Schritt: Immer beide Bewegungs-Extreme einer Situation formulieren 2. Schritt: Für beide Extreme die Bedürfnisse formulieren 3. Schritt: Für die Bedürfnisse auf beiden Seiten eine Mitte formulieren 4. Schritt: Den Raum der gemeinsamen Mitte formulieren
Archetyp 4 Mond/Krebs	Empfindung, Gefühle, Identität, das Unbewusste seelische Potenzial, Intuition **Schatten/ Urangstt:** Angst vor Identitätsverlust, emotionale Labilität	**1. Seelische Stabilisierung durch die „Heilende Kraft der Gefühle"** 1. Schritt: Gefühle wahrnehmen und achten, weil sie vom tiefsten Seelengrund kommen und auf etwas aufmerksam machen möchten. (bei sich bleiben) 2. Schritt: Auslöser benennen: Z.B. der Stau, der Nachbar, … (ins Außen gehen) 3. Schritt: Ursache benennen: Grund-Bedürfnis-Defizite erkennen und formulieren. 4. Schritt: Zunächst Frieden in das eigene Innere schicken, weil die Bedürfnis-Defizite zu einem selbst gehören. Es ist weder gut noch schlecht, es ist einfach. Danach einen Lösungsweg suchen, wie die Bedürfnis-Defizite aufgebaut werden können.

Kosmischer Archetyp	Wirk-Kräfte	Impulse zur Stärkung unserer Stress-Resilienz
Archetyp 5 Sonne/Löwe	Persönlichkeit, Ausstrahlungskraft, Selbstbewusstsein, Ich-Bewusstsein **Schatten/ Urangstt:** Angst vor Persönlichkeits-verlust Selbstbewusst-seins-Über-höhung oder Minderwertigkeit Verausgabung	**I. Persönlichkeits-Stabilisierung mit Hilfe von Authentizität** **Erster Schritt: Mein Fokus der Selbst-Wahrnehmung** 1. Worauf richte ich meine Wahrnehmung? • Verbindendes • Trennendes 2. Welche Kommunikationsstrategien habe ich? • Konstruktive • Destruktive 3. Welche Ziele habe ich dabei? • Kooperation, Lösungen, Kompromisse, Selbstverantwortung, Motivation • Angriff, Kampf, Manipulation, Kritik, Dominanz, Macht, Demotivation, Opfer-haltung 4. Wie stehe ich zu den beteiligten Menschen? Sind es Partner oder Feinde? • Partner • Feinde **Zweiter Schritt: Korrektur mit Hilfe von weg-von/ hin-zu-Verhaltensänderung**
Archetyp 6 Merkur/ Jungfrau	Ordnungsbewusst-sein, Vernunft, Detailwahrneh-mung und Analyse, Sparsamkeit **Schatten/ Urangstt:** Angst vor dem Leben, vor Kontrollverlust, Vertrauensverlust	**1. Stabilisierung von Ordnung mit Hilfe von: Kalkulierter Un-Ordnung bzw. Ordnung** Schritt 1: Arbeitsbereich/Lebensbereich subjektiv be-werten mit der Sicherheits-Skala von 0 – 10 Schritt 2: Aus der Erfahrung den realistischen Wert auf der Skala von 0 – 10 bestimmen Schritt 3: Kalkulierter ((Un)-Ordnungs-Wert auf der Skala von 0 – 10 bestimmen und bewusst zulassen.

Kosmischer Archetyp	Wirk-Kräfte	Impulse zur Stärkung unserer Stress-Resilienz
Archetyp 7 Venus/ Waage	Harmonie, Ausgleich, Begegnung mit dem DU und den eigenen Anlagen, Projektion **Schatten/ Urangstt:** Angst vor Konflikten, vor der eigenen Aggression, Entscheidungsprobleme	**1. Entscheidungsfähigkeit als Harmoniefaktor** Schritt 1: Sich selbst beobachten in Entscheidungssituationen des Alltags Schritt 2: Entscheidungs-Muster und Strategien in der Begegnung mit anderen Menschen analysieren **2. Konfliktfähigkeit als Harmoniefaktor** • Angriffe übersetzen in Bedürfnisse
Archetyp 8 Pluto/ Skorpion	Verbindlichkeit, Selektion (Entscheidung), Vorstellungskraft, Wandlung (Transformation), Tiefe, Macht **Schatten/ Urangstt:** Angst vor Fremdbestimmung	**Transformationsfähigkeit aufbauen, weiterentwickeln und festigen** **1. Vorstellungs-Regulierung:** • Verbinden mit der Wirklichkeit um subjektive Vorstellungen los-zu-lassen • Verbinden mit den eigenen Bedürfnissen um neue Vorstellungen entstehen zu lassen **2. Verbinden mit dem eigenen Transformationsprozess,** um weiterentwickelt aus dem Prozess hervorzugehen
Archetyp 9 Jupiter/ Schütze	Sinnhaftigkeit, Erkenntnisdrang, Hoffnung/Zweifel, Ahnung, Gewissheits-(Suche) auch jenseits der menschlichen Existenz, Überzeugungsdrang **Schatten/ Urangstt:** Angst vor Sinnlosigkeit, verzweifeltes Suchen	**Sinnhaftigkeit im Leben aufbauen, weiterentwickeln und festigen** **1. Regulierung der zwei Waagschalen Hoffen und Zweifeln** • Waagschalen messen mit Skalenfrage 0 – 10 • Hoffnungs-Waagschale mit Grundbedürfnissen sinnvoll nähren • Zweifel-Waagschale achten und übersetzen in sinnvolle Grundbedürfnisse

Kosmischer Archetyp	Wirk-Kräfte	Impulse zur Stärkung unserer Stress-Resilienz
Archetyp 10 Saturn/ Steinbock	Reduzierung auf das Wesentliche, Ordnung, Struktur, Regeln, Verstand, Objektivität **Schatten/ Urangstt:** Angst vor Ego-Verlust, die Würde zu verlieren	**Reduktion auf das Wesentliche aufbauen, weiterentwickeln und festigen** **1. Ordnungs-Regulierung:** Anerkennung einer höheren Ordnung • Ritual zur Anerkennung einer höheren Ordnung **2. Ego-Hygiene um sich dem Wesentlichen zu nähern** • Prozess „The Work", von Byron Katie
Archetyp 11 Uranus/ Wassermann	Auflösung von Gegensätzen und Hierarchie, Gerechtigkeit, Gleichheit, Distanz Freiheit **Schatten/ Urangstt:** Angst vor Unfreiheit und Bindung	**Entpolarisierung und Entsubjektivierung aufbauen, weiterentwickeln und festigen** **1. Freiheits-Regulierung durch die Seins-Ebene der Grundbedürfnisse** • Verbindung zu sich selbst und seinen Bedürfnissen • Verbindung mit der Einheit Mensch und Grundbedürfnisse • Seins-Freiheit statt Ego-Freiheit **2. Freiheits-Regulierung durch bewusste Distanz u. bewusste Ver-Bindung** • Ego-Distanz ist eine Weg-Von-Bewegung und führt zur Un-Freiheit • Bewusste Distanz ist eine Hin-Zu-Bewegung und führt zur bewussten Ver-Bindung und gleichzeitig zur Seins-Freiheit
Archetyp 12 Neptun/ Fische	Einheit, Transzendenz, Spiritualität, Metaphysik **Schatten/ Urangstt:** Angst vor Spiritualität, vor Ich-Schwäche, Neigung zur Verdrängung	**Spiritualität aufbauen, weiterentwickeln und festigen** **1. Ich-Regulierung durch die Öffnung zur Spiritualität** Mit „The Work" Selbstreflexion ausüben und damit Selbsterkenntnis gewinnen **2. Ich-Regulierung: Die Brücke zwischen Ich und Selbst** Mit „The Work" Verbindung zwischen psychologischer und spiritueller Ebene herstellen bzw. zwischen Ich und Selbst

Das Resilienz-Rad der 12 kosmischen Archetypen

Ordnung, Struktur, Verstand, Objektivität, Konzentration aufs Wesentliche

Impulse
Wesentliches erkennen, Anerkennung höherer Ordnung, Ego-Hygiene mit The Work

Schatten:
Angst vor Ego-Verlust

Entpolarisierung, Entsubjektivierung, Freiheit, Gleichheit, Distanz

Impulse
Freiheitsregulierung:
- durch Seinsebene
- durch verbindende Distanz

Schatten:
Angst vor Unfreiheit, Bindung

Einheit, Spiritualität, Metaphysik, Transzendenz

Impulse
Ich-Regulierung durch Öffnung zur Spiritualität und durch Brücke zwischen ich und selbst mit The Work

Schatten:
Angst vor der Wirklichkeit, Verdrängung, Ich-Schwäche

Schatten:
Angst vor Schwäche

Impulskraft, das Leben in Angriff nehmen, Mut, gesunder Egoismus

Impulse
Selbstwirksamkeit:
- Komfortzone
- Herausforderung
- Überforderung

Emotionsregulation:
- Embodiment

Schatten:
Angst vor Veränderung, nicht abgesichert sein

Schatten:
Angst vor seel. u. geistiger Tiefe

Sicherheit, Schutz, Grenzen, Nehmen und Geben

Impulse
Kontext bezogene Sicherheits-Regulierung, Selbstfürsorge

Bewegung, Lebendigkeit, Flexibilität, Kontakt, Austausch

Impulse
Bewegungsextreme in die Mitte führen

Sinnhaftigkeit,
Hoffnung, Zweifel,
Wissensdrang

Impulse
Sinnhaftikeit aufbauen,
Hoffnungs-Zweifel-
Waagschaale–Modell

Macht,
Vorstellungskraft,
Selektion, Transformation,
Verbindlichkeit

Impulse
Vorstellungs-Regulierung, Verbinden mit der Wirklichkeit, Subjekt Vorstellungen loslassen, Verbinden mit den Bedürfnissen u. dem Transformationsprozess

Schatten:
Angst vor Sinnlosigkeit, Hoffnungsverlust

Schatten:
Angst vor Fremdbestimmung

Begegnung mit dem DU, und den eigenen Anlagen, Projektion, Harmonie, Ästhetik

Impulse
Entscheidungsfähigkeit und Konfliktfähigkeit als Harmoniefaktor

Schatten:
Angst vor Konflikten, vor den eigenen Aggressionen

Schatten:
Angst vor dem Leben,
Vertrauensverlust,
Kontrollverlust

Vernunft, Ordnung, Struktur,
Details, Planen, Analyse

Impulse
Kalkulierte Ordnung und Unordnung

Schatten:
Angst vor Persönlichkeitsverlust

Schatten:
Angst vor Identitätsverlust

Selbstbewusstsein, Selbstverwirklichung, Persönlichkeit

Impulse
Persönl. Stabilisierung mit Authentizität, „Fokus der Wahrnehmung“, Weg-von/Hin-zu

Subjektivität, Intuition, Identität, Gefühle, seelisches Potenzial

Impulse
Heilende Kraft der Gefühle zur seelischen Stabilität

7 Ergänzungen und Erläuterungen

Unterschied zwischen Identitätsverlust (vierter Archetyp Mond/Krebs) und Persönlichkeitsverlust (fünfter Archetyp Sonne/Löwe):

Identität hat mit seelischer Stabilität zu tun und ist eine Innenwirkung.
Identität = Gleichheit d.h. ich erlebe mich in mir kontinuierlich als gleiches Ich. Es hat mit dem Gefühl für mich selbst zu tun. Fühle ich mich in mir, mit mir stabil. Identifiziere ich mich mit mir oder mit wem? Bin ich in mir mit mir sicher. Hier geht es also ums Ich-Fühlen.

Persönlichkeit hat mit dem zu tun was ich nach außen bringe von mir, also eine Außenwirkung. Inwieweit bin ich mir meiner Selbst bewusst, wie ich im Außen agiere, reagiere mich ausdrücke und wirke. Es hat mit dem Denken über mich zu tun. Denke ich mich bewusst? Wirke ich bewusst? Bin ich mir meines Wirkens und meiner Wirkung bewusst.

Identität und Persönlichkeit stehen in einer Wechselbeziehung zueinander. Wenn meine Identität und damit meine seelische Stabilität geschwächt ist, dann ist auch meine Persönlichkeit nicht stabil bzw. authentisch.
Dies gilt auch umgekehrt, wenn ich ein aufgesetztes Selbstbewusstsein habe, dann mögen das andere Menschen vielleicht nicht merken, aber mein innerer Seelenkern spürt das Schummeln und schickt mir unangenehme Gefühle der Unsicherheit und Unzufriedenheit, ja das kann bis zu großen Ängsten gehen entlarvt zu werden.

Die Persönlichkeit ist also die Außenwirkung. Und wenn wir ein gutes Identitätsgefühl in uns entwickelt haben, dann strahlt das auch nach Außen als Persönlichkeit aus. Wir sagen ja auch nicht, wenn wir jemandem begegnen: Oh was für eine Identität! Sondern: Oh, was für eine Persönlichkeit.

Beim Persönlichkeitsverlust erleben wir oder befürchten wir im Austausch mit dem Außen den Verlust an Wirkung. Wir vergleichen uns und schneiden im Vergleich mit anderen schlechter ab. Wir sind minderwertig im Vergleich mit anderen. Alles natürlich aus rein subjektiver Sicht.

Beim Identitätsverlust oder der Angst davor, leiden wir innerlich, seelisch unter dem Gefühl uns selbst verloren zu haben, nicht mehr zu wissen wer wir eigentlich sind. Wir fühlen uns gänzlich verloren, einsam und suchen immer jemanden mit dem wir uns identifizieren können. Wir versuchen sozusagen unser Inneres von anderen und damit von außen zu nähren. Aber diese Nahrung wird uns nicht wirklich nähren, weil sie gar nicht zu uns passt, wir werden also weiterhin Mangel-Identitäts-Gefühle haben.

Unterschied zwischen Ego und negativem Ego (zehnter Archetyp Saturn/Steinbock)

Der zehnte Archetyp trägt in sich die Angst vor Egoverlust. Da wir alle ja ein Ego haben und brauchen ist die Frage welches Ego oder welcher Teil des Egos ist damit gemeint?
Bezeichnen wir also das eine als lebensnotwendiges Ego und das andere als negatives Ego.

Zunächst aber was ist eigentlich das Ego? Wir können es als eine Art Willen oder ein Fokus, d.h. eine fokussierende Willens-Kraft bezeichnen. Mit dieser Willens-Kraft manifestieren wir uns im Materiellen also auf der Erde. Das Ego gehört also zum Menschsein.

Ohne diese Willens-Kraft könnten wir hier auf der irdischen Realität nicht überleben, wir wären komplett überfordert. Mittels der Ego-Kraft oder Willens-Kraft können und sollen wir nämlich ganz bestimmte Ausschnitte oder Bereiche aus der sogenannten Realität auswählen und uns sozusagen willentlich darauf fokussieren und materielle Erfahrungen sammeln. Wir machen uns also mit dieser Raum-und Zeit-Realität vertraut.
Im besten Falle bleibt uns aber bewusst, dass es außer dieser materiellen Realität noch eine andere geistige Realität gibt die anderen Willenskräften unterliegt.

Wenn wir allerdings diese Verbindung verlieren oder sogar willentlich lösen wird das sogenannte negative Ego sich entwickeln und raumgreifend unser Leben bestimmen.
Wir verlieren den Bezug zum Ganzen, wir sind nur noch mit dem materiellen Ausschnitt der Welt fokussiert und versuchen über diesen Halt und Sicherheit zu erlangen.

Identifikationsprozesse die wie beim vierten Archetypen gezeigt über den inneren Seelenkern der tief mit höheren Kräften verbunden ist geschehen, werden auf reine Äußerlichkeiten reduziert. Da sich der vierte und der zehnte Archetyp als

sogenannte Spannungsfelderkräfte gegenüber liegen und sich im Entwicklungsprozess als ergänzende Kräfte erlösen können wird deutlich, wie fatal es sein kann, wenn das negative Ego die Oberhand bekommt.
Wir verlieren die Verbindung zur Quelle des wahren Seins, denn das Ego kann diese Verbundenheit nicht herstellen ist es doch eine Qualität der materiellen Realität.

Vor diesem Hintergrund wird die Angst vor Egoverlust verständlich, denn wenn das negative Ego sozusagen die Alleinherrschaft übernommen hat zählt nur noch der eigene Wille und dieser wird zur Überlebensstrategie. Den Ego-Willen dann loszulassen bedeutet ins Bodenlose zu fallen.

Wenn die Verbindung zum schöpferischen Geist, der ursprünglich in jedem Menschen vorhanden ist und mit dem der Mensch den höheren Willen und die geistigen Ideenimpulse empfängt verdrängt oder abgelehnt wird, dann kann sich der Mensch nur noch mit den materiellen irdischen Ausschnitten der Realität identifizieren und seinen Ego-Willen darauf fokussieren.

Warum kann uns der astrologische Archetypen-Tierkreis ein Weisheitslehrer sein?

Weil unser Universum 12 kosmischen Urprinzipien oder wir können auch sagen 12 Wirkkräften unterliegt. Die 12 als heilige Zahl entsteht aus 3 = Geist und der 4 = Materie. Die Urkraft Gottes oder die Einheit/Quelle, manifestiert sich durch die 12 kosmischen Kräfte. Das kosmische Wirken dieser 12 Kräfte können wir in unser Bewusstsein aufnehmen und Erkenntnisse darüber erlangen, wann und wie diese Kräfte positive oder negative Auswirkungen zeigen.
Die Weisheit dieser Kräfte eröffnet sich uns, wenn wir ein Bewusstsein darüber entwickeln, welche Qualitäten jedem kosmischen Prinzip inne wohnt. Und genau hier treten wir ein in eine Jahrtausendealte Weisheitslehre.

Bereits 3000 v.Chr. entstand in Mesopotanien eine kosmische Lehre und zwar eine sogenannte Planeten-Astrologie als Kunst der Priester. In Babylon und Ägypten (ca. 2100 v.Chr.) entwickelte sich die kosmische Lehre der Tierkreis-Astrologie. Die Griechen und hier vor allem Pythagoras haben diese kosmischen Lehren im Sinne einer Astrologie weitergeführt. Ihnen ist auch zu verdanken, dass erstmals individuelle Horoskope erstellt wurden, denn vorher gab es nur Horoskope für das ganze Volk.

Von Hippokrates 460 v.Chr. ist überliefert, dass er der Ansicht war, dass jeder gute Arzt auch ein Astrologe sein sollte: „Ein Medicus der in der Sternkunst unerfahren ist, gleicht einem Auge, welches keine Kraft zu sehen hat.

Ca. um 150 v.Chr. wurde die Ägyptisch-Griechische Tierkreis-Astrologie mit der babylonischen Planeten-Astrologie verbunden.

Bei uns im Abendland beeinflusste ca. ab dem 11. Jahrhundert die Astrologie vor allem die Medizin, Theologie und Philosophie.
Auch stand das naturwissenschaftliche Denken seit Ende des 16. Jahrhunderts anfangs mit der Astrologie in Kontakt und eben nicht im Konflikt. Bedeutende Astronomen waren bis ins 17. Jahrhundert auch überzeugte Astrologen. Erst durch die Aufklärung hat man leider versucht die Astrologie als Aberglaube abzutun, also erst seit ca. 200 Jahren. D.h. es gibt schon viel länger die Astrologie als Weisheitslehre.

Wie kam die Astrologie zu den Beschreibungen der Archetypen bzw. Ur-Gesetze?

1. Durch Naturbeobachtungen, also Himmelsbeobachtungen und den damit erfolgten Analogieschlüssen. Man betrachtete z.B. die Geschwindigkeit eines astronomischen Sternbildes bzw. Tierkreiszeichens und stellte dies in Beziehung zu den Auswirkungen auf der Erde und auf den Menschen. Makrokosmos = Mikrokosmos. Auf unserer Ekliptik, Umlaufbahn der Erde und der Planeten um die Sonne, gibt es 12 dieser Sternbilder bzw. Tierkreis-Zeichen.
In unserem Sonnensystem wurden dann später weitere Sternbilder entdeckt und mit Namen versehen. Allerdings hat man sich dann 1930 auf 88 dieser Sternbilder für unsere westliche Kultur beschränkt.

2. Eine weitere Quelle der Beschreibungen kam durch die Mythologie. Sie ist voll von Geschichten über Gestirns-Götter die symbolisch für ganz bestimmte Wirkkräfte stehen.

3. Die dritte Quelle ist die Erfahrungswissenschaft. Man erkannte durch Erfahrung und Wiederholung bestimmte Gesetzmäßigkeiten. Ein leicht verständliches Beispiel hierfür sind die Mondphasen

Was die Astrologie so wertvoll macht, ist, dass sie wie keine andere Weisheitslehre die Einheit von Kosmos und Mensch vertritt bzw. verkörpert. Wie oben so unten. Makrokosmos gleich Mikrokosmos.
Allerdings darf Astrologie nicht mit Hellseherei verwechselt werden, denn die Astrologie gründet auf ganz klaren Regeln und Urgesetzen und ihre Kenntnis bedarf einer jahrelangen komplexen Ausbildung.

Warum ist die Kenntnis über diese archetypischen Wirkkräfte und damit auch über die Astrologie bis in unsere moderne Zeit so wertvoll?

Weil sie uns ein Gefühl gibt, dass unser Leben in ein größeres Ganzes eingebunden ist und damit sinnvoll und wertvoll. Die kosmischen Archetypkräfte der Astrologie dienen uns zur Selbsterkenntnis, zur Persönlichkeitsentwicklung, zur Bewusstseinsentwicklung und sie zeigen uns unsere besonderen Herausforderungen im Leben aber auch unsere Fähigkeiten und die Entwicklungsschritte die anstehen.

Wie ergänzen sich die Astrologie und die Psychologie?

Die Astrologie und das Wissen über die Archetypkräfte kann uns weit mehr Unterstützung geben bei Wandlungsprozessen. Die Psychologie hat ihren Fokus vor allem bei der Ich-Stärkung.

Die Astrologie hilft uns durch Zeitqualitäten und Zeit-Rhythmen zu erkennen, wann welche Archetypkräfte wirken. In welchem größeren Ganzen wir uns befinden. Wo unsere eigentlichen Stärken und Schwächen sind.

Die Psychologie kann zunächst nur mit konditionierten Stärken und Schwächen arbeiten.
Wenn mir z.B. immer eingeredet (konditioniert) wurde, dass ich eine Niete in Mathematik bin, dann werde ich dort eine Schwäche für mich entwickeln und das Thema meiden. Oder wenn niemand in der Familie musikalisch ist und ich immer wieder als Kind höre, wir sind eine unmusikalische Familie, dann wirken diese Kräfte schwächend, auch wenn ich durchaus musikalisches Talent habe. Solche übernommenen Überzeugungen oder Glaubenssätze können mit psychologischen Methoden durchaus gelöst werden, also eine Ich-Stärkung kann hier unterstützt werden.

Die Astrologie kann uns objektiv Antworten darüber geben, warum wir uns bei bestimmten Themen schwer tun. Sie kann uns aber auch zeigen, wie wir diese Themen umwandeln können.
Angenommen jemand leidet unter schmerzhaften Minderwertigkeitsgefühlen (also überdurchschnittlich stark), dann können wir zwar mit der Psychologie diverse Gründe also z.B. bestimmte Auslöser in der Biographie erkennen, die dazu geführt haben, dass eine Ich-Schwächung eingetreten ist und dann eine Ich-Stärkung vornehmen.

Mit der Astrologie hingegen können wir den tieferen Grund, den astrologischen Grund bzw. den Seelen-Auftrag dahinter erfahren. Diese Erklärungen wirken oft so erhellend, dass enorme Kräfte freigesetzt werden. Außerdem zeigt uns unser ganz persönliches Horoskop tatsächlich immer zwei Lösungswege. Einen Lösungsweg der sich aus der Problemkonstellation ergibt und einen ganz individuellen, der im persönlichen Horoskop codiert ist und uns mit den Weisheitskräften der Archetypen verbindet. Wir sozusagen das größere Ganze darin erkennen.

Psychologie und Astrologie können sich also sinnvoll ergänzen.

Wieso kann die Astrologie diese Themen, Anlagen, Herausforderungen aber auch Lösungswege aufzeigen?

Weil der gesamte Kosmos schwingt. Die Gestirne sind schwingende Energiefelder im großen Universum und stehen durch enorme kosmische Wirkkräfte miteinander in Verbindung. Dadurch entstehen elektromagnetische Felder mit unterschiedlichen Informationen.

Wenn wir uns als inkarnierte Seelen mit einer ganz bestimmten Lebensmission oder Lebensaufgabe sehen und unser nichtmaterieller geistiger Teil in uns sich aus einer geistig-dimensionalen Realitätsebene in eine physische Realitätsebene mit Raum und Zeit hinein materialisiert, dann tragen alle diese Raum-Zeit-Manifestationen, also auch der Mensch, jene kosmischen Kräfte und Informationen in sich, die genau zu diesem Zeitpunkt verfügbar sind.
Wir integrieren diese Kräfte in unser energetisches und seelisches Wesensfeld d.h. in unsere Matrix. Makrokosmos = Mikrokosmos. Dieses Schwingungsfeld können wir visuell bzw. grafisch durch das Geburtshoroskop darstellen.

Wenn wir also Kenntnis über die Bedeutung der Archetypen d.h. die kosmischen astrologischen Wirkkräfte haben, dann kann uns dies schon ein guter Weisheitslehrer sein.
Noch tiefer in die Weisheitslehre können wir eintauchen, wenn wir Kenntnis darüber erlangen, wie die Archetypen aufeinander wirken, wenn sie in einer bestimmten Beziehung zueinander stehen. Sie können sich nämlich ergänzen und unterstützen aber auch behindern bzw. so in Konkurrenz zueinander sein, dass sie innere und äußere Konflikte begünstigen und das Leben erschweren.

8 Literaturverzeichnis

(1) Resilienz: psychische Widerstandskraft; Fähigkeit, schwierige Lebenssituationen ohne anhaltende Beeinträchtigung zu überstehen. Duden

(2) Quelle: BPtK (Bundespsychotherapeutenkammer)
Die Bundespsychotherapeutenkammer (BPtK) hat die Angaben der großen gesetzlichen Krankenkassen zu Arbeitsunfähigkeit (AU), psychischen Erkrankungen und Burnout ausgewertet. Dabei zeigt sich, dass die Anzahl der Krankschreibungen aufgrund eines Burnout (Z73 im ICD-10-GM) seit 2004 um 700 Prozent, die Anzahl der betrieblichen Fehltage sogar um fast 1.400 Prozent gestiegen ist. Diese Zunahme fällt damit deutlich größer aus als die Zunahme von betrieblichen Fehltagen aufgrund psychischer Erkrankungen (insgesamt)die zehn häufigsten Erkrankungen und andere Zusatzdiagnosen bei Krankschreibung aufgrund von Burnout (Z73)
ICD-10-Kodierung Beschreibung Anteil an allen Z73-Krankschreibungsfällen (N = 39.305)
R69 Unbekannte und nicht näher bezeichnete Krankheitsursachen 7,8 Prozent R53 Unwohlsein und Ermüdung 4,2 Prozent
M54 Rückenschmerzen 2,9 Prozent
G47 Schlafstörungen 2,3 Prozent
Z56 Kontaktanlässe mit Bezug auf das Berufsleben 1,9 Prozent
I10 Essentielle (primäre Hypertonie 1,8 Prozent
K29 Gastritis und Duodenitis 1,6 Prozent
R45 Symptome, die die Stimmung betreffen 1,4 Prozent
R10 Bauch- und Beckenschmerzen 1,4 Prozent
R51 Akute Infektionen an mehreren oder nicht näher bezeichneten Lokalisationen der oberen Atemwege 1,4 Prozent
Quelle: Analyse auf Basis der Krankschreibungsdaten der AOK, 2011. Angegeben sind die Anteile aller Krankschreibungsfälle aufgrund von Burnout (Z73) bei AOK-Versicherten im Jahr 2011, inkl. Mehrfachnennungen.

Der **Stressreport Deutschland, der Bundesananstalt für Arbeitsschutz und Arbeitsmedizin.** ist der Frage nachgegangen, in welchem Umfang Beschäftigte in Deutschland derzeit psychischen Anforderungen und psychischer Belastung in der Arbeit ausgesetzt sind. Er informiert zudem über den Stand von Arbeitsbedingungen, die sich in Form von Ressourcen als positiv wirkende Aspekte erwiesen haben. Darüber hinaus geht es um die Veränderung des Stresserlebens sowie um die Frage, in welchem Maße man sich den Anforderungen gewachsen fühlt und um auftretende Stress- und Beanspruchungsfolgen.Quelle: Stressreport Deutschland 2012 www.baua.de

(3) Geistige Gesetze *(Seite „Hermes Trismegistos". In: Wikipedia, Die freie Enzyklopädie. Bearbeitungsstand: 21. April 2012, 11:44 UTC. URL:http://de.wikipedia.org/w/index.php?title=Hermes_Trismegistos&oldid=102298454 (Abgerufen: 13. Mai 2012, 13:58 UTC))*

Die heute bekannten „Universellen Gesetzmäßigkeiten" gehen weitgehend auf die sogenannten „Hermetischen Schriften" bzw. „Hermetischen Gesetze" zurück, welche ihren Namen durch den Verfasser, Hermes Trismegistos erhielten.

„Die als „Corpus Hermeticum" bekannten Dialoge wurden erst in der Renaissance wiederentdeckt. Im Jahr 1462 kam Cosimo de Medici in den Besitz einer griechischen Handschrift, die er von Marsilio Ficino ins Lateinische übersetzen ließ. Hermes Trismegistos galt von der Spätantike bis zur frühen Neuzeit als Verfasser einer Reihe von philosophischen, astrologischen, magischen und alchemistischen Schriften, die aufgrund seiner Gleichsetzung mit Thot als Zeugnisse uralten Wissens geschätzt wurden, das zumindest auf die Zeit des Moses zu datieren sei. Erst um 1614 kam Isaac Casaubon aus textkritischen Erwägungen zu dem Schluss, dass es sich bei diesen Texten um hellenistische Traktate handeln müsse, die kaum vor dem 2.Jahrhundert geschrieben worden sein konnten. Die bekannteste hermetische Schrift im Mittelalter war der Dialog Asclepius, der zusammen mit den Werken des Apuleius von Madauros überliefert wurde, da man diesen für den Übersetzer der verlorengegangenen griechischen Vorlage hielt.

Die 7 Universellen Gesetzmäßigkeiten oder Geistigen Prinzipien

1. Das Prinzip des Geistes

Die Quelle des LEBENS ist unendlicher Schöpfergeist (Gott). Die Schöpfung ist mental. Geist herrscht über die Materie.Dieses Gesetz beschreibt die grundsätzliche Essenz des Universums: ALLES ist mit ALLEM verbunden. ALLES ist EINS. Die schöpferische Kraft des Universums ist reiner GEIST, reine IDEE, aus der alle Schöpfung entspringt. Es ist reines Bewusstsein, welches aus dem Feld unendlicher Möglichkeiten, dem Feld des reinen Potenzials erschafft. Alle Schöpfungen, die jemals erdacht worden sind und die noch nicht erdacht worden sind existieren als Idee, als Möglichkeit in diesem Feld des Potenzials. Aus der Sichtweise der modernen Quantenphysik ist dies nichts anderes als

das Feld der Quantenwahrscheinlichkeiten, aus denen heraus alle Schöpfungen durch einen Akt der bewussten Fokussierung in die Realität, die ERFAHRUNG des Einzelnen gebracht werden können.
Wir können damit auch sagen, dass dieses Feld des reinen Bewusstseins GOTT ist.
Aus diesem Prinzip heraus ergeben sich alle weiteren Prinzipien bzw. Gesetzmäßigkeiten, und zwar bereits alleine aus der Tatsache, dass es keine Trennung gibt.

2. Das Prinzip von Ursache und Wirkung (Karma)

Jede Ursache hat eine Wirkung. Jede Wirkung hat eine Ursache. Jede Aktion erzeugt eine bestimmte Energie, die mit gleicher Intensität zum Ausgangspunkt, also zum Erzeuger zurückkehrt.
Das Prinzip von Ursache und Wirkung (Karma) hat nichts mit der Idee von Schuld und Bestrafung zu tun, sondern es ist in Wahrheit vollkommen neutral zu verstehen. Da alle Schöpfung aus dem Geist entspringt, ist der Geist die erste Ursache. In unserer physischen Realität sind dies unser Glauben, das, was wir als wahr erachten. Wir erdenken etwas zuerst, fühlen es dann, und erst dann realisieren wir es in unserem physischen Erfahrungsfeld. In unserer (noch) begrenzten Erfahrung nehmen wir zunächst allerdings nur einen kleinen Teil der Aspekte unserer Schöpfung wahr, die wir selbst in Gang gesetzt haben. Alle übrigen Aspekte unserer Schöpfung, das heißt sämtliche Konsequenzen, die sich aus dieser Schöpfung ergeben, gelangen ebenfalls zu uns zurück, da wir sie ja selbst haben Realität werden lassen.
Da wir uns im physischen durch die Illusion von Raum und Zeit von unseren Schöpfungen weitgehend getrennt erleben, wundern wir uns so, wenn zu irgend welchen späteren Zeitpunkten, auch in späteren Inkarnationen noch Aspekte der von uns geschaffenen Schöpfungen begegnen, deren Ursachen wir bereits längst vergessen haben. Wir können der Konsequenz unserer Schöpfungen jedoch nicht entfliehen. Wir können sie jedoch über unsere aktive Bewusstseinsarbeit integrieren – und so die Ausagierung der Erfahrung begrenzen. Dies kann dann als Akt der Gnade und Vergebung erfahren werden.

3. Das Prinzip der Entsprechung oder Analogien

Wie oben – so unten, wie unten – so oben. Wie innen – so außen, wie außen – so innen. Wie im Großen – so im Kleinen.
Betrachten Sie einmal die Ähnlichkeit zwischen der Struktur eines Atomkerns und z.B. der Struktur eines Sonnensystems. Dies st ein schönes Beispiel für das hermetische Gesetz der Entsprechung. Es zeigt, dass das Universum eine Struktur hat, die Ähnlichkeiten und Entsprechungen zwischen Mikrokosmos und Makrokosmos erzeugt. Ein weiteres schönes Beispiel ist das der Fraktale. Fraktale sind mathematische Strukturen, in denen

sich die zugrunde liegenden Muster auf der nächsten Ebene immer wieder wiederholen. Im Bild sehen Sie ein mathematisch erzeugtes Fraktal neben einer natürlichen fraktalen Struktur: Einem Romanesco-Broccoli. An diesen Beispielen können Sie erkennen, dass sich das Gesetz der Entsprechung durch die ganze universelle Schöpfung hindurch zieht. Das Prinzip der Entsprechung ist beispielsweise Grundlage der Arbeit beim Kartenlegen oder in der Astrologie. Beim Kartenlegen wird ein scheinbar zufälliges Muster erzeugt, welches Ähnlichkeiten (Synchronizitäten) zu tatsächlichen Realitäten ergibt. An diesen Mustern kann der mediale Lebensberater ablesen, welche Lebenssituation sich beim Fragenden andeutet, sofern dieser seinen gegenwärtigen Weg beibehält. Der freie Wille des Fragenden gibt diesem die Möglichkeit, eine neue Wahl zu treffen und damit einen anderen Weg einzuschlagen.
In der Astrologie zeigt das Radix, das Geburtshoroskop ein synchrones Muster, welches dem Astrologen wertvolle Hinweise auf den Lebensplan, die Potenziale und Lernaufgaben des Fragenden gibt.

4. Das Prinzip der Resonanz oder Anziehung

Gleiches zieht Gleiches an und wird durch Gleiches verstärkt. Ungleiches stößt einander ab.
„Der Glaube versetzt Berge“ ... so heißt es schon in der Bibel. Und tatsächlich ist es so, dass unsere Glaubensvorstellungen, unsere Paradigmen unser Leben derart beeinflussen, dass wir oft regelrecht zu den Marionetten unserer Glaubensvorstellungen geworden sind. Wesentlich hierbei ist es, dass es nicht nur die Vorstellungen unseres rationalen Verstandes sind, die hier zum Tragen kommen, sondern eben auch die unbewussten Vorstellungen, die – ohne dass wir uns der ursächlichen Mechanismen bewusst sind – unser Verhalten über unsere Emotionen steuern.
Haben uns beispielsweise unsere Eltern vermittelt, dass Musiker von ihrer Kunst nicht leben können, und wir haben dennoch den Beruf des Musikers ergriffen, so werden wir so lange zu wenig Geld haben, wie wir unbewusst diese Aussage unserer Eltern verinnerlicht haben. Erst dann, wenn wir in unserem Herzen vollkommen davon überzeugt sind, dass wir eine besondere Begabung haben, die sich durch einen entsprechenden Wert ausdrückt, der uns dafür zukommt, erst dann haben wir unsere alten Glaubensvorstellungen durchbrochen und können wirklich den angemessenen finanziellen Ausgleich für das erhalten, was wir geben.
Das Gesetz der Resonanz oder Anziehung sind als „Gesetz der Bestätigung“ auch dafür verantwortlich, ob wir im materiellen Fluss sind (genug Geld haben), oder unter finanziellem Mangel leiden.

Erkennen wir unseren eigenen Wert nicht an, sondern suchen wir diesen immer nur in der Bestätigung durch andere, so sind wir auch davon abhängig, welcher Wert uns durch die Anderen in finanzieller Form gegeben wird. Und dieser Wert ist nach dem Gesetz der Bestätigung immer der geringe Wert, den wir uns in unserem Unterbewusstsein selbst geben, von dem wir aber hoffen, dass er von außen als höher angesehen wird. Das Gesetz des Ausgleichs sorgt zusammen mit dem Gesetz der Bestätigung dafür, dass wir das als (Geld-) Wert erhalten, was unserem eigenen Glauben über unserem Wert entspricht.
Das Wiedererkennen unserer verdrängten Muster aber auch das Erkennen unserer Lern- und Lebensaufgaben geschieht durch das Gesetz der Resonanz, das sich auch aus dem Gesetz von Ursache und Wirkung ableiten lässt.
Sie können das Gesetz der Anziehung nutzen, um Wunsch-Ereignisse in Ihr Leben zu bringen. Dies wird jedoch nur dann funktionieren, wenn es keine Ihnen unbewussten Muster oder Glaubensvorstellungen mehr gibt, welche dem angestrebten Wunsch widersprechen. Versuchen Sie nun, einen bestimmten Wunsch zu manifestieren, und sind noch unbewusste Muster in Ihnen vorhanden, welche das Gegenteil besagen, so werden Sie genau dieses Gegenteil anziehen (Gesetz der Wiederkehr des Verdrängten) , anstatt zu erhalten, was Sie bewusst anziehen wollten. Daher ist es essenziell, zunächst alle inneren Sabotageprogramme und alle begrenzenden Vorstellungen zu transformieren, bevor wir versuchen, etwas Bestimmtes zu manifestieren.
Aus dem Gesetz der Anziehung ergibt sich auch das Gesetz der Wiederkehr des Verdrängten Gelangen Sie in die Nähe eines Ereignisses, eines Menschen, einer Situation, die eine ähnliche Schwingungssignatur wie Ihre eigenen Muster aufweisen, so werden Sie selbst in Resonanz versetzt. Sie gehen auf dieses Muster ein und müssen sich zwangsweise damit auseinandersetzen. Dies geschieht so oft, bis Sie das Muster gänzlich aufgelöst haben.
Auch wenn Sie versuchen, dieser Schwingungssignatur aus dem Weg zu gehen, wird sie Ihnen immer wieder begegnen, wird sie immer wieder die Emotionen, die Anziehungskraft auf Sie ausüben, die Sie dazu bewegt, sich damit auseinanderzusetzen.
Sobald Sie das Thema vollständig bearbeitet haben, ist die Schwingungssignatur in Ihnen ausgeglichen, quasi ausgelöscht. Sie geraten also fortan auch dann, wenn Sie Menschen oder Situationen mit einer entsprechenden Schwingungssignatur begegnen nicht mehr in Resonanz – Sie bemerken sie gar nicht mehr, weil es Sie in Ihrem Innern nicht mehr berührt, keine Emotionen mehr in Ihnen auslöst.
Ein vom Gesetz der Anziehung ableitbares Gesetz ist das Gesetz der positiven und negativen Verstärkung. Es besagt, dass die erlebte Bestätigung einer Situation unseren Glauben an den zugrunde liegenden Zusammenhang und somit die Wiederholungswahrscheinlichkeit dieser Situation verstärkt, ebenso wie eine negative Grundeinstellung (Angst) die Gefahr des Auftretens dieser befürchteten Situation verstärkt.

5. Das Prinzip der Harmonie oder des Ausgleichs

Der Fluss allen Lebens heißt Harmonie. Alles strebt zur Harmonie, zum Ausgleich. Das Stärkere bestimmt das Schwächere und gleicht es sich an.
Harmonie (LIEBE) ist der Ur-Zustand des Universums, die Ganzheit, Vollständigkeit und Vollkommenheit des Göttlichen Ausdrucks, die Essenz Gottes. Das Prinzip der Harmonie wirkt als „Höchste Wahrheit" von der Quellebene aus und führt langfristig alles zum vollkommenen, harmonischen Ur-Zustand zurück.
Auch dieses Gesetz taucht in unserem täglichen Leben auf, bereits in physikalischen Grundgesetzmäßigkeiten.

- *Bringt man ein positiv und ein negativ geladenes Teilchen zusammen, so gleichen sich ihre Ladungen aus. Bis sich diese Ladungen ausgeglichen haben, ziehen sich diese Teilchen quasi magnetisch an, denn sie streben nach Ausgleich.*
- *Bringt man einen Magneten mit seinem Nordpol in die Nähe eines Magneten mit dessen Südpol, so ziehen sich beide Magneten an, bis sich ihre Kräfte ausgleichen können.*
- *Bringt man einen heißen Gegenstand in Kontakt mit einem kalten Gegenstand (z.B. einen Teelöffel in eine Tasse mit heißem Tee), so gleichen sich ihre Temperaturen an, bis beide auf einem gleichen Temperaturniveau sind. Die Wärmeenergie strömt zwischen beiden Gegenständen und gleicht sich aus.*

Ebenso muss Ihre Seele diesem Gesetz des Ausgleichs folgen, um wieder ihren vollkommen harmonischen Ur-Zustand zu erreichen. In der Praxis des physischen Lebens heißt das, dass Sie eine ganze Reihe aktiver, gelebter und passiver, nicht verwirklichter Potentiale mit auf die Erde bringen und danach streben, alle Potentiale in einen vollkommen entwickelten ausgeglichenen Zustand zu überführen.
Dies ist u.a. auch die Lernaufgabe in einer Beziehung. Der Partner bzw. die Partnerin zeigt Ihnen im Spiegel, was Sie noch lernen, heilen, vervollständigen müssen. Ebenso bekommen Sie im Spiegel ihre ganzen negativen Glaubensvorstellungen präsentiert, so lange, bis Sie sie transformiert haben. Sie haben nun die Möglichkeit, an sich selbst zu arbeiten, oder davonzulaufen. Laufen Sie davon – und der nächsten Beziehung in die Arme, beginnt das gleiche Spiel von vorne. Sie wiederholen ihre Beziehungserfahrung so lange, bis Sie sich selbst geändert, geheilt, vervollkommnet haben.
Die übrigen Gesetze, also das Gesetz von Ursache und Wirkung und das Gesetz der Resonanz führen Sie immer in die Situationen, die Sie nötigen, Ihre Potentiale ganz zu entfalten und in Balance miteinander zu bringen.

6. Das Prinzip von Rhythmus und Schwingung

Alles fließt hinein und wieder hinaus. Alles besitzt seine Gezeiten. Alles steigt und fällt. Alles ist Schwingung.
Dieses Gesetz weist auf den kosmischen Rhythmus von Werden und Vergehen hin: Alles bewegt sich in Zyklen. Die Schöpfung entsteht im Urknall, das Universum expandiert, materialisiert sich, erfährt sich selbst und fällt schließlich wieder in sich zusammen, um in einem neuen Schöpfungszyklus neu zu entstehen.
Zyklen, Kreisläufe und Spiralen finden sich im gesamten Universum wieder, von der Bewegung der Galaxien um ihre Zentren über die Bahnen der Planeten, welche ihre Sonne umkreisen bis hin zu den Gezeiten, zu den Jahreszeiten, dem Zyklus der Frau, dem Tag-/Nacht-Rhythmus, u.v.m.
Auch in Unternehmungen können Auf`s und Ab`s beobachtet werden: Auf einen Aufschwung folgt immer eine ruhige Phase der Regeneration und inneren Kraftschöpfung, die sich dann in einer neuen Phase des Aufschwungs im Außen manifestiert. Die Seele kehrt in vielen Inkarnationen auf die Erde zurück und durchläuft den Rhythmus von Geburt – Leben – Tod – Regeneration – Geburt. Dabei entwickelt sie ihre Erfahrung von sich selbst in spiralförmigen Bahnen weiter, kehrt immer wieder zum Ausgangspunkt zurück, aber auf einer jeweils höheren Bewusstseinsebene.
Das Wissen um das Gesetz der Zyklen hilft uns, mit Phasen, in denen scheinbar nichts funktioniert anders umzugehen und diese zur Regeneration und Neu-Schöpfung zu nutzen.
Die Maya wie auch andere indigene Völker waren sich bereits vor tausenden von Jahren des Prinzips der Zyklen bewusst und haben diese in ihr ganzes Leben integriert. In der Maya-Kosmologie finden wir anstatt einer einfachen Zählung von Tagen und Nächten ein komplexes System von Energie-Qualitäten, welche sich in fraktalen Mustern wiederholen und in Spiralen zu immer höheren Bewusstseinsstufen fortentwickeln.

7. Das Prinzip der Polarität und der Geschlechtlichkeit

Alles besitzt Pole. Alles besitzt (innerhalb der Dualität) ein Paar von Gegensätzen. Die Gegensätze sind EINS. Gleich und Ungleich sind EINS. Die Wahrheit Gottes ist zugleich männlich und weiblich und zugleich EINS.
Das Gesetz der Polarität besagt, dass innerhalb der Dualität immer Zweiheiten existieren. Beide bedingen sich gegenseitig, damit sie jeweils im Gegensatz zu ihrem gegenteiligen Pol erfahren werden können:

- *Licht kann nur im Kontext der Dunkelheit erfahren werden und umgekehrt.*
- *Warm kann nur im Kontext von Kalt erfahren werden, und umgekehrt.*
- *„Gut" kann nur im Kontext von „Schlecht" erfahren werden.*

- *Die Geschlechtlichkeit demonstriert uns die Dualität und gibt uns gleichzeitig die Möglichkeit, in der Verbindung und Verschmelzung beider Pole die EINHEIT zu erfahren.*

Alle diese Zweiheiten / Polaritäten bedingen das Fällen von Urteilen, das In-Bezug-Setzen von einer Seite zu einer anderen, damit sie erfahrungsgemäß kennen gelernt werden können.

Außerhalb der Erfahrungswelt der Dualität existiert nur das reine SEIN, das ICH BIN. Auf dieser Ebene können Polaritäten nicht erfahren sondern nur begrifflich erfasst werden. Dennoch sind die Polaritäten als Aspekte des Ganzen in ALLEM-WAS-IST eingebettet.

Wenn wir uns des Prinzips der Polaritäten bewusst sind, erkennen wir, dass wir, solange wir innerhalb der Welt der Dualität erschaffen immer Polaritäten erzeugen, denn der eine Pol kann ohne den anderen Pol nicht existieren. Wir müssen also, um beispielsweise Liebe erfahren zu können zunächst in unserem Umfeld die Erfahrung des Gegenteils der Liebe machen können. Um zu erfahren, was Reichtum wirklich bedeutet, müssen wir zunächst den Mangel erfahren haben.

Haben wir in unserem Leben alles verwirklicht, kann auch ein außerhalb von uns liegender Bezugspunkt dazu dienen, das, was wir haben wirklich zu erfahren.

(4) R. Dahlke, N. Klein, Das senkrechte Weltbild, Kreuzlingen/München, 1986

(5) Der menschliche u. der kosmische Gedanke, R. Steiner Verlag, Dornach 1990

(6) Makrokosmos und Mikrokosmos (gr. v. makros = groß, mikros = klein u. kosmos = Welt) heißt die große und die kleine Welt, Natur und Mensch. Die Benennung und Entgegenstellung findet sich schon bei Aristoteles (384-322); doch handelt es sich bei ihm nicht um Mensch und Natur, sondern um belebtes Wesen (empsychon, zôon) und Weltall (Physic. Akroas. VIII, 2 p. 252 b 25 ei gar en mikrô kosmô ginetai, kai en megalô). Die zusammengesetzten Worte tauchen erst in der späteren griechischen Philosophie auf. Sie vererben sich dann durch das Mittelalter (vgl. z.B. Konrad v. Megenberg, Buch der Natur, herausgegeb. von Fr. Pfeiffer 1841, S. 4) auf die Neuzeit. Bei den Naturphilosophen des 16. Jahrhunderts, besonders bei Paracelsus (1493-1541), wurde die Welt als menschlicher Organismus im großen (Makranthropos) und der Mensch als eine Welt im kleinen (Mikrokosmos) gedacht, womit sich die Ansicht verband, daß eine Übereinstimmung beider bestehe. Quelle: Friedrich Kirchner Wörterbuch der philosophischen Begriffe.

(7) Ruediger Dahlke, Margit Dahlke: Die Lebensprinzipien, Wege zu Selbsterkenntnis, Vorbeugung und Heilung, Arkana, München 2011

(8) Grundwerk C. G. Jung Band 2, Archetyp und Unbewusstes, Walter 1994

(9) Brigitte Hamann, Die zwölf Archetypen, Knaur 2011

(10) Peter Johannes Hensel, AstroPolarity Fernstudium 1981-2013

(11) David D. Burns: Feeling Good, Depressionen überwinden, Selbstachtung gewinnen. S. 52. Paderborn 2006

(12) Albert Bandura: Self-Efficacy. Toward an Unifying Theory of Behavioral Change. Psychological Review,

1977, 84 (2), S. 191-215.

(13) Rudi Ballreich, Gerald Hüther, „Du gehst mir auf die Nerven" Neurobiologische Aspekte der Konfliktberatung Zürich 2009, DVD. Auditorium

(14) Friedrich Glasl, Konfliktmanagement, S. 52, Stuttgart, Verlag Freies Geistesleben, 1999

(15) M. Storch, B. Cantieni, G. Hüther, W. Tschacher, Embodiment – Die Wechselwirkung von Körper und Psyche verstehen und nutzen, Huber 2010

(16) M.B. Rosenberg, Gewaltfreie Kommunikation, Paderborn, 2002

(17) Helen Palmer, Das Enneagramm, Knaur, München 2000

(18) C. G. Jung, Typologie, DTV, 2001

(19) Wilhelm Reich, Charakteranalyse, Köln, 1989

(20) Fritz Riemann, Grundformen der Angst, München 2003

(21) Byron Katie, Stephen Mitchell, Lieben was ist, Goldmann, München 2002

(22) Walter Brugger, Philosohpisches Wörterbuch, Herder, 1976

(23) Walter Ötsch & Thies Stahl, Das Wörterbuch des NLP, Junfermann, 1997

(24) Micha Brumlik, C. G. Jung zur Einführung, Junius, 1993

(25) Ruediger Dahlke, Krankheit als Symbol, Bertelsmann, 2007

(26) Peter Szabó, Insoo KimBerg, Kurz(zeit)coaching mit Langzeitwirkung, Basel 2006

9 Zur Autorin

Candida Schön-Kammann, Jahrgang 1955, Arbeits- und Organisations-Psychologin, Soziologin, geprüfte astrologische Beraterin (Astropolarity, Berlin), selbstständig tätig.

Weiterbildungen in systemischer Aufstellungsarbeit (PAPB, Stuttgart), Mediatorin (CfM, Köln), NLP-Master (Power Research, Bonn), Phonophorese-Therapeutin (T.Künne, Limburg), Gewaltfreie Kommunikation (M.Rosenberg, Stuttgart), Wingwave-Coach (O.Kensok, Stuttgart), EFT (Rother, ADV), EmoTrance (Institut f. angewandte Kinesiologie, Freiburg).

Schön-Kammann war jahrelang tätig als Ausbilderin von Mediatoren und Coaches und entwickelte eigene Ausbildungskonzepte. Seit 20 Jahren hat sie sich im Bereich Mitarbeiter-Entwicklung, Teamentwicklung und Mitarbeiter-Coaching in Pflegeeinrichtungen spezialisiert. Sie leitet gruppendynamische Prozesse und Teamkonfliktlösungen.

Seit frühester Jugend hat sie sich für spirituelle Themen, unterschiedliche Religionen und Astrologie interessiert. Vor ca. 25 Jahren konkretisierte sich dadurch ein eigener geistiger Schulungsweg der christliche Mystik, buddhistische Lehren, anthroposophische Geisteswissenschaft und Astrologie miteinander verknüpft.

Daraus entstand auch der Herzenswunsch, bei der Beratung von Menschen und Gruppen, eine Verbindung zwischen der rational-emotionalen Ebene auf der einen und der spirituellen Ebene auf der anderen Seite herzustellen.

www.astro-psycho-energetic.de **www.awf-institut.de**

Die himmlischen Gaben und Prüfungen

Der Schlüssel zu den Tierkreiszeichen

Benjamin Schiller

Jeder von uns hat seine eigene besondere Gabe. Niemand muss dafür kämpfen, sie ist uns von Geburt an geschenkt. In ihr liegt unsere stärkste Kraft und unser größtes Potenzial. Wir brauchen nur zuzugreifen.

Unsere Gabe und die zugehörige Prüfung wollen das Beste aus uns herauslocken und unser Potenzial voll ausschöpfen. Die Gewinner in diesem Spiel sind wir selbst. Es lohnt sich zu wissen, welche Karten uns das Leben zugespielt hat! Wenn wir uns darauf einlassen, fügt sich alles kraft der Gaben des Göttlichen Geistes.

123 Seiten, gebunden, 11 x 17 cm, ISBN 978-3-906873-38-1 12,90 €

Mehr als ein Zeichen

Vom Wunder des Tierkreises

Harald Jordan

Praxisnah und mit vielen Übungen

Zeichen, Zahlen, Formen und Gesten werden lebendig dargestellt und bringen dem Leser die Zusammenhänge nahe. Auf einfache Weise wird veranschaulicht, wie die Kraft der Zeit vertieft werden kann: im Alltag, im monatlichen Zyklus, im Laufe eines ganzen Lebens.

Leicht verständlich – umfassend informiert

180 Seiten, kartoniert, ISBN 978-3-906873-04-6 15,- €

Astrologische Soziologie, Bd. 1

Die Evolution psycho-sozialer Systeme

Andreas Bleeck

Astrologische Soziologie? „Nicht schon wieder eine Bindestrich-Soziologie", wird mancher denken. Schon gar nicht eine Esoterische. Doch in der Astrologie liegt das Potenzial für eine umfassende Gesellschaftstheorie und der Vertiefung systemischer Herangehensweisen. In Band I geht es um Zeittypen, Kopplungselemente und Eriksons Stufenmodell der menschlichen Entwicklungsphasen, die auf einen astrologischen Altersschlüssel angewendet werden. Soziale und psychische Systeme sind in milieutypischer Manier auf zehnfache Weise miteinander gekoppelt. Ihre Rollenspiele werden in Band II ausführlich behandelt werden.

233 Seiten, gebunden, DIN A5, ISBN 978-3-037520-96-3 20,- €

Astrologische Soziologie, Bd. 2

Rolle und Ideal

Andreas Bleeck

Nachdem in Band I die Voraussetzungen für die astrologische Arbeit im Sinne soziologischer Modelle geklärt wurden, geht es im Band II um eine an der Paarbildung der Planeten orientierte Rollentheorie. Rollen erfüllen allgemein Orientierungsfunktionen, da sie für planbares Verhalten aller am gesellschaftlichen Leben beteiligten Personen sorgen und somit Regelmäßigkeit und Berechenbarkeit der sozialen Handlungsbeiträge ermöglichen. Anknüpfend an Tönnies, Durkheim, Simmel, Weber, Schütz, Parsons, Mead, Goffman, Giddens, Garfinkel, Linton, Dahrendorf, Homans, Habermas, Luhmann, Bourdieu u.a. werden die unterschiedlichen Modelle auf die sechs Planetenpaare des Tierkreises angewandt und mit der ‚Figur des Dritten' erweitert.

190 Seiten, gebunden, DIN A5, ISBN 978-3-037520-97-0 15,- €

Der Aszendent

Die Odyssee

durch Herz, Bauch und Kopf

Benjamin Schiller

Die Irrfahrt des Odysseus ist eine Reise durch die menschliche Natur. Jedem Körperbereich ist dort eine spezielle Aussage zugeordnet. Ein langer Hals deutet darauf hin, dass Denken und Handeln weit auseinander liegen. Und wenn die Ohren vor den Sirenen geschützt werden, heißt es, auf sein Inneres zu hören. Die großen Zentren – Herz, Bauch und Kopf – verwendet Homer auf viererlei Weise. So ergeben sich die zwölf Aszendenten. Der magische Schlüssel der Odyssee ist für jeden Aszendenten ist gedeutet. Alle Deutungen sind praktisch anwendbar. Dieses uralte Wissen wird auf diese Weise für jedermann zugänglich.

160 Seiten, kartoniert, ISBN 978-3-944615-17-2 15,- €

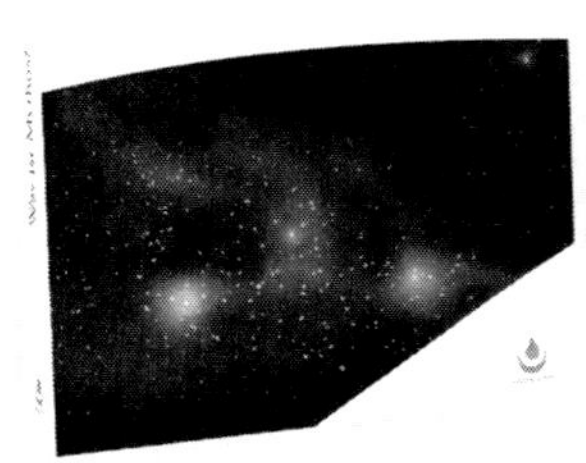

Was ist Mythos?

Astrologie 2.0

Andreas Bleeck

Das Buch nähert sich aus fünf verschiedenen Perspektiven dem Thema Mythos. Am Anfang steht eine allgemeine Begriffsdefinierung und eine astrologische Annäherung. Im zweiten Teil geht es um die Konzeptionen der philosophischen Anthropologie, die den Mythos als eine Vorform rationaler Welterklärungen sah. Es folgt eine Neuordnung der historischen Zeitalter nach dem Schlüssel der Altersspirale. Demnach begann die Zivilisation im Jahr 4713 v. Chr. Mit dem Zwilling und tritt im Jahr 2045 in das Zeichen des Steinbocks ein. Der vierte Teil behandelt die Vorstellungen Niklas Luhmanns über das Thema Mythos. Der Rahmen, den seine soziologische Systemtheorie steckt, ist für die Arbeitsweise der modernen Astrologie wegweisend.

303 Seiten, kartoniert, ISBN 978-3-944615-29-5 20,- €

Andreas Bleeck
Soziale Archetypen
Planeten-Matrix entschlüsselt

Soziale Archetypen

Planeten-Matrix entschlüsselt

Andreas Bleeck

Die 12 Sternzeichen der Astrologie lassen sich in 60 Planetenpaaren zusammenfassen, die eine grundlegende Matrix bilden. Sie bestehen aus doppelt negierenden Begriffspaaren und korrelieren mit den gängigen Persönlichkeitstypen der „Big Five“ und des MBTI-Typenindikators aus den Sozialwissenschaften.

Der Mensch kennt quer durch alle Kulturen ca. 120 Werte, die für sein Verhalten wichtig sind. Der Autor stellt dar, wie sich diese Überzeugungen nach bestimmten Mustern sortieren. Jedem Wert entspricht ein emotionaler Ausdruck, der durch seine Negation auf den Gegenwert verweist.

238 Seiten, kartoniert, ISBN 978-3-944615-18-9 — 20,- €

Himmlische Weisheit

Mythos und Astrologie

Benjamin Schiller

In diesem Buch werden die wichtigsten Mythen der Tierkreiszeichen und Planeten erzählt und völlig neu interpretiert. Die Ansätze der esoterischen Astrologie finden sich darin genauso wieder, wie solche der spirituellen Astrologie. Wer die Bedeutungen astrologischer Symbole nicht auswendig lernen, sondern sie aus sich selbst heraus schöpfen will, kommt an den Urtexten nicht vorbei. Und er wird verblüfft sein. Was hat ein Zwilling mit Konflikten und Verwicklungen zu tun, warum ist Jungfrau ein Zeichen der Transformation, weshalb sind Waagen längst nicht so harmonisch, wie gern behauptet, und warum können Fische viel mutiger sein, als wir glauben?

192 Seiten, kartoniert, ISBN 978-3-906873-32-9 — 20,- €